外界扰动下地铁盾构隧道结构与网络的可恢复性研究

WAIJIE RAODONG XIA DITIE DUNGOU SUIDAO JIEGOU YU
WANGLUO DE KEHUIFUXING YANJIU

张艳杰　张东明　比拉·阿尤布（美）　编著
黄宏伟　龚文平

图书在版编目(CIP)数据

外界扰动下地铁盾构隧道结构与网络的可恢复性研究/张艳杰等编著.—武汉：中国地质大学出版社,2023.4
ISBN 978-7-5625-5554-4

Ⅰ. ①外… Ⅱ. ①张… Ⅲ. ①地铁隧道-隧道工程-盾构-恢复力-研究 Ⅳ. ①U231.3

中国国家版本馆 CIP 数据核字(2023)第 059438 号

外界扰动下地铁盾构隧道结构与网络的可恢复性研究	张艳杰　张东明　比拉·阿尤布(美) 黄宏伟　龚文平	编著

责任编辑：周　旭　洪梦茜	选题策划：易　帆	责任校对：何澍语

出版发行：中国地质大学出版社（武汉市洪山区鲁磨路388号）　　　　　邮编：430074
电　　话：(027)67883511　　传　　真：(027)67883580　　E-mail:cbb@cug.edu.cn
经　　销：全国新华书店　　　　　　　　　　　　　　　　　　　　http://cugp.cug.edu.cn

开本：787毫米×1 092毫米　1/16　　　　　　　　　　　字数：294千字　　印张：11.5
版次：2023年4月第1版　　　　　　　　　　　　　　　　印次：2023年4月第1次印刷
印刷：河北华商印刷有限公司

ISBN 978-7-5625-5554-4　　　　　　　　　　　　　　　　　　　　　　定价：58.00元

如有印装质量问题请与印刷厂联系调换

前　言

在地铁运营过程中受人为和自然等外界扰动因素的影响,往往会发生各类隧道结构病害及地铁网络局部停运事件。其中隧道上方地表人为突发堆载引起隧道结构产生较大横向收敛变形,导致结构安全事故频发,严重破坏地铁隧道结构和威胁运营安全。盾构隧道是软土地区城市地铁隧道的主要结构形式,作为城市地铁网络化运营的命脉,在外界扰动下一旦产生横向大变形等严重的结构安全事故,必将影响地铁全网络的正常运营。因此,如何科学评估盾构隧道结构变形性能的退化状态和恢复能力,面临外界扰动如何实施合理有效的措施和策略快速恢复隧道结构安全和地铁网络正常运营,如何提升地铁隧道结构与网络的可恢复性以减小性能损失,是地铁隧道运营维护全生命周期管理需要解决的核心问题。以往的研究侧重于盾构隧道结构变形破坏问题,而对于既有隧道变形的可恢复性和地铁网络的可恢复性以及相关机理与方法的研究涉猎较少。因此,依托"国家自然科学基金重点项目(批准号:51538009)"和"创新人才推进计划重点领域创新团队(批准号:2016RA4059)",作者以外界扰动作用下隧道结构性能变化及其恢复能力为核心研究目标,针对突发堆载导致软土盾构隧道产生横向大变形的常见问题,采用基于性能的可恢复性分析方法,以横向收敛变形作为盾构隧道结构变形性能的关键评价指标,运用实测数据统计分析、理论解析、结构足尺试验和数值模拟等手段,开展了人为和自然等外界扰动下地铁盾构隧道结构与网络的可恢复性研究。本书的主要研究内容和成果如下:

(1)提出了正常荷载环境下盾构隧道结构变形性能的概率密度演化模型。选取水平收敛作为盾构隧道变形性能的量化指标,提出了隧道变形性能随水平收敛增大以凸性抛物线形式下降的计算方程。考虑到时变性和不确定性,采用随机过程理论对隧道横向收敛的长期监测数据进行动态分析,得到了盾构隧道在正常运营环境下的长期变形性能概率密度演化和预测模型。分析结果表明:随着运营时间的增长,隧道变形性能均值以抛物线形式降低,标准差以线性形式增大。现场实测数据验证了该模型的合理性与准确性,实现了基于概率的隧道结构性能演化规律的定量描述、评价和预测。

(2)揭示了突发堆载作用下隧道横向收敛变形非线性发展规律及其恢复能力。采用MatDEM离散元分析软件建立了土体-隧道地层结构数值模型,研究了上覆荷载作用下隧道结构横向收敛变形的发展变化规律。此外,分析了土体随机运移及力学性质对隧道结构变形发展的影响。数值模拟结果表明:随着上覆荷载水平增大,隧道横向收敛变形发展呈现出非线性增长的趋势并表现出一定的离散性;土体弹性模量是影响隧道横向收敛变形随荷载发展总体趋势的主要因素,弹性模量越大隧道横向收敛变形越小;而内摩擦系数对其变异性影响较为显著,内摩擦系数越大变异性越小。采用"注浆单元体积膨胀法"模拟研究了隧道双侧微扰动注浆对隧道横向收敛变形的恢复效果,以及其对隧道周围土体的应力场和位移场的作用效果,结果表明:隧道横向收敛变形恢复百分比随超载水平增大呈非线性下降。

（3）获得了突发堆载作用下隧道纵缝接头变形发展规律及其恢复效率。开展了盾构隧道管片纵缝接头足尺试验,研究接头在破坏阶段与恢复阶段的张开变形发展和恢复过程。首先,分析了加载水平和加载速率对管片接头变形发展的影响,试验结果表明:随着超载水平增加,接头抗弯刚度减小,变形发展加快;加载速率越大,则接头承载力越低,接缝张开量发展越快且达到破坏时的张开量越大。其次,在管片接头加载达到不同程度的接缝张开量之后,通过试验模拟卸载和土体注浆效应获得了接头变形的恢复效率,结果表明:随着既有变形程度的增大,管片接头变形恢复效率显著降低。最后,进行了递增循环加卸载试验,发现随着超载水平增加,卸载后接头剩余变形增大,变形恢复率降低。

（4）提出了地铁隧道网络的易损性和可恢复性分析方法。建立了双重加权地铁隧道网络易损性分析模型,提出了改进的网络运营效率计算方法。以上海地铁系统为例,系统地分析了站点、隧道区间、地铁线路发生中断时地铁网络的易损性,识别出对全局网络效率贡献最大的关键站点和区间。具体分析了上海地铁2号线突发堆载段区间隧道发生中断造成的整个地铁网络运营的损失;特别地,在全球气候变化、海平面上升、风暴潮加剧的背景下,对未来海平面上升造成的上海地铁系统的洪涝淹没风险进行了易损性分析;此外,采用可恢复性分析模型制订了在多个隧道区间失效情况下的最优恢复策略。

目 录

第1章 绪 论 ·· (1)
  1.1 研究背景与意义 ·· (1)
  1.2 国内外研究现状 ·· (3)
    1.2.1 地铁盾构隧道结构性能评价研究 ··· (3)
    1.2.2 盾构隧道变形整治研究 ·· (7)
    1.2.3 可恢复性理论研究 ·· (9)
    1.2.4 地铁隧道网络易损性和可恢复性研究 ······································ (12)
  1.3 研究内容 ·· (13)
  1.4 创新点 ··· (15)

第2章 正常荷载环境下软土盾构隧道结构变形性能演化 ······················· (17)
  2.1 概述 ·· (17)
  2.2 地铁隧道限界要求 ·· (18)
  2.3 盾构隧道结构水平收敛变形性能评价指标 ····································· (19)
  2.4 软土盾构隧道变形性能演化及预测模型 ·· (21)
    2.4.1 隧道变形性能量化方程 ·· (21)
    2.4.2 工程案例及数据描述 ··· (23)
    2.4.3 隧道长期变形性能概率预测模型 ·· (28)
    2.4.4 隧道短期变形性能时间序列预测模型 ···································· (32)
  2.5 本章小结 ·· (37)

第3章 突发堆载下隧道横向变形及土体力学性质对变形的影响 ·············· (38)
  3.1 概述 ·· (38)
  3.2 MatDEM离散元基本原理 ··· (38)
    3.2.1 离散元单元力学性质 ··· (38)
    3.2.2 离散元数值模拟方法 ··· (39)
  3.3 土体-隧道体系离散元基本模型 ··· (40)
    3.3.1 建立几何模型 ·· (40)
    3.3.2 设置材料参数 ·· (40)
    3.3.3 施加上覆荷载 ·· (41)
  3.4 隧道横向收敛变形随机模拟分析 ·· (44)

3.5 土体力学参数敏感性分析 ……………………………………………………… (47)
　　3.5.1 参数敏感性分析方法 ……………………………………………………… (47)
　　3.5.2 数值模拟结果 ……………………………………………………………… (48)
3.6 隧道横向变形数学分析模型 …………………………………………………… (52)
　　3.6.1 构建概率密度演化模型 …………………………………………………… (52)
　　3.6.2 模型求解 …………………………………………………………………… (53)
　　3.6.3 模型验证 …………………………………………………………………… (56)
3.7 本章小结 ………………………………………………………………………… (60)

第4章　突发堆载下盾构隧道纵缝接头变形及其恢复效率 ……………………… (62)
4.1 概　述 …………………………………………………………………………… (62)
4.2 试件设计与方案设计 …………………………………………………………… (63)
　　4.2.1 试验加载系统 ……………………………………………………………… (63)
　　4.2.2 试件设计 …………………………………………………………………… (64)
　　4.2.3 接头内力计算 ……………………………………………………………… (67)
　　4.2.4 试验加载方案 ……………………………………………………………… (70)
4.3 测点布置与数据采集 …………………………………………………………… (74)
4.4 试验结果与分析 ………………………………………………………………… (75)
　　4.4.1 加载速率对接头变形发展的影响 ………………………………………… (75)
　　4.4.2 荷载水平对接头变形及其可恢复性的影响 ……………………………… (79)
　　4.4.3 循环加卸载过程中管片接头力学行为分析 ……………………………… (82)
4.5 本章小结 ………………………………………………………………………… (89)

第5章　上海地铁2号线突发堆载下隧道变形特征及其恢复效果 ……………… (90)
5.1 概　述 …………………………………………………………………………… (90)
5.2 工程背景 ………………………………………………………………………… (90)
　　5.2.1 隧道结构和工程地质概况 ………………………………………………… (90)
　　5.2.2 地面超载及隧道受损情况 ………………………………………………… (92)
　　5.2.3 整治修复措施 ……………………………………………………………… (92)
5.3 隧道结构变形分析 ……………………………………………………………… (97)
　　5.3.1 堆载后变形分析 …………………………………………………………… (97)
　　5.3.2 变形整治恢复效果分析 …………………………………………………… (99)
5.4 基于注浆单元体积膨胀法的土体注浆离散元数值模拟 ……………………… (101)
　　5.4.1 注浆单元体积膨胀数值模拟方法 ………………………………………… (101)
　　5.4.2 土体注浆离散元模型 ……………………………………………………… (102)
　　5.4.3 模拟结果分析 ……………………………………………………………… (102)
5.5 基于流固耦合方法的土体注浆离散元数值模拟 ……………………………… (105)

  5.5.1 流固耦合数值模拟方法 ……………………………………………………… (105)
  5.5.2 注浆的流固耦合数值模拟实现 …………………………………………… (108)
  5.5.3 计算结果分析 ……………………………………………………………… (111)
  5.5.4 注浆参数对隧道变形恢复的影响分析 …………………………………… (120)
 5.6 地铁 2 号线区间隧道故障对地铁网络的影响 ………………………………… (128)
 5.7 本章小结 ……………………………………………………………………………… (129)

第 6 章 地铁隧道网络易损性和可恢复性分析 …………………………………… (130)
 6.1 概 述 ……………………………………………………………………………… (130)
 6.2 上海地铁隧道网络特性分析 …………………………………………………… (131)
  6.2.1 网络拓扑结构构建 ………………………………………………………… (131)
  6.2.2 上海地铁网络特征指标 …………………………………………………… (132)
 6.3 上海地铁隧道网络易损性分析 ………………………………………………… (135)
  6.3.1 双重加权网络效率计算模型 ……………………………………………… (135)
  6.3.2 节点失效易损性分析 ……………………………………………………… (138)
  6.3.3 链路失效易损性分析 ……………………………………………………… (141)
  6.3.4 线路失效易损性分析 ……………………………………………………… (143)
  6.3.5 加权网络与不加权网络对比分析 ………………………………………… (143)
 6.4 地铁 2 号线区间隧道故障对地铁网络易损性的影响 ………………………… (145)
 6.5 海平面上升对地铁网络易损性的影响 ………………………………………… (147)
  6.5.1 海平面上升背景 …………………………………………………………… (147)
  6.5.2 上海地铁淹没风险分析 …………………………………………………… (149)
  6.5.3 易损性影响分析 …………………………………………………………… (152)
 6.6 地铁网络多个隧道区间失效下的恢复策略分析 ……………………………… (155)
 6.7 本章小结 ……………………………………………………………………………… (158)

第 7 章 结论与展望 …………………………………………………………………… (159)
 7.1 研究成果及结论 ………………………………………………………………… (159)
  7.1.1 正常荷载下盾构隧道结构变形性能的概率密度演化 …………………… (159)
  7.1.2 突发堆载下盾构隧道横向变形发展及土体注浆恢复效果 ……………… (160)
  7.1.3 突发堆载下盾构隧道纵缝接头变形发展及其恢复效率 ………………… (160)
  7.1.4 地铁隧道网络系统的易损性和可恢复性 ………………………………… (161)
 7.2 存在的问题与展望 ……………………………………………………………… (162)

主要参考文献 …………………………………………………………………………… (163)

第1章 绪 论

1.1 研究背景与意义

自21世纪以来,中国社会经济快速发展,城市化进程加快,乘客安全便捷的出行需求日益增长,城市轨道交通建设随之进入了一个大发展时期。截至2019年底,中国(除港澳台地区)已有40个城市建成并投入运营地铁线路195条,合计运营里程达6 730.27km(中国城市轨道交通协会,2020)。由于具有技术、经济和环境等方面的优越性,盾构法技术在我国地铁建设中得到了广泛的应用,统计表明盾构隧道占已建轨道交通线路总长的50%~70%(张新金等,2008;徐顺明,2011;王如路,2011;Liu et al.,2016)。显而易见,盾构隧道已经成为城市地铁网络化建设运营的命脉,在北京、上海、广州等特大城市已经网络化、规模化和立体化,盾构隧道结构安全是保障城市地铁安全运营的核心和基础。以上海市轨道交通系统为例,截至2019年底,上海地铁运营通车17条线路,纵横交织成为一个庞大的网络体系,具有415个地铁车站,线路总里程已经达到705km,其区间隧道以盾构隧道结构形式为主。据统计,2019年轨道交通全网日均客运量达1063万乘次(不含磁浮线),轨道交通客运量占总客运量的比例超过50%。随着轨道交通网络化运营的基本实现,针对规模庞大的轨道交通网络和客流状况,保障地铁盾构隧道结构安全之于地铁网络安全、高效、可持续运营显得愈加重要。

然而,盾构隧道结构服役环境是极其复杂的,这是因为隧道通常埋设在层状随机分布的软弱地层中且邻近工程活动频繁。一方面随着服役时间的增长,施工质量问题和地下水渗流及其与侵蚀性环境的综合作用,将导致混凝土、钢筋、密封垫等结构材料的性能劣化发展,在施工工艺、荷载和环境等多重因素综合作用下,隧道在长期运营过程中结构变形显著。另一方面,外界扰动作用(包括人为因素和自然因素等)会严重威胁地铁隧道结构安全和地铁网络运营安全。地铁隧道结构的人为因素扰动通常是邻近穿越、开挖、堆载等施工活动,它导致隧道围压发生显著变化,结构产生非预期的过量变形,进而引发接头渗漏水、管片开裂、道床脱开等结构病害,严重影响隧道服役性能。例如,2001年台北捷运某区间盾构隧道因邻近开挖施工导致隧道结构大变形且伴随拱顶裂缝,后期结构加固共花费2000万美元并停运4个月,波及整个地铁网络的正常运作(Chang et al.,2001)。2010年5月,上海运营地铁2号线地表违规大量堆载导致隧道结构收敛变形超过限值7倍,后续耗时5年花费近3000万元仅完成部分修复(邵华等,2016)。隧道上方突发堆载引起隧道结构产生过量收敛变形的问题尤为突出,仅在2014年,有记载的上海地铁沿线突发堆载事件多达16起(邵华等,2016)。王如路

(2011)对上海地铁全路网 11 条线共 185 段区间的 35 万环隧道管片的变形监测结果表明,因隧道上方地面堆载等扰动因素引起隧道横向大变形区段的管片环数约占总环数的 1.5‰。2018 年上海地铁维护保障有限公司轨道交通部分线路区间隧道变形整治设计项目招标公告中指出:截至 2017 年 5 月,上海地铁全路网范围内收敛变形大于设计值 10cm 的管片数量总计有 1448 环,存在极大安全隐患。若不对隧道横向大变形加以控制和恢复,持续变形又将诱发或恶化多种结构病害,极易造成严重的安全事故。以上事例表明,作为城市生命线的地铁,其运营安全性很大程度上取决于隧道结构的稳定性,隧道结构横向大变形及其引发的一系列结构病害是威胁地铁隧道结构安全的主要风险因素。可见地铁盾构隧道结构变形控制已成为隧道性能安全管理和地铁运营维护的核心任务。此外,在地铁线路的实际运营中,暴雨、洪水、地震、大风、雷击等自然灾害常常具有破坏影响,属自然因素的外界扰动。例如,2017 年 7 月,法国巴黎遭遇罕见大暴雨,导致 20 个地铁站关闭;2007 年 8 月,美国纽约地铁雨水倒灌,多条地下线受淹,共有 19 座车站受淹关闭;2003 年 5 月,日本仙台发生地震,仙台地铁全线停运。在地铁运营中,暴雨洪涝是最常见的自然灾害,且对运营影响较大。在全球气候变暖、海平面上升、风暴潮加剧背景下,上海等沿海城市面临风险较高的洪涝灾害,严重威胁地铁隧道等地下空间设施安全。综上,作者主要针对隧道上方突发堆载人为扰动因素和洪涝灾害自然扰动因素开展地铁隧道结构变形性能和地铁网络运营效率的可恢复性研究。

城市轨道交通的健康运营对于城市发展来说至关重要,城市轨道交通网中任何一个节点出现结构安全问题就可能导致一条或多条线路运营受到影响,或将阻碍几百万人的日常出行,在人为因素和自然因素的外界扰动下上述隧道结构安全事故或地铁网络运营事故一旦发生,将可能导致严重的人员伤亡和重大经济损失,并对社会造成巨大的负面影响。因此,如何评价在正常运营条件及非正常荷载作用下隧道结构变形性能安全状态及其动态演化;面对突发外界扰动导致的隧道结构过度变形和性能退化,如何实现快速有效地恢复结构良好服役状态,减小性能损失;如何由点及面地快速恢复整个地铁网络的正常运营,全面保障地铁系统运能运力,是地铁隧道工程管理决策者亟待解决的问题。

针对岩土及地下工程结构,目前国内外仍然缺乏有效的结构安全控制方法,难以对岩土及地下结构进行有效的维护和养护,这不仅影响结构安全寿命,同时极大威胁人民的生命和财产安全。因此,世界各国高度重视对岩土及地下工程结构安全风险控制基础理论的研究。美国国家科学院(NAS)于 2012 年出版的《"灾害可恢复性——国家的需求"国家研究指南》一书中,建议采用系统可恢复性概念对国家基础设施的灾害风险进行控制。2012 年英国政府发布"英国基础设施与可恢复性报告"(Guthrie and Konaris,2012),系统阐述了英国国内重要基础设施面临灾害、风险与其他威胁的系统可恢复性。美国土木工程师学会(ASCE)于 2019 年出版的《基础设施重设——未来世界展望》一书中提出建立未来智慧城市,实现基础设施的可恢复性功能。2018 年在谢礼立等院士的倡导下我国成立了中国灾害防御协会城乡韧性与防灾减灾专业委员会,旨在推进实施可恢复性功能的城市基础设施建设。在当前社会、经济大背景下,由于服役环境复杂且极端事件频发,盾构隧道作为城市重要基础设施,其结构系统不仅需要满足正常的全寿命期服役性能要求,同时更需要具有一定的承受极端荷载作用的能力以及灾后或事故后性能快速恢复的能力。综上,加强软土盾构隧道结构横向变形安全恢复是实现可恢复性功能城市地下重要基础设施建设的一项核心基础。同时,在城市地铁网络化发展背景下,结构安全风险损失的量化分析已不仅仅局限于某一节点的失效而是着眼于网络化隧道全局的脆弱性,目前相关网络化隧道风险定量评估技术还未成熟,亟须开展深入研究。

目前对运营期盾构隧道的研究主要集中在正常运营条件下隧道结构性能及其演化的评价,而在突发安全事故所导致的隧道结构受损与灾后结构性能恢复及其造成的整体地铁网络的运营效率损失和后期运营恢复等方面鲜有研究。一般隧道结构设计服役年限为100年,而全寿命期隧道结构的补强加固和修复养护的实施却缺乏系统的理论研究和指导。因此,为了弥补外界扰动作用下盾构隧道结构受损恢复研究方面的不足,作者从恢复城市地铁隧道结构变形安全、加强可恢复性功能城市地下重要基础设施建设的国家重大需求出发,基于可恢复性原理,开展盾构隧道结构变形性能可恢复性分析与评价研究。通过构建可恢复性评价模型,可以指导工程决策者积极应对极端灾害事件的发生,针对既有盾构隧道结构受损情况制订合理的修复策略,采取有效的措施使结构性能快速恢复到一定程度。结合工程实例,分析隧道结构在外界扰动作用下结构性能的可恢复性机理,可以为隧道结构基于性能的设计提供理论支撑,为地铁隧道运营期的维护与管理提供决策依据,使之具有一定的承灾能力及灾后恢复能力。此外,局部区间隧道发生故障必将波及整条地铁线路乃至整个地铁网络的正常运营,因此,作者从局部盾构隧道结构到整体地铁隧道网络不同层面开展可恢复性相关研究,为灾害或事故发生时快速响应决策并恢复结构及网络使用性能提供指导,以保障地铁等生命线系统的运营安全。

1.2 国内外研究现状

整治隧道横向大变形等结构病害、提高结构安全性能、降低运营安全事故发生对保障城市地铁网络安全运营意义重大。基于性能的可恢复性分析方法为加强地铁隧道结构及网络的风险管控提供了全新的思路。为了保障城市地铁长久、高效、安全运营,在隧道结构层面,需要提高地铁盾构隧道结构的安全性能,分析正常荷载和突发荷载作用下隧道结构变形性能的演化特征,对管片变形薄弱部位的纵缝接头的变形发展和可恢复性进行分析,对既有横向大变形的管片衬砌研究其有效的加固、控制和恢复措施;在地铁网络层面,需要增强地铁隧道网络的运营效率,对全网线路的易损性进行综合评估,应对突发故障制订优化恢复策略。本书将围绕基于性能的地铁隧道结构与网络的可恢复性,分别从地铁盾构隧道结构性能评价、隧道结构变形控制、可恢复性理论、地铁隧道网络易损性和可恢复性等4个方面对国内外研究现状及发展动态进行综述分析。

1.2.1 地铁盾构隧道结构性能评价研究

1.2.1.1 盾构隧道结构性能内涵

运营地铁盾构隧道的性能评估是开展可恢复性评价的基础,在建立结构性能退化及预测模型之前,首先需要明确隧道性能的内涵。隧道结构在使用中的实际性能为其服役状态,状态是一种时间过程的体现。上海市工程建设规范《盾构法隧道结构服役性能鉴定规范》(DG/TJ 08—2123—2013)对隧道结构基本性能给出了明确的定义,主要包括结构功能的耐久性、正常使用的适用性、使用期各种设计承载条件下的安全性。刘涛(2008)提出隧道结构的安全性指各种作用下防止隧道结构破坏垮塌、保护人员不受伤害的能力,以其结构及构件的承载能力极限状态评价表征。结构除了需要保证安全性之外,还要满足适用性要求,在设计中称为正常使用的极限状态,即结构达到正常使用的规定限值,如结构在正常使用环境下因产生过量横向变形而不满足限界要求,就会影响正常使用。隧道结构的耐久性是指结构在环境的影响和使用的过程中,在规定的时间内保持其适用性和安全性的能力。目前,尚没有表征正常使用条件下隧道结构耐用功能的极限状态指标。

1.2.1.2　隧道管片接头力学性能

盾构隧道采用预制混凝土管片衬砌并通过钢螺栓连接,大量环向和纵向接缝的存在导致隧道衬砌刚度降低,特别是管片之间的纵向接缝是隧道结构中较为薄弱的部位(ITA,2000;Ding et al.,2013;Do et al.,2013;Li et al.,2014;Gong et al.,2019)。接头刚度弱于预制钢筋混凝土管片的刚度,直接导致了隧道衬砌环刚度分布的不连续性、不均一性,因此它是影响衬砌结构整体受力和变形的关键参数。前人试验研究发现,隧道衬砌的破坏一般是由纵缝接头的破坏引起的,而隧道拱腰处接头往往最先被破坏(Yan et al.,2012;Feng et al.,2013;Liu et al.,2016)。由于装配质量、地层变异性、邻近施工扰动、结构退化等,隧道衬砌结构出现各种病害,包括接缝张开、横向大变形、混凝土裂缝、管片错位和渗漏水等,而这些病害在拱顶和拱腰位置分布最为密集(Richards,1998;王如路和张冬梅,2013;Huang et al.,2017)。因此,纵缝接头作为隧道管片薄弱部位和关键部位,其受力变形特性对于研究隧道整体性能状态至关重要。

足尺试验是了解盾构隧道结构力学行为的有效方法,许多学者开展了足尺管片接头试验来研究纵缝接头的变形特征和力学特性。陈三江(1986)设计了足尺试验来确定上海地铁典型隧道衬砌管片接头的抗弯刚度,发现负弯矩作用下的转动刚度约为正弯矩作用下的1/3~1/2。Yan等(2012)通过足尺试验研究了实际钢筋混凝土地铁盾构隧道衬砌在火灾等高温环境下的损坏情况,试验结果表明,在高温下混凝土会发生严重的爆裂和性能退化,同时高温导致接头螺栓的弹性模量和强度下降,隧道衬砌接头的抗裂刚度也显著降低。毕湘利等(2014)针对通缝拼装的盾构隧道结构在周边环境扰动下的承载性能进行了足尺结构静载试验,通过结构变形、管片裂缝、接缝变形和连接螺栓受力的发展情况以及破坏过程等试验结果,对结构的承载性能和破坏机理进行了深入分析,获取了顶部超载和周边卸载工况下衬砌结构的承载力。夏海平(2014)对纵缝接头的力学性能、极限状态和破坏模式进行了研究,分析了纵缝接头在轴力和弯矩共同作用下的力学性能和变形规律,建立了接头弯矩-接缝张角的关系模型。刘四进等(2015)针对大断面盾构隧道复杂管片接头形式,综合分析了混凝土和传力衬垫的非线性力学行为、接头荷载传递特性、螺栓预紧力等的影响,建立了一个管片接头抗弯力学模型来刻画管片接头处混凝土开裂与压碎、螺栓屈服和接头破坏过程,并通过对大断面盾构隧道管片接头开展足尺试验分析了其抗弯性能。Li等(2015)研究了不同轴向应力水平下纵缝接头张开量随弯矩的变化规律,并研究了极限状态下纵缝接头张开量。封坤等(2016)通过足尺试验研究高轴向压力下具有复杂界面的管片接头的弯曲行为和失效特征,试验结果表明,在小弯矩作用下,管片接头的抗弯刚度在初始阶段呈线性增加,但在后期则表现为非线性。Liu等(2016)以上海地铁轨道交通系统典型隧道管片为研究对象,在不同荷载条件下进行了纵缝接头极限承载力的足尺试验研究,建立了相应的分析模型来计算纵缝在整个加载过程中的承载力。综上所述,以往研究的重点为隧道管片纵缝接头在持续加载作用下的力学性能,而对在应用修复措施治理隧道大变形时纵向接缝的变形和力学特性、可恢复性以及恢复效率的研究很少。

1.2.1.3 隧道结构性能演化

城市地铁盾构隧道在服役环境不断变化、材料劣化等内外因素共同作用下,其受力状态会发生变化,性能也逐步退化(雷明锋,2013)。内部因素是指隧道结构构件及材料自身性能发生依时性退化。外部因素是指环境和荷载的综合影响,其中,在温/湿度、CO_2气体、氧气、盐、酸等物质或环境作用下可能导致结构材料性能劣化;恒定荷载、疲劳荷载、瞬时荷载等多种形式的荷载作用会造成服役期内隧道结构的安全性和耐久性下降(刘涛,2008;姚旭朋等,2015)。此外,在城市轨道交通大规模、快速度的建设发展过程中,盾构隧道结构的施工质量不可避免地存在一定缺陷(闫鹏飞和蔡永昌,2017),导致盾构隧道易损性较大,健康服役面临的问题日益突出。多年的隧道结构病害检查结果表明,现役隧道管片结构较多出现了不同程度的病害,主要病害形式包括纵向沉降、管片局部区域渗漏水/漏泥、管片收敛变形过大、管片衬砌局部破碎等。莫一婷(2007)从环境因素、材料因素、力学物理因素和施工及维护管理因素4个方面系统阐述了影响地下结构耐久性劣化的因素。

盾构隧道结构力学响应首先取决于隧道本体结构的非线性力学特性,特别是考虑不连续接头的结构整体力学行为。封坤等(2011)采用等效均质梁模型模拟管片结构,并通过试验测试建议了合理的等效刚度取值。朱合华等(1996)、黄昌富(2003)、朱伟等(2006)采用具有一定弯剪刚度的弹簧模拟管片接头;张冬梅等(2010)、Molins和Arnau(2011)、Li等(2014)通过数值试验给出了接头螺栓、管片凹凸榫槽等接头细化特征的非线性刚度曲线,用于模拟精细化隧道结构力学性能。袁大军等(2015)通过高温试验研究了火灾条件下接头橡胶垫的长期劣化规律。仇文革等(2013)通过室内相似模型试验研究了隧道整体支护结构力学特性的劣化过程。

另外,隧道结构力学性能的演化因周围复杂环境而存在高度不确定性,复杂地层条件和邻近环境扰动对盾构隧道结构力学行为具有较大影响(何川等,2008;Zhang et al.,2015)。在空间上,隧道作为线状结构跨越纵、横不同地层区域,而地层分布自身存在随机变异特征(Phoon and Ching,2015)。Hu和Huang(2007)、Qi等(2015)曾采用Markov链模拟地层单元在空间场中的随机转移状态,揭示地层状态的空间分布规律,但上述研究并未进一步考虑对结构性能的影响。Markov链模型的引入将为研究隧道结构力学性能在空间域上的演化提供崭新视角。同时,在运营隧道全寿命周期内,其结构长期性能必然将随着运营时间发生复杂的性能退化(Yuan et al.,2012;Lei et al.,2014)。王海彦等(2014)针对硫酸盐侵蚀条件下衬砌结构性能提出了指数劣化预测模型。Huang 和 Zhang(2016)基于监测数据对盾构隧道结构变形性能提出了双曲线退化模型。在此基础上,张东明(2015)利用时间序列 Fokker-Planck 方程考虑变形时变不确定性建立了隧道结构性能的随机预测模型。目前盾构隧道结构力学性能演化的研究刚刚起步,上述研究成果均未考虑在长期运营条件下地层约束抗力的时变概率演化特性对结构力学性能退化的影响。

1.2.1.4 盾构隧道结构性能评价

实际上,在盾构隧道服役的全过程中存在性能劣化现象。因此,国内外诸多学者聚焦于隧道安全性和耐久性问题的研究,并积累了丰富的研究成果,主要体现在结构性能的评价指标和评价方法两个方面。美国高速公路和轨道交通隧道分为"0~9"共 10 个等级,其中"0"和"9"分别表示最差和最好的状态。Sabnis 等(1990)与实际工程相结合提出了一个结构分级评价系统,借助标准化的表格形式,使该评价系统便于工程应用。卢木等(1998,1999,2000)针对结构性能评价及其剩余寿命预测,提出了一个钢筋混凝土结构耐久性的评估方法,能够客观、公正地处理和分析现场实测数据,便于合理地选取耐久性评估指标。刘涛(2008)系统地建立了一套较为完整的评估盾构隧道结构服役性能的指标体系,包含整体性、安全性和耐久性 3 个方面,从整体功能、安全状态、耐久性能等多个角度评价地铁盾构隧道结构的服役性能。Asakura 和 Kojima(2003)结合工程实践对软土地区盾构隧道结构常见病害的诱发因素进行了理论分析,将危害运营过程中盾构隧道结构安全的因素划分为管片错位、横向收敛变形、隧道沉降及纵向不均匀沉降、渗漏水、衬砌材料劣化、衬砌裂缝等 6 个子系。胥犇等(2010)针对以上每个子系构建了病害故障树,从故障树中选取了 23 个可定量化因素作为评价指标,通过层次分析法建立了三层病害评价指标体系,将隧道病害状况划分为无破损/轻微破损、结构存在破坏、存在较严重破坏、存在严重破坏等 4 个等级。《盾构法隧道结构服役性能鉴定规范》(DG/TJ 08—2123—2013)建议隧道结构服役状态等级的评定单元应划分为结构整体、结构区段、结构构件 3 个层次,并依据结构区段横、纵断面相对变形,区段防水和构件及连接状态,将隧道结构整体服役状态划分为正常、退化、劣化、恶化和危险 5 个等级,相应的维护措施分别为日常维护、日常维修、结构加固或修复、限制通行或局部封闭大修、关闭隧道或作废弃处置。叶耀东(2007)综合运用模糊综合评判和层次分析法建立了软土运营地铁盾构隧道的健康诊断模型,对隧道的健康等级进行了划分。姚旭朋和徐立明(2009)对国内建成时间最早、服役时间最长的软土盾构隧道(打浦路隧道)的服役状态进行了检测评估,通过分析隧道的长期沉降监测数据,开展渗漏水、管片裂损以及断面变形等现象的现场调查,按照相关规范对隧道结构关键断面进行了验算和校核,最后得出该隧道结构整体服役性能分级图。Yuan 等(2012)将运行隧道的结构性能分为正常、退化、恶化、不可用和不稳定 5 个等级。董正方等(2014)给出了评价城市轨道交通地下结构在地震作用下的抗震性能指标体系,包括构件的强度指标和结构的整体变形指标,并得出了地震作用下盾构隧道直径变形率限值。Wang 等(2017)提出了一个较为系统的盾构隧道结构性能维护框架,考虑结构劣化因素,以结构性能和生命周期成本作为主要评价指标,并基于结构性能的预期使用年限和维护成本提出合理的维护计划和标准。

在国外针对隧道工程问题的研究中,隧道断面变形通常作为衡量隧道结构及周边土体安全与稳定的重要指标(Wood,1975;Loganathan and Poulos,1998;Sharma et al.,2001;Mair,2008;Pinto and Whittle,2014)。近年来国内一些学者根据隧道经常出现的破坏特点,通过分析现场调查资料以及采用理论分析、数值模拟或模型试验等手段研究了隧道结构受力、变形特点,得出收敛变形是反映结构健康状态的一个代表性指标,它与接缝张开、混凝土受力、渗漏水等指标密切相关(叶耀东,2007;王如路,2009;黄小平等,2009;李明宇等,2010;王志良等,2012;Yuan et al.,2012;王如路和张冬梅,2013;彭立敏等,2013;李松,2013;张旭辉等,2014;Liu et al.,2016)。闫静雅和王如路(2018)分析了上海地铁隧道近25年的横向收敛变形监测数据,总结了隧道结构断面横向收敛变形的4种类型及其特征。过大的收敛变形会导致结构各种性态随之劣化发展,使隧道结构处于不利状态。另外,隧道水平收敛是隧道工程结构监测中最普遍也最容易实现的监测项目。因而在国内外隧道工程实践过程中,工程师们通常更易接受采用横向收敛变形来刻画隧道工程结构的安全等级。张东明(2015)采用隧道断面水平收敛变形作为性能评价指标,建立了简化的隧道结构性能量化模型,并将其应用于上海地铁2号线区间隧道在突发堆载下的结构性能演化和可恢复性评价。

从国内外研究现状来看,隧道结构性能等级划分目前还没有形成统一标准。现有评估方法研究缺乏理论基础和定量评价,大多是基于经验对隧道服役状态进行宏观描述和定性分析,具有较大的模糊性和不确定性,显然无法满足风险管控和可恢复性评价要求。这主要是由于结构性能的概念内涵丰富,性能评价指标纷繁复杂,各指标间相互关联、耦合,且某些指标难于监测或不易量化。此外,运营期及时和适当地实施维护或加固措施更需要准确理解和量化评估隧道性能。尽管隧道衬砌变形是构件级的性能指标,但更是隧道结构对多重复杂环境的综合响应,因而可以依据收敛变形程度来评估整个隧道结构完整性状态。同时,考虑到由于隧道运营环境复杂,包括穿越地层空间变异性、外部荷载变化和列车振动效应,盾构隧道的结构变形响应不可避免地在时间和空间维度上表现出一定变异性。因此,确定性方法不足以评估和预测运行地铁隧道的性能。基于性能的隧道设计以实现稳健性或可恢复性为目的,激发了以定量方式评估隧道性能演变的需求(Ayyub,2014;Huang and Zhang,2016),使用概率方法建立定量化性能退化模型是必要的,而随机过程分析提供了一个评估结构性能演变的有效方法(Chen and Durango-Cohen,2015;Kobayashi et al.,2015)。保持隧道良好性能需要适时适当地采取维护措施,制订合理的维护方法及策略,一直以来预防性维护是高效和有效的方式。然而,结构性能的评估以及合适维护管理策略的选择仍然是一个挑战,基于性能的可恢复性分析方法给出了一个全新的研究思路。

1.2.2 盾构隧道变形整治研究

从隧道长期安全运营角度,隧道大变形及相关隧道病害的修复与加固治理越来越受关注,目前尚缺少相关机理性研究和技术层面的探索与实践。目前国内外针对已变形损伤盾构隧道结构的修复方法主要有粘贴芳纶纤维加固(方志等,2011;刘梓圣和张冬梅,2014;柳献等,2016)、钢板加固(柳献等,2013,2014;唐敏,2014;毕湘利等,2014)等。柳献等(2013)通过开展足尺试验研究了盾构隧道内张钢圈整环加固的方法和效果,分析了整环加固工法下盾构隧道管片的承载性能,得到了结构加固的关键性能点,结果表明整环加固后明显提高了盾构隧道结构的刚度和强度。邹家南(2014)根据某一地铁盾构隧道结构钢板衬加固工程实例,采用数值模拟方法建立了精细化数值模型,对典型工况进行了数值模拟计算,系统分析了盾构隧道结构钢板衬砌加固效果。陆永芳(2008)结合广州地铁某盾构隧道管片衬砌裂纹病害整治工程,分析了在运营过程中盾构隧道出现管片裂纹的原因,提出了相应的病害整治方法和原则,通过对管片裂纹处理和加固处理方案进行比选分析,确定了采用粘贴碳纤维布对管片结构进行加固的合理方案。刘梓圣和张冬梅(2014)采用有限元数值模拟分析方法,探讨了粘贴芳纶布对隧道结构横向收敛变形的加固机理和整治效果,分析了芳纶布粘贴时机与粘贴层数对加固效果的影响。邵华等(2016)介绍了突发堆载引起上海地铁2号线区间盾构隧道产生大变形及后续结构整治的工程案例,提出并实施了先及时卸载、堵漏及碎裂修补,后采用芳纶布及钢环结构补强的结构整治措施,对类似收敛严重的受损盾构隧道具有很强的借鉴意义。此外,近年来一些学者在新材料和新型结构形式方面开展隧道结构加固研究。Wu 和 Ou(2014)提出了一种利用形状记忆合金(SMA)螺栓对隧道接头进行临时加固的方法,并进行电加热试验研究,结果表明该加固方法能有效减小接缝张开、混凝土受压区应变和接头钢螺栓应变。万敏(2015)提出复合材料叠加衬砌可作为隧道管片加固的一种新型结构形式,通过进行复合材料叠加衬砌加固管片接头抗负弯矩试验,证实该复合构件能有效提高管片接头在负弯矩区的抗弯承载力和接头转角刚度。柳献等(2014,2015)提出了复合腔体加固的新型加固工艺,该工艺具有轻型和快速加固的特点,试验研究结果表明复合腔体加固方法可以有效提高盾构隧道的极限承载力和刚度,能较好地应用于运营地铁隧道的快速加固。以上加固修复措施都存在一定的局限性,只能在一定程度上控制变形不再继续恶化,但对隧道结构横向大变形的治理效果十分有限。

注浆作为一种比较成熟的施工技术,在地下工程土体加固中受到了广泛的应用。张冬梅等(2017)通过数值模拟,建立了注浆体和隧道衬砌共同作用的相对渗透系数与隧道渗漏引起的衬砌受力、变形和地层位移之间的关系,并在此基础上建立了能够考虑注浆影响的评价方法。刘梓圣(2017)提出了基于 Flac3D 的"虚拟膨胀应力法",通过对"注浆单元"循环施加内应力使之发生体积膨胀的方式来模拟注浆动态过程,揭示注浆过程对隧道结构变形、内力的影响规律,对注浆工程进行参数分析及优化,分析了不同注浆排数及排间顺序、注浆距离、注浆高度、参数取值对最终加固效果的影响,并基于流固耦合分析注浆加固后隧道长期性态发展规律。对于注浆问题本质机理的数值模拟,离散元法等非连续介质理论得到了更广泛的使用,吴顺川(2004)、孙锋等(2010)、郑刚和张晓双(2015)采用 PFC 离散元计算程序,在微观尺度上模拟了注浆浆液扩散、土体压密及产生劈裂效应的过程,从微观上对土体改性注浆过程、理论和方法进行了分析。以上成果为地层加固提供了科学的理论和实践支撑。近几年上海隧道工程有限公司、上海申通地铁集团有限公司经过试验探索,不断改进和研究,逐渐形成了一套科学、合理的"地铁隧道微扰动注浆加固施工工法",总结出了针对饱和软土地铁隧道沉降、变形治理应采用"均匀、少量、多次、多点"对土层微扰动状态下的注浆工艺,可将注浆对地层的扰动降到最低,达到控制隧道沉降和变形的目的。该技术已经在上海、南京、杭州、宁波等 20 余个城市工程中得到成功应用,具有明显的社会效益和经济效益(王如路等,2013)。汪小兵(2010)和雷建华(2017)分别通过上海轨道交通 10 号线殷高路站—新江湾城站区间隧道和 12 号线大连路站—江浦公园路站区间隧道的注浆整治工程的监测分析,发现对隧道侧向土体进行双液浆注浆加固能够提高土体强度和侧向抗力,很好地减小并控制隧道结构横向收敛变形。以上研究表明通过注浆加固隧道侧向土层和挤压作用,隧道横向变形能够得到较好的控制,该研究在部分工程中已经得到了成功的应用。但是目前对注浆整治隧道横向大变形的机理、变形恢复效果尚缺乏研究。

综上所述,盾构隧道结构修复与加固技术、机理与方法、分析与评价等相关研究仍处于探索阶段,理论研究和工程实践都需要进一步探索。

1.2.3 可恢复性理论研究

1.2.3.1 可恢复性概念

可恢复性这一概念起源于生态系统领域,而后逐渐应用于多个学术领域。Holling(1973)研究了生态系统中不同生物数量组成在偏离平衡状态时的稳定性与可恢复性,用可恢复性来衡量系统各组分之间相互关系的持续性,将可恢复性定义为系统消解各种变化从而保持其生存的能力,将稳定性定义为系统遭受外界扰动而恢复到初始平衡状态的能力。Timmerman(1981)率先研究了社会系统在气候变化情况下的可恢复性,将系统的脆弱性与可恢复性建立联系,提出可恢复性是系统或局部承受灾害影响并得以恢复的能力。在生物学领域中,Folke(2006)将社会生态系统的可恢复性定义为承受外界扰动压力并维持原有基本功能,且能够适应变化并演化出更优越的组构关系,从而增强系统的可持续性,以更好地应对将来不利的影响因素的能力。Nelson 等(2007)提出,系统并非单纯地抵抗外部扰动,而是能够实现多状态之间的转换,可恢复性即为系统在不同状态下保持其原有功能所能承受的扰动程度。Tyler 和 Moench(2012)开展了城市气候的可恢复性研究,考虑自然气候灾害的高度不确定性,提出将可恢复性纳入决策体系能够更好地恢复系统功能。在社会学领域,Mcmanus 等(2008)提出在一个社会组织中,可恢复性主要包含对整体形势的感知能力、对关键脆弱部分的管理能力和应对复杂环境的适应能力。美国心理学协会针对创伤后应激障碍(PTSD)等心理疾病的恢复问题,将人类心理的可恢复性定义为人在经历自然灾害(Tugade et al.,2004)或恐怖袭击(Bonanno et al.,2006)等各种不幸遭遇和巨大压力时的适应能力以及积极恢复健康的能力。在能源领域,Lovins(1983)针对国家能源安全问题提出"能源可恢复性",认为开发多种替代能源比单一追求减少对外依赖更加有效,Grove 和 Burgelman(2010)则提出能源可恢复性是指应对能源供给发生变动的能力。

在工程学领域,土木工程的研究对象从材料、构件、结构、基础设施系统到社区、城市、区域、国家等,跨越多个尺度(许圣,2015)。研究学者们针对不同工程结构对象,从不同尺度出发对可恢复性这一概念进行了解读。美国土木工程师学会(ASCE)将基础设施可恢复性研究作为一项重要的战略任务,于 2014 年成立了可恢复性技术分会(IRD),旨在建立一个统一的方法促进可恢复性这一概念在生命线和基础设施系统中的应用,从而提高各种灾害下民用基础设施和生命线系统的可恢复性。ASCE 将基础设施系统的可恢复性定义为:降低重大灾害事件风险以及迅速恢复和重建关键服务功能,使公共安全、经济和国家安全的损失降到最小的能力。第 21 号美国总统政策指令(PPD-21,2013)《关于关键基础设施的安全性和可恢复性》中指出,可恢复性即为准备和适应不断变化的条件,承受灾害并且从灾害中快速恢复的能力。

Bruneau 等(2003)提出了一个全面系统地研究可恢复性的概念框架,引起了土木工程界对可恢复性的研究和重视。该框架首先定义了社区抗震可恢复性是地震发生时社区承灾、减灾以及自我修复的能力,并通过失效概率更小、失效损失更少、恢复时间更短 3 个指标来定量评价可恢复性。同时,该框架明确了可恢复性研究相关的 4 个维度,包括技术、组织、社会和经济,其中技术和经济的可恢复性和物理系统(如生命线工程)密切相关,而组织与社会的可恢复性主要与受影响的范围有关。Bruneau 等(2003)认为要衡量以上 4 个维度,可以采用鲁棒性、快速性、智能性、冗余性 4 个指标。其中鲁棒性指的是结构构件或体系等研究对象抵抗一定强度的扰动且能维持功能不损失的能力;快速性指的是在一定期限内按照优先级控制损失、减少损失的能力;智能性指的是在应对扰动能够识别问题、明确优先级、调配人力物力资源的能力;冗余性指的是以备用资源更换受损部分的能力。许圣(2015)总结认为鲁棒性与快速性是可恢复性实现"效果"的衡量指标,而智能性与冗余性是可恢复性实施"手段"的衡量指标。可以将上述 4 个指标融合为一个更广义的可恢复性指标功能函数。

Chang 和 Shinozuka(2004)建立了社区可恢复性的分析框架,该框架首先设定社会可接受的最大功能损失($r*$)和受损时长($t*$),以不同地震动强度下社区功能损失的累计超越概率为指标衡量可恢复性,给出了在技术、组织、社会和经济不同维度下 $r*$ 和 $t*$ 的建议取值,并以某一水网系统为算例,获得了两种修复策略中不同维度的可恢复性。

Manyena(2006)对大同小异的诸多可恢复性概念进行了梳理,对比分析了许多学者对于可恢复性的理解和定义,同时讨论了可恢复性和脆弱性之间的区别与联系,提出了可恢复性是人和结构作为一个整体的能力,定义了抗震可恢复性为系统、社区或社会在遭到预定干扰时通过改变其不必要属性来适应变化并恢复自我的一种内在能力。Francis 和 Bekera(2014)对不同领域系统中的可恢复性的定义进行了统计,并分析归纳了各定义中可恢复性的主旨内涵。

近年来,国内针对可恢复性的研究日益深入,吕西林等(2011)回顾了进入 21 世纪以来国内外可恢复结构体系的研究现状,如可更换结构构件、摇摆结构以及自复位结构等,具体阐述了可更换连梁和可更换剪力墙脚部构件这两种双肢剪力墙可更换构件的设计概念。张爱林等(2013)从钢框架体系、钢框架-中心支撑体系、钢柱脚、钢支撑、钢板剪力墙等 5 个方面对震后可恢复功能进行了分析,指出了震后可恢复功能的预应力钢结构的细部构造和结构体系等重要问题。目前国内比较注重技术层面上建构筑物的可恢复性研究。

1.2.3.2 可恢复性评价

在生态学、经济学、灾害学和工程学等多个领域,很多学者开展了可恢复性的定量化评价研究,基于可恢复性的定义和特性提出了相应的可恢复性评价指标和评价体系。在土木工程领域比较典型的一个可恢复性评价指标是结构或系统的灾后性能恢复量与受灾性能损失量之比(Whitson and Ramirez-Marquez,2009;Henry and Ramirez-Marquez,2012;Barker et al.,2013;Pant et al.,2014;Baroud et al.,2014)。

Tierney 和 Bruneau(2007)提出了"性能损失三角形"来评价系统的恢复能力,指出减小三角形的面积提高可恢复性。Attoh-Okine 等(2009)在"性能损失三角形"的基础上,提出可恢复性的定量表达式。Ayyub(2014)从全寿命期的时间尺度上对基础设施结构或系统的可恢复性进行评价,建立了一个较为系统全面的可恢复性评价框架,涵盖了不同时间灾害作用下不同破坏路径和恢复路径及其对可恢复性的影响。另外,也有学者以概率的形式构建可恢复性评价指标(Hashimoto et al.,1982;Li and Lence,2007)。

随着可恢复性概念和评价体系研究的不断深入,目前一些学者也在探索将可恢复性评价应用于解决实际工程问题。Chang 和 Shinozuka(2004)以某一供水系统为例,基于灾害损失评估模型,应用蒙特卡罗(Monte Carlo)模拟方法,针对不同强度地震发生后其在技术、经济和组织方面的恢复力,得出了灾前防控措施有利于提高灾后恢复力的结论。Atooh-Okine 等(2009)通过证据理论建立了综合的可恢复性分析指标并将其应用于铁路网络系统的可恢复性研究。Cagno 等(2011)针对大型城市地下空间区域承受恐怖袭击灾害的可恢复性进行研究,提出了分区分析承灾能力及恢复能力的子区域分析法。Doherty 等(2012)采用有效的灾害数据库以及可恢复性分析模型对铁路资产的灾前、灾中、灾后的长期管理提出了科学分析模型。Titi 和 Biondini(2013)分析了混凝土框架结构承受地震灾害的可恢复性能,并考虑了混凝土结构自身材料性能的恶化对可恢复性分析的影响。Ayyub(2014,2015)系统地开展了可恢复性在土木工程基础设施领域中的理论和应用研究,提出了可恢复性的工程定义和度量指标,建立了一个完整的可恢复性分析框架模型。国内应用于水资源和水环境的可恢复性以及突发事件应急管理的可恢复性评价,多采用类似风险评估的半定性半定量方法。肖洋等(2014)将水环境系统可恢复性分为弱、一般、强 3 个等级,建立了可恢复性评价指标体系,用主成分分析(PCA)和神经网络方法进行可恢复性评价。程瑶(2009)对区域洪水灾害设定了 5 级分类的可恢复性评价标准,运用集对分析方法进行可恢复性评价。张帆(2015)将可恢复性引入地铁网络,讨论了可恢复性成本与时间的关系,并利用可恢复性概念优化节点恢复策略,为迅速恢复地铁网络运营提供科学依据。

现有可恢复性评价的研究对象多为地面结构和网络系统,目前国内外针对地下结构遭受非正常荷载作用后的可恢复性分析鲜有研究。可恢复隧道结构应具备抵抗、承受、适应一定强度的外界扰动且维持足够安全性态的自稳能力,以及通过经济可行的措施快速、高效地恢复至可接受安全状态的复原能力。张东明(2015)在国内首先提出运营隧道基于性能的可恢复性分析框架(图 1.1),对上海地铁 2 号线区间盾构隧道在突发堆载条件下的可恢复性进行了分析,验证了隧道结构可恢复性分析模型的合理性,并提出采用智能结构健康监测提高结构健康状态的预警效率能够增加结构性能的可恢复性。近年来,防灾减灾的固有理念正在发生转变,关于如何应对灾害事故,可恢复性理念有望成为新的指导思想。即使建筑结构和基础设施发生了不在预期内的功能突降,也应有对应的资源、机制使其尽快恢复。盾构隧道结构在外界环境的扰动下一旦遭遇突发破坏,科学合理的可恢复性评价可以为灾害应急响应提供指导,从而采取有效的恢复策略和修复措施使结构性能恢复到正常使用水平,以达到快速恢复隧道正常运行的目的,最大程度地减小灾害损失。

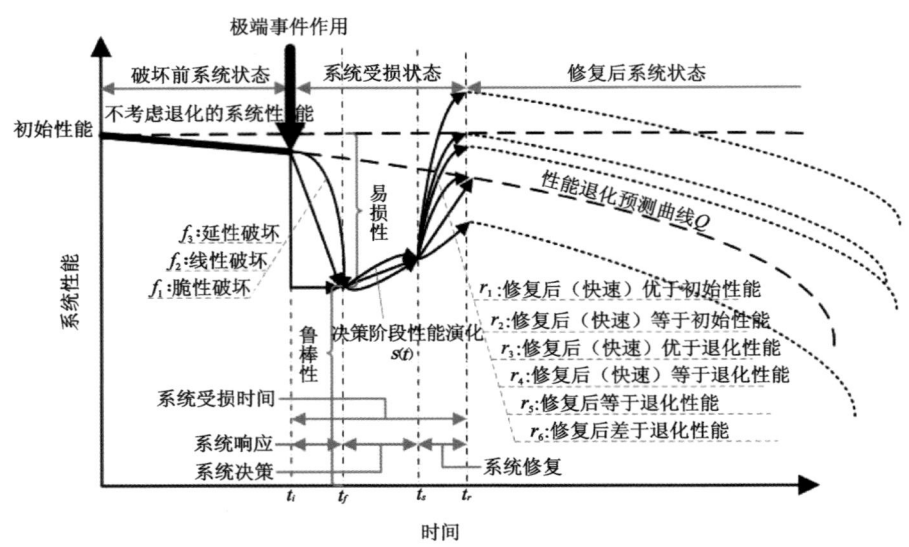

图 1.1 运营隧道性能可恢复性分析框架(张东明,2015)

1.2.4 地铁隧道网络易损性和可恢复性研究

随着城市轨道交通网络化建设的深入,城市地铁隧道呈现由点及面及体的系统工程发展态势,特别是北京、上海、广州等特大城市已形成复杂庞大的地铁网络结构和规模,地铁隧道已成为城市交通命脉、城市生命线工程。地铁每一个环节都存在潜在风险,一旦发生问题,都会对整条地铁线路甚至整体地铁网络造成严重的冲击和影响,造成乘客通行不便以及地铁相关单位的重大经济损失。因此,加强地铁网络易损性研究,分析在不同站点或隧道区段遭遇突发情况下的地铁网络整体运营的损害情况,对于提高地铁的运营效率和稳定性都具有十分重要的意义。近年来,很多学者采用复杂网络理论(complex network theory)开展城市地铁网络运营性能和易损性研究(Latora and Marchiori,2002;Lee et al.,2008;Soh et al.,2010;Zhang et al.,2011;Roth et al.,2012;Leng et al.,2014;Xu et al.,2016;Wu et al.,2007;Feng et al.,2017)。Angeloudis 和 Fisk(2006)构建了一个"toy"模型来研究世界上规模排名前 20 的地铁系统,并揭示了高连通性-低节点度网络对蓄意攻击的鲁棒性。Leng 等(2014)研究了北京地铁网络的演变,提出了由扩张模式和强化模式组成的新增长模式。Sun 等(2015)基于复杂网络和图论分析了上海地铁车站在随机攻击和蓄意攻击下的脆弱性。Wu 等(2007)研究了 5 个地铁系统的网络特性,并比较了它们的相对网络效率。Zhang 等(2018b)采用复杂网络理论对北京、上海和广州 3 个城市地铁网络的易损性进行了比较和分析。Zhang 等(2018a)提出了一个可恢复性分析模型来评估上海地铁网络的易损性和可恢复性,并确定若干站点遭受破坏情况下的最佳恢复策略。Saadat 等(2019)应用复杂网络理论评估了华盛顿特区地铁的易损性,甄别出了易损性较大的站点和区间。蔡鉴明和邓薇(2019)研究了长沙地铁网络的拓扑结构特性,分析了有无级联失效情况下长沙地铁网络的鲁棒性。以上研究表明各个地铁网络系统在面对随机故障时具有较强的鲁棒性,但在蓄意攻击下体现出明显的脆弱性。地铁网络的一个本质特征是具有特定的地铁线路,各条线路相互之间可交叉可重叠。以往对地铁网络易损性的研究主要集中于地铁站点,而忽略了特定地铁线路和站点之间区间隧道的易损性评价。由于地铁的首要功能是满足载客要求,因而除了地铁线路的连通性之外,客流分布也是影响地铁系统运营效率的一个关键因素(Wu et al.,2007)。可恢复性模型可以为安全风险管控,特别是在局部网络失效情况下为制订考虑网络全局的恢复策略提供理论支撑。针对超长线型、网络化地铁隧道,采用可恢复性理论创建网络化地铁隧道结构的安全风险可恢复性控制技术,可以实现复杂多重不确定条件下安全风险的经济、快速可恢复控制。

1.3 研究内容

为保障地铁盾构隧道结构的安全性能和地铁系统的高效运营,增强隧道结构和网络的可恢复性,本书采用基于性能的可恢复性分析方法,针对软土盾构隧道结构频发的突发堆载安全事故,从结构和网络两个层面切入,开展了"外界扰动下地铁盾构隧道结构与网络的可恢复性研究"。在结构层面,以土体-隧道系统为研究对象,以隧道横向收敛变形为变形性能的主要评价指标,刻画正常荷载环境下变形性能演化、突发堆载下变形发展规律以及采取隧道两侧土体注浆等措施后的变形恢复情况,并着重分析作为隧道受力变形薄弱部位的纵缝接头的变形特征,以及土体力学性质对隧道结构变形发展的影响。在网络层面,以地铁隧道全路网为研究对象,包括构成地铁系统的区间隧道、站点、线路,以改进后的全局网络运营效率为性能评价指标,重点分析地铁网络部分单元失效对全网运营效率的影响,结合上海地铁 2 号线突发堆载案例和以海平面上升加剧上海地区淹没风险为背景,分别分析了人为和自然两类外界扰动因素对地铁网络运营安全和效率的易损性影响,并采用可恢复性分析方法制订了突发多重故障情况下的最优恢复策略。综合采用实测数据统计、结构足尺试验、数值模拟、理论分析、工程案例分析等手段和方法,依据如图 1.2 所示的技术路线于展开了如下研究:

(1)正常荷载环境下软土盾构隧道结构变形性能的概率密度演化。考虑到隧道衬砌环在外界扰动下常常产生横向大变形的特点,本书以变形程度作为表征隧道结构安全状态的重要指标,聚焦于隧道结构变形性能的刻画和预测。针对盾构隧道衬砌圆环,将其变形性能定义为隧道断面保持初始圆形的能力,运营期隧道衬砌断面形状越接近圆形,则其变形性能就越高。为了解决定量描述地铁隧道结构性能的问题,选取地铁隧道水平收敛为变形性能指标,建立隧道结构变形性能的定量表达方程。首先采用随机过程方法,根据实测数据建立水平收敛随时间增长的概率模型,结合概率统计和时间序列分析方法,系统地建立一个隧道结构变形性能概率密度演化分析和预测模型,用概率分布的形式刻画隧道结构性能随运营年限增加的演化过程,为建立突发荷载作用下隧道变形性能的可恢复性分析框架打下基础。

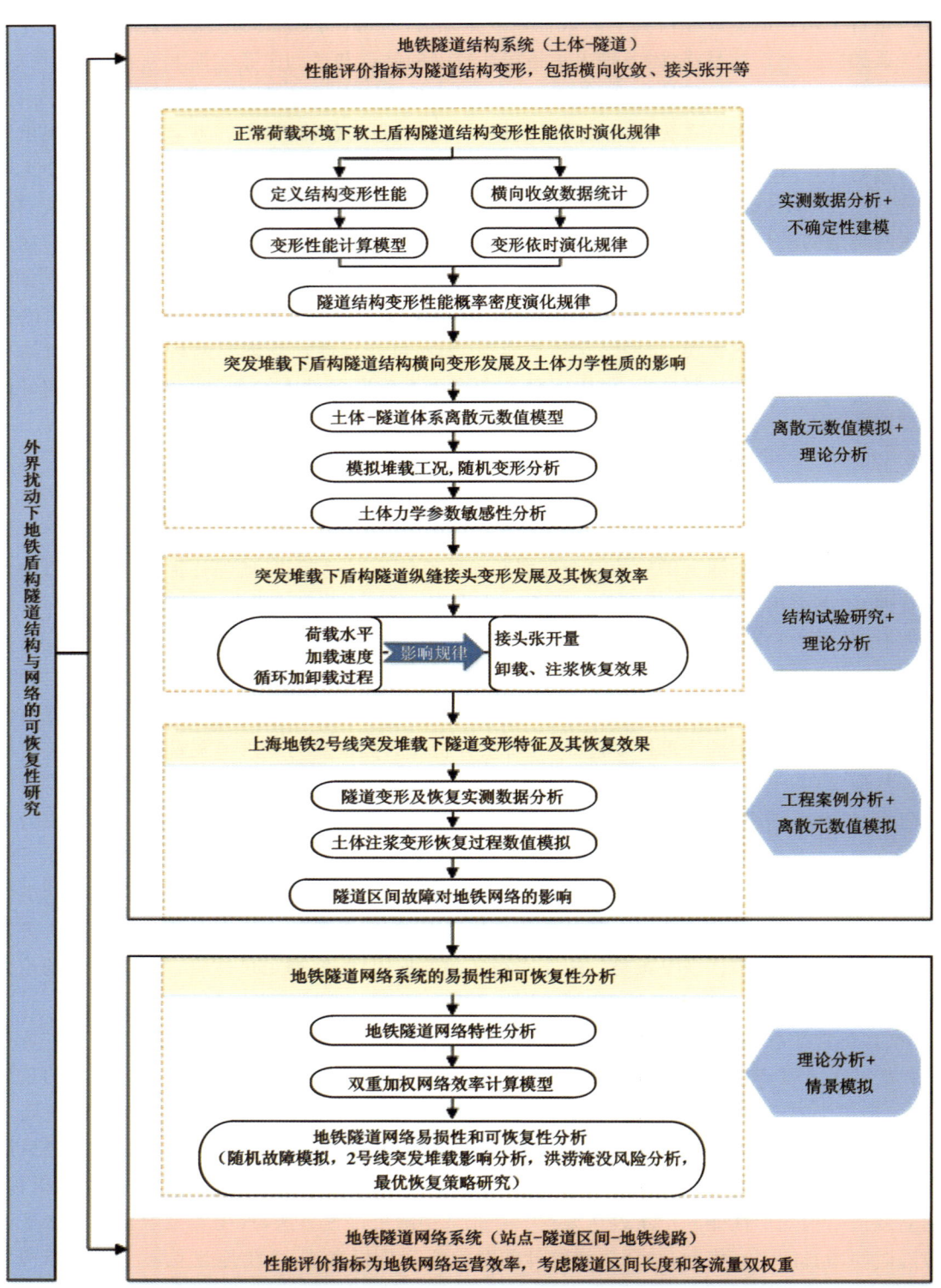

图 1.2 研究技术路线图

(2) 突发堆载下盾构隧道结构横向变形发展及土体注浆恢复效果。针对盾构隧道结构频发的突发堆载安全事故,采用离散元数值模拟方法分析不同程度的上覆荷载作用下隧道结构横向收敛变化规律。考虑到盾构隧道结构与周围土体共同承受外部荷载作用,作者进一步分析隧道结构变形与土体运移的相互作用机制,研究盾构隧道结构在上覆荷载作用下产生横向变形时周围土体颗粒的微观运移模式,重点分析土体随机运移及力学性质对隧道结构变形发展的影响,为盾构隧道断面变形控制和恢复提供理论依据。最后,结合上海地铁 2 号线区间隧道突发堆载工程实例,总结突发堆载作用引起的横向收敛状况以及卸载、注浆等措施下的变形恢复效果,并将离散元数值模拟结果与实测数据进行对比分析。

(3) 突发堆载下盾构隧道纵缝接头变形发展及其恢复效率。纵缝接头是隧道管片圆环的受力变形薄弱部位。通过开展室内管片纵缝接头足尺试验,分析接头张开、试件跨中挠度、螺栓应变、混凝土应变等试验数据,明确盾构隧道结构的失效模式与判断准则,得到结构变形不可恢复的极限状态。讨论加载速率和循环加卸载过程对管片变形发展规律、变形极值和极限承载力的影响。当隧道管片达到不同程度的变形后,进一步试验模拟结构卸载、土体注浆条件下接头张开的恢复过程,分析盾构隧道管片在恢复过程中各性态特征的演化规律,评价不同既有变形条件下的恢复效果,从而明确最佳恢复时机。此外,对拱顶和拱腰部位两种形式的接头在试验过程中的抗弯刚度、变形恢复效果等试验结果进行对比分析。

(4) 地铁隧道网络系统的易损性和可恢复性。任一区段隧道结构发生故障时都将波及整个地铁网络的正常运营,基于此开展地铁隧道网络系统的易损性和可恢复性分析。结合全网客流分布和区间隧道长度这两个地铁网络的关键特征,改进网络运营效率计算方程,进一步增强网络模型,为城市轨道交通网络易损性评估提供更全面的视角。以上海地铁为例,运用此模型,系统地分析站点、区间隧道、地铁线路失效情境下地铁网络的易损性,识别网络全局运营效率贡献较大的关键节点;评价上海地铁 2 号线突发堆载区间隧道发生中断对地铁网络运营效率造成的影响。针对海平面上升对沿海城市基础设施的潜在淹没风险,运用模型计算得到上海地铁网络中易损性较大的站点和区间;建立以改进的网络运营效率为隧道结构网络安全可恢复性的评价指标,基于可恢复性原理,提出多个区间隧道同时失效情况下的最优恢复策略。

1.4 创新点

本书主要的创新点如下:

(1) 基于上海地铁现场 2015—2020 年实测数据,针对横向收敛变形,提出了盾构隧道结构变形性能的依时性概率密度演化模型,揭示了变形性能演化过程包含抛物线形式下降的趋势项和线性增大的波动项的演化规律,分析了隧道结构变形性能演化过程的时变性和不确定性。

(2) 建立了土体-隧道二维离散元数值模型,通过注浆区域颗粒单元体积膨胀精细化模拟了隧道双侧土体注浆对隧道结构横向变形的恢复效率,从细观角度提出了土体注浆作用下隧道结构横向收敛恢复百分比随着既有变形增大而非线性减小的规律;通过盾构隧道拱顶双缝接头和拱腰单缝接头的原型足尺试验,获得超载作用下接头张开变形的非线性发展规律,以及卸载和土体注浆作用下管片接头张开变形的恢复效率。

(3)考虑区间隧道长度和客流分布双权重因子,提出改进的地铁隧道网络易损性与可恢复性评价模型,科学地给出了对地铁网络运营效率影响较大的关键站点和区间隧道,研究了未来海平面上升对沿海城市地铁网络的淹没风险易损性影响,同时提出了多个区间失效下的最优恢复策略。

第 2 章　正常荷载环境下软土盾构隧道结构变形性能演化

2.1　概　述

结构系统性能评估是基于性能和基于可恢复性等设计理念和方法的重要组成部分(Hamburger et al.,2003;Ayyub,2014),而时变结构性能预测被视为基础设施全寿命期管理的基础(Biondini and Frangopol,2016)。随着越来越多的地铁隧道不断地投入运营,如何客观地评价地铁隧道结构性能以保证地铁的正常运营成为摆在管理决策者面前的一大难题。目前地铁隧道结构性能评价大都基于定性的方法对结构性能进行等级划分,存在很大的主观性和模糊性。由于地铁隧道所处环境的复杂多变以及承受荷载的高度不确定性,定性描述结构性能存在巨大的风险,因而定量化描述有着迫切的现实需求。在地铁隧道工程中,区间隧道衬砌结构的过度收敛变形会威胁地铁运营安全,断面收敛变形是评价隧道结构安全状态最直观有效的指标。考虑地铁隧道限界要求,同时从科学研究意义、工程应用意义、量测便捷性等几个角度综合考量,本章提出采用隧道断面水平收敛变形作为隧道结构服役性能的评价指标,并给出了以该指标为变量的性能定量计算表达式。

盾构隧道结构,尤其是在地质条件不良的软土地区,外部环境和结构自身存在的不确定性和人们认知的不确定性,不可避免地导致其在设计使用寿命内的性能发展变化具有一定不确定性并带来一定的运营安全管理风险。本章以上海地铁 2 号线部分区间隧道为例,选取隧道结构水平收敛作为基本性能指标,根据线路开通以来的隧道水平收敛监测数据,对上海软土盾构隧道的变形性能退化程度进行了概率评估。首先基于隧道结构收敛变形极限值,提出变形性能随收敛增大以抛物线形式下降的量化方程;然后建立对数正态随机过程模型来刻画隧道变形性能概率密度的长期演变,并结合现场实测数据验证了该预测模型的合理性与准确性,从而实现了基于概率的隧道结构性能演化规律的定量描述、评价和预测,为地铁隧道运营维护与管理提供决策理论依据。

此外,本章采用机器学习经典算法之一的时间序列整合移动平均自回归(ARIMA)模型来获得相对准确的短期变形预测。为保证预测的准确性,根据现场监测资料,建议监测频率为每月两次。结合短期和长期变形及变形性能的演化分析结果,有助于确定预防和控制措施的必要性和紧迫性。

2.2 地铁隧道限界要求

地铁隧道是具有隐蔽性的地下结构工程,其内部空间相对有限(黄亮,2015),隧道有效净空尺寸有严格的限制,需要保持规定净空面积并留有一定安全距离以保证地铁列车安全通行且满足通风及其他功能。《地铁限界标准》(CJJ96—2018)对建筑限界做出了明确规定:任何沿线永久性固定建筑物,包括施工误差值、测量误差值及结构永久变形量在内,均不得向内侵入建筑限界线。图2.1～图2.3分别显示了该标准中对地铁A型、B1型和B2型车辆在直线地段与曲线地段圆形隧道的建筑限界的规定。由图可知,A型和B2型区间隧道建筑限界为5200mm,B1型区间隧道建筑限界为5100mm。已建成的上海地铁隧道内径通常为5500mm,外径为6200mm。根据隧道限界标准,A型和B2型区间隧道收敛变形裕度为300mm。

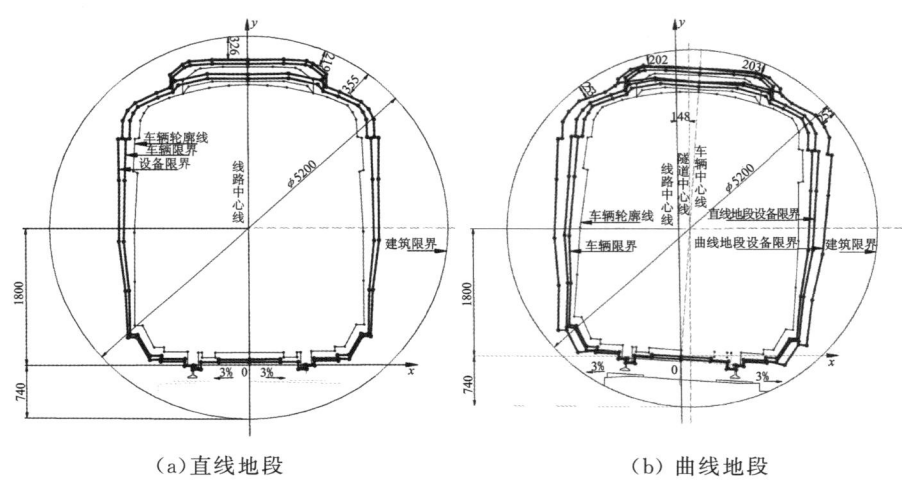

(a)直线地段　　　　　　　　(b)曲线地段

图2.1　A型区间单圆地铁隧道建筑限界

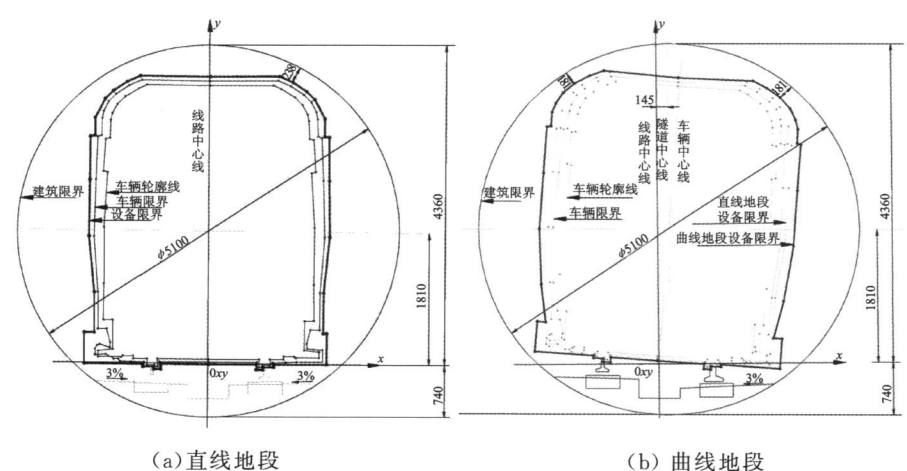

(a)直线地段　　　　　　　　(b)曲线地段

图2.2　B1型区间单圆地铁隧道建筑限界

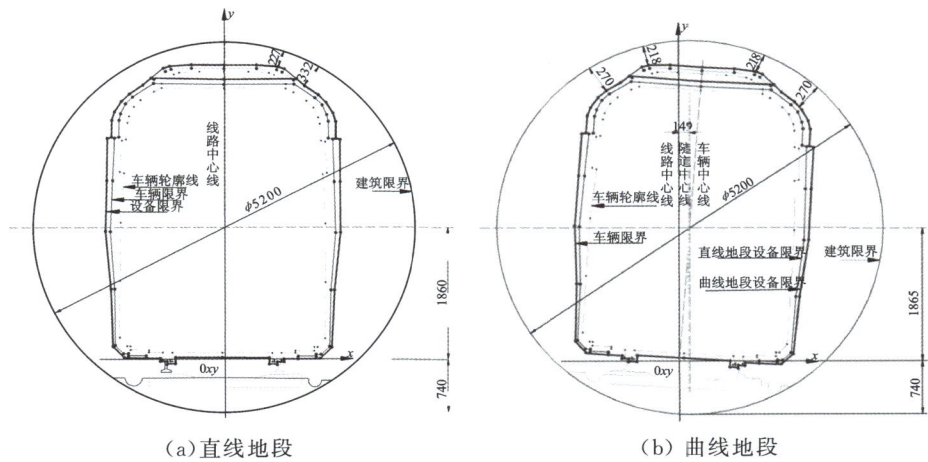

(a) 直线地段　　　　　　　　　(b) 曲线地段

图 2.3　B2 型区间单圆地铁隧道建筑限界

2.3　盾构隧道结构水平收敛变形性能评价指标

为了实现对地铁盾构隧道性能的定量分析,首先需要在诸多因素中筛选出重要的性能评价指标。除上一小节中说明的地铁隧道建筑限界的标准化规定的考量之外,本章基于科学研究意义、工程应用意义、量测便捷性等几个角度选择横向收敛变形(图 2.4)作为盾构隧道结构服役性能评价指标(张东明,2015)。

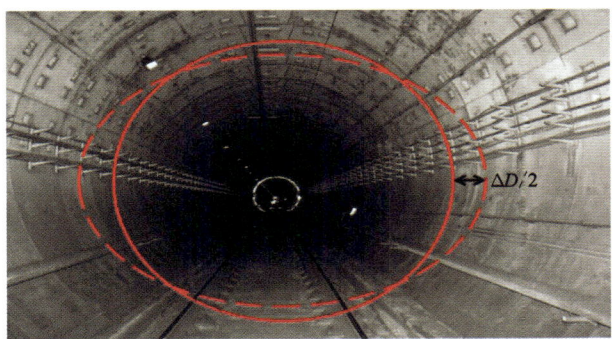

图 2.4　盾构隧道结构收敛变形性能评价指标(图中 D 为隧道直径)

1) 科学研究意义

在国内外隧道工程问题相关的研究中,隧道断面变形通常作为衡量隧道结构及周边土体安全与稳定的重要指标(Wood,1975;Loganathan and Poulos,1998;Pinto and Whittle,2014)。同时,隧道结构横断面收敛变形与隧道结构病害之间存在着必然的相关性,其相关性可由实测数据统计反映。图 2.5 为上海某地铁盾构隧道实测横断面收敛数据与相应封顶块纵缝张开量在隧道纵向上的变化规律图,从图中可以看到,由黑点表示的张开量值与由实线表示的收敛数据存在相同的变化趋势,出现波峰与波谷的位置相近。将图 2.5 中收敛数据及其对应的纵缝张开数据成对绘制于图 2.6 中,可以看到二者之间呈现明显的线性相关性,该相关性由 Spearman 秩相关检验验证,相关系数达 0.59。此外,王如路和张冬梅(2013)采用数值模拟方法研究了地面超载作用下盾构隧道横向变形发展机理,结果表明在盾构隧道横向变形发展过程中,隧道断面水平收敛量与接头张开量、螺栓应力和混凝土应力之间呈现高度一致性的发展变化。

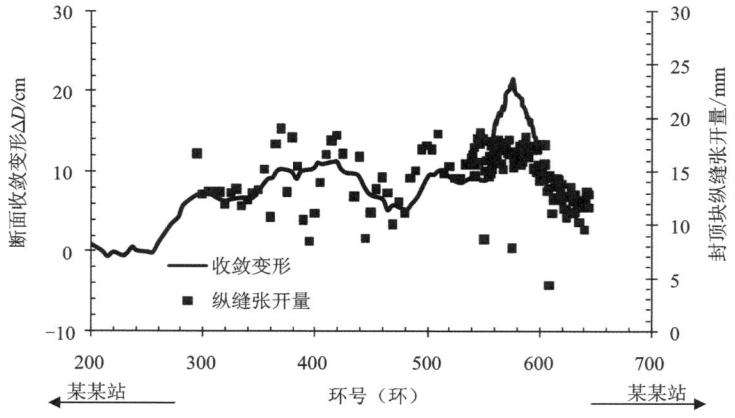

图 2.5　盾构隧道结构收敛变形与结构纵缝张开病害随隧道纵向分布

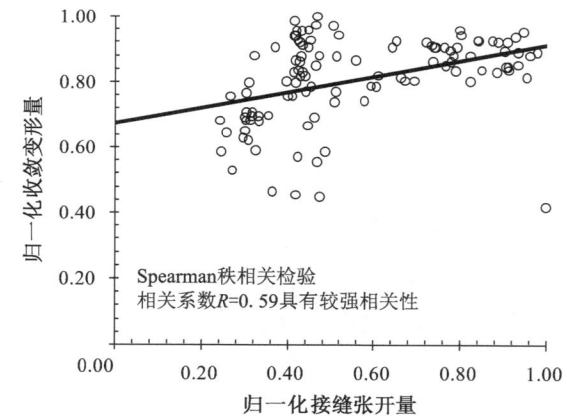

图 2.6　隧道结构收敛变形与结构接缝张开病害相关性分析

2)工程应用意义

在国内外隧道工程实践过程中,工程师们通常更易接受采用横向收敛变形来刻画隧道工程结构的安全等级。例如,在英国隧道规范(BTS,2004)中,将隧道直径相对变形($\Delta D/D$)作为隧道工程安全首选的关键性能指标(key performance index,KPI),其限值不得超过 2%。在《地铁设计规范》(GB 50157—2013)中,也将 $\Delta D/D$ 作为反映隧道结构使用性能的重要指标参数,需控制在 3‰~4‰。而在上海地方地铁管理方法中,要求在外部正常荷载作用下隧道管片拼装成环后,累计水平直径收敛值小于 5‰的隧道外径,即外径为 6.2m 的上海通用盾构隧道结构相应的收敛控制限值为 31mm(王如路,2011)。

3)量测便捷性

隧道结构性能指标不仅要在力学上有显著的物理意义,同时需要在实际工程中便于量测。而隧道水平收敛是隧道工程结构监测中最普遍也最容易实现的监测项目。目前,在工程实践中可采用多种监测仪器与手段对其进行监测,如全站仪、收敛仪、激光测量、光纤传感测量以及倾角传感量测等。

综上所述,本书将选取隧道水平收敛监测数据作为隧道结构变形性能评价研究的基础数据。

2.4 软土盾构隧道变形性能演化及预测模型

2.4.1 隧道变形性能量化方程

如前所述,隧道衬砌变形是隧道结构适用性和安全性的关键指标。隧道结构在外部荷载(特别是地铁列车振动荷载甚至是突发荷载)作用下随时间退化,或侵蚀性环境造成结构损伤,终将以变形对以上过程作出响应。隧道水平收敛易于长期监测,是表征隧道变形性能的直观指标。为了实现量化评估隧道变形性能,定义隧道水平收敛(ΔD)和变形性能(Q)之间的关系为

$$Q(t)=1-\left[\frac{\Delta D(t)/D_{out}}{\Delta D_F/D_{out}}\right]^2 \tag{2.1}$$

式中:$\Delta D(t)$表示从隧道运营开始到t时刻的累积水平收敛;ΔD_F表示隧道管片达到极限承载力时的水平收敛极限值;D_{out}是隧道管片外径。

由式(2.1)可知,$Q(t)$随$\Delta D(t)$的增大从1以抛物线形下降到0。当没有收敛发生时,$\Delta D(t)/D_{out}=0$,隧道性能为1;当变形达到极限状态时,即$\Delta D(t)/D_{out}=\Delta D_F/D_{out}$,隧道性能降为0。抛物线形性能函数已成功应用于结构时变问题,如混凝土结构的承载力随时间的变化(Liu et al.,2012)、水泥基材料的蒸汽扩散随温度的变化(Bakhshi et al.,2012)、锈蚀钢筋的截面面积随时间的变化(Stewart,2004)等。

Liu等(2016)进行了一系列足尺管片环荷载试验,以确定上海通用地铁隧道(外径为6.2m)衬砌在上方超载和侧向卸载作用下的极限承载能力。如图2.7所示,结合两种工况下隧道结构分别达到极限状态下的水平收敛试验结果,本书取水平收敛极限值(ΔD_F)为0.188m,即极限状态下$\Delta D_F/D_{out}$收敛比值为0.0303(0.188m/6.2m)。进而获得变形性能(Q)与收敛比值($\Delta D/D_{out}$)的关系曲线,如图2.8所示。显然,随着收敛比值增大,变形性能呈抛物线形下降。需要说明的是,受室内管片结构试验条件限制,当局部混凝土沿管片纵向开裂贯通,即认为隧道衬砌环达到极限承载力状态,是荷载结构条件下的极值,而实际上隧道结构变形受地层的约束作用能产生更大的收敛变形而不致破坏。因此,根据管片加载试验结果所取的水平收敛极值偏于保守。

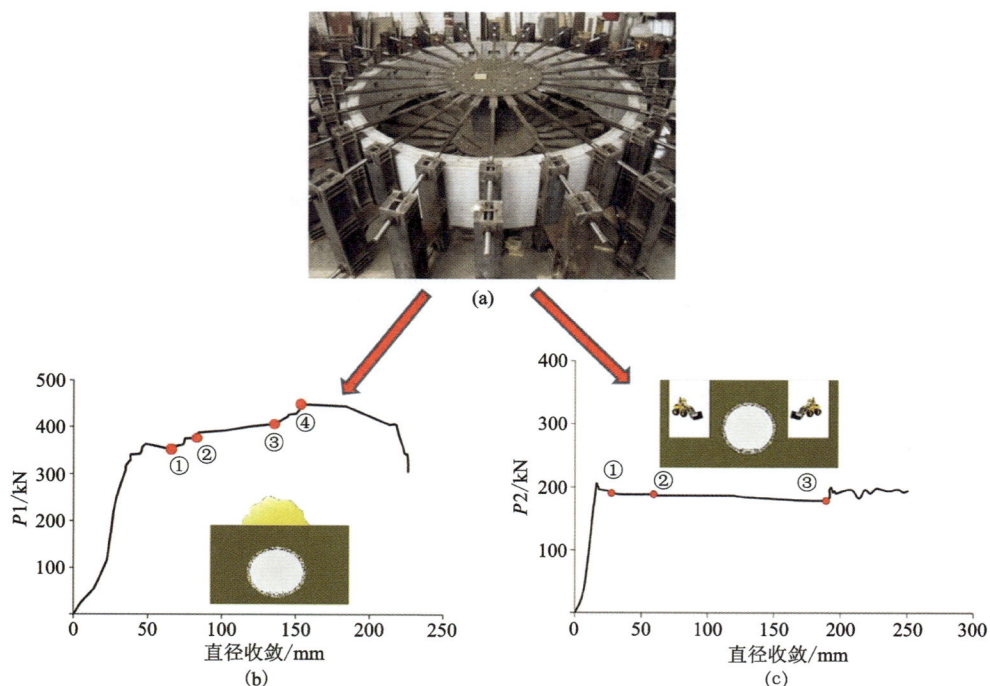

图 2.7　足尺管片加载试验装置及结果(Liu et al.,2016)
(a)试验现场照片；(b)上方超载作用下隧道水平收敛随荷载变化；
(c)侧向卸载作用下隧道水平收敛随荷载变化

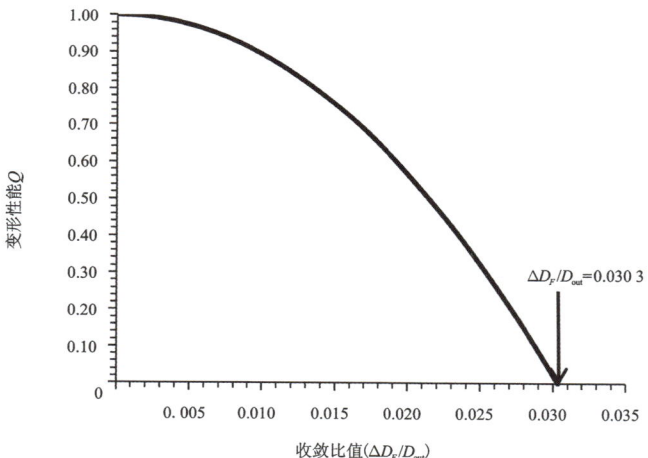

图 2.8　隧道结构变形性能与收敛比值的关系曲线

2.4.2 工程案例及数据描述

本书以上海地铁 2 号线东延伸段部分区间为工程案例,获取了隧道开始运营后长期连续的水平收敛监测数据,该区间隧道在所研究监测时段内处于正常荷载环境,进而可分析盾构隧道结构变形性能在自然状态下的演化规律。该隧道在开挖方法、衬砌结构特征和施工环境等方面代表了上海现有大多数地铁隧道(Zhang and Huang,2014;Liao et al.,2009;Wang,2009)。区间隧道采用盾构法施工,为上海典型单圆通缝拼装隧道结构形式,区间采用混凝土整体道床铺设钢轨。单环由 6 个预制钢筋混凝土衬砌块组成,材料为 C55 混凝土和 Q235 钢筋,材料参数等详细信息参见《上海城市轨道交通工程技术标准》(STB/ZH—000001—2010)。相邻衬砌块由两个 5.8-M30 钢螺栓连接,设计外径为 6.2m,环厚 0.35m,环宽 1.2m,如图 2.9 所示。

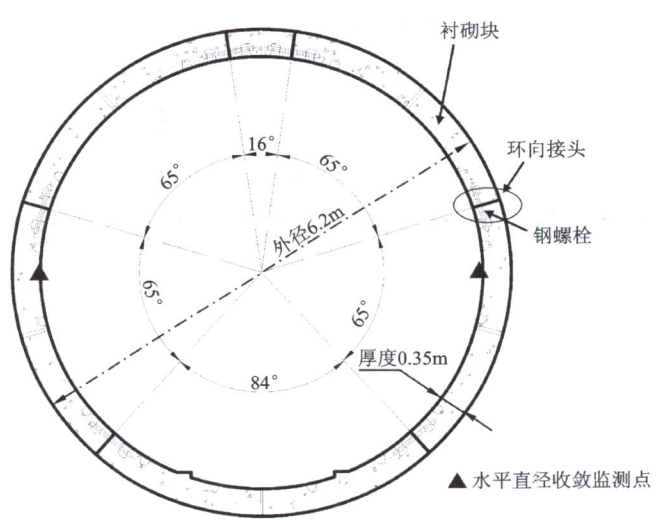

图 2.9 隧道管片环断面示意图

该区间隧道长 102m,走向如图 2.10 所示。根据地质勘察资料,隧道穿越上海地区典型淤泥质黏性土层,平均隧道中心埋深约 16m,地质剖面如图 2.11 所示。图 2.12 显示了土体主要物理性质,包括含水率(w)、孔隙比(e)和重度(γ),以及力学特性包括 N 值(SPT)、不排水抗剪强度(s_u)、有效黏聚力(c')、有效内摩擦角(φ')、压缩模量(E_s)和静止侧压力系数(K_0)。土体主要物理力学参数如表 2.1 所示。土体含水率较高(平均为 35%)导致其强度和刚度均较低(如 s_u 平均值为 30kPa,E_s 约为 3MPa)。

图 2.10 区间隧道走向

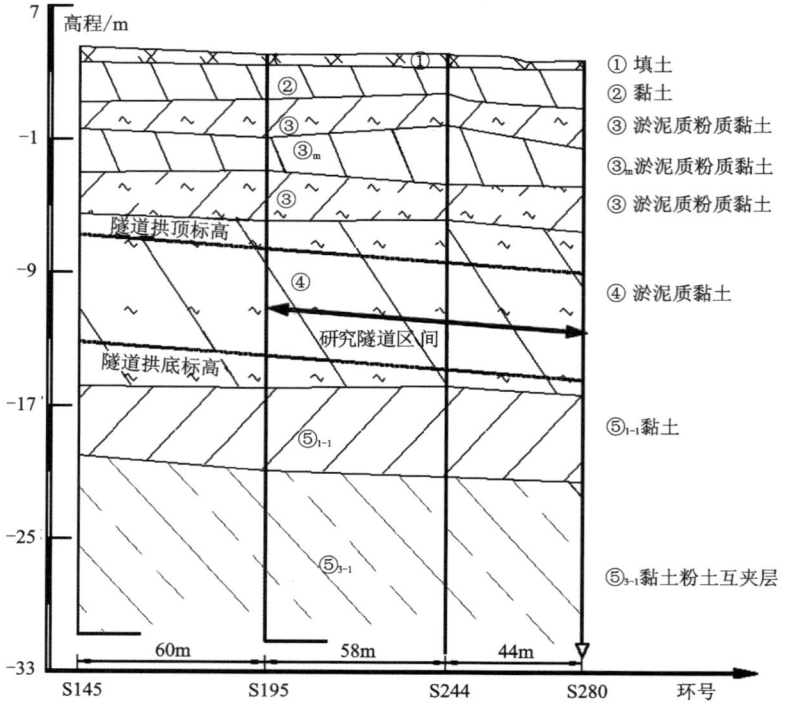

图 2.11 区间隧道地质剖面

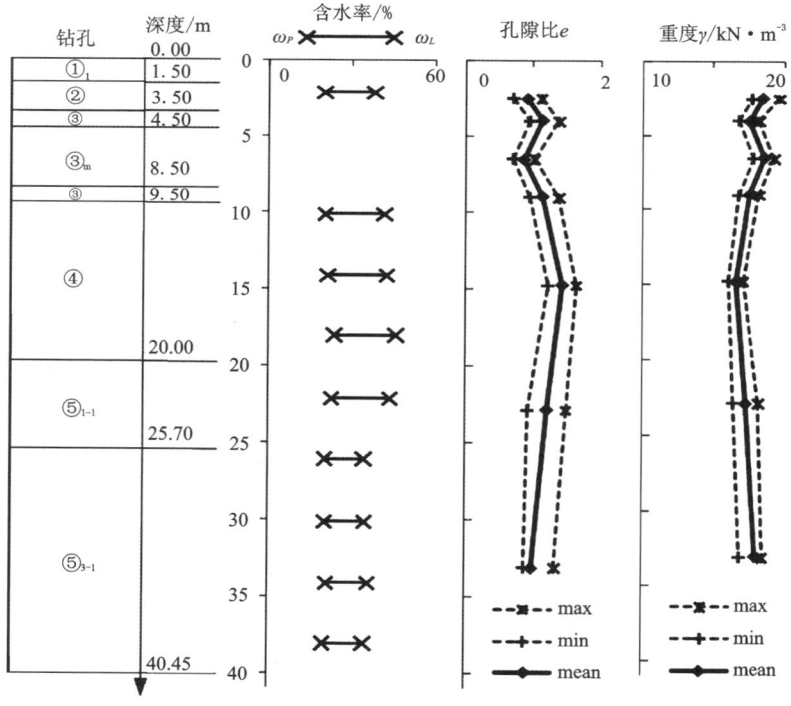

(a) 物理物质

图 2.12 土体物理力学性质

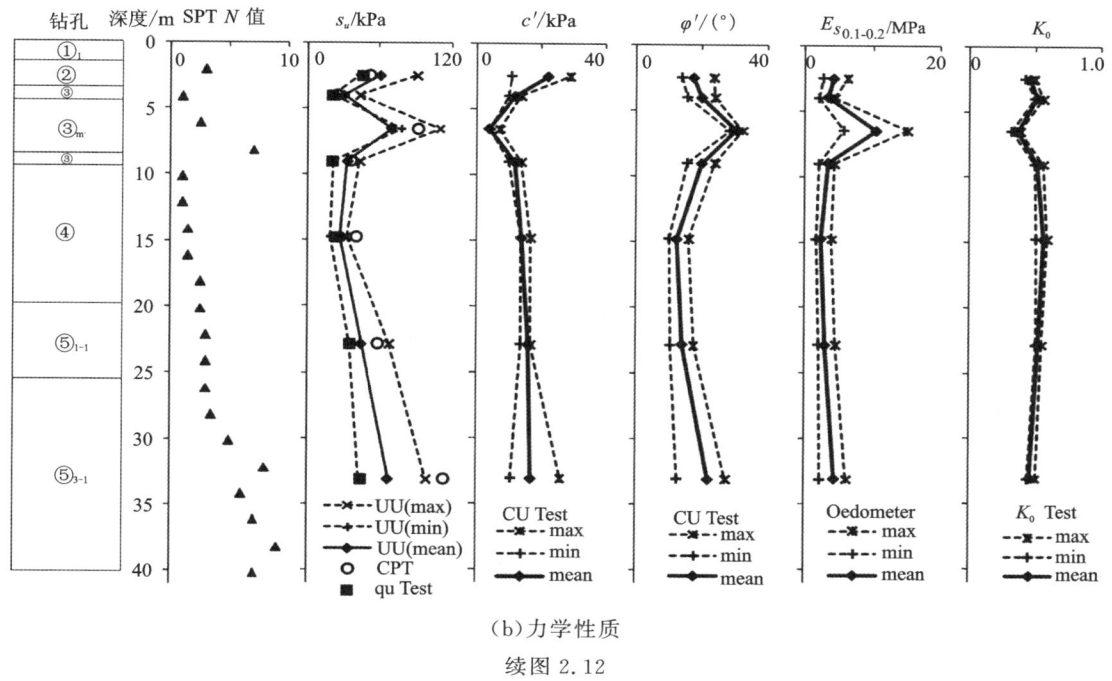

(b)力学性质

续图 2.12

表 2.1 土层物理力学参数

层序	层名	重度/(kN·m^{-3})	含水率/%	固结快剪		比贯入阻力/MPa	标贯击数
				c'/kPa	ϕ'/(°)		
③	淤泥质粉质黏土	17.5	40.4	12	20	0.55	1.5
④	淤泥质黏土	16.6	50.1	14	12.5	0.68	1.6
⑤$_{1-1}$	黏土	17.3	42.3	16	14	0.91	2.7
⑤$_{3-1}$	粉质黏土	18	34.2	17	20	1.74	5.9

隧道衬砌结构于 2008 年 10 月建成,完成铺设轨道、电缆、通信等设施后,在 2010 年 6 月试运行。在 2010 年 5 月至 2011 年 4 月期间,利用全站仪进行了 45 次横断面水平收敛监测,测点布置如图 2.9 所示。在监测期的前 50 天,监测频率为每 3 天一次;此后,频率降低到每周一次。隧道建设及监测时程如图 2.13 所示。所研究区间隧道环号 S195～S280 范围内 S199、S210、S215、S220、S230、S236、S241、S251、S256、S261、S272 和 S278 共 12 个衬砌环的水平收敛监测数据如图 2.14 所示。可见,各环水平收敛随时间呈现小幅增大趋势的同时具有一定程度的离散性。需要说明的是,该区间隧道覆土环境无明显变异性,12 个衬砌环收敛数据可视为相互独立的随机样本,因而总体样本的概率分布可用来评价该区间隧道整体的变形性能状态。在此基础上,引入一个 12×45 矩阵来描述收敛变形监测数据集,即

$$X = \begin{bmatrix} \Delta D_{1,1} & \Delta D_{1,2} & \cdots & \Delta D_{1,45} \\ \vdots & \vdots & \ddots & \vdots \\ \Delta D_{12,1} & \Delta D_{12,2} & \cdots & \Delta D_{12,45} \end{bmatrix} \quad (2.2)$$

式中：$\Delta D_{i,j}$ 表示衬砌环 i 在时间点 j 时的水平收敛量。

假设隧道在某一时间点 j 的收敛变形是一随机变量，那么这种与时间相关的随机变量的序列构成一随机过程，可表示为 $\{X(t): t \in T\} = \{X(t_1), X(t_2), \cdots, X(t_{45})\}$，其中 $X(t_i)$ 是时域 T 内的随机变量。

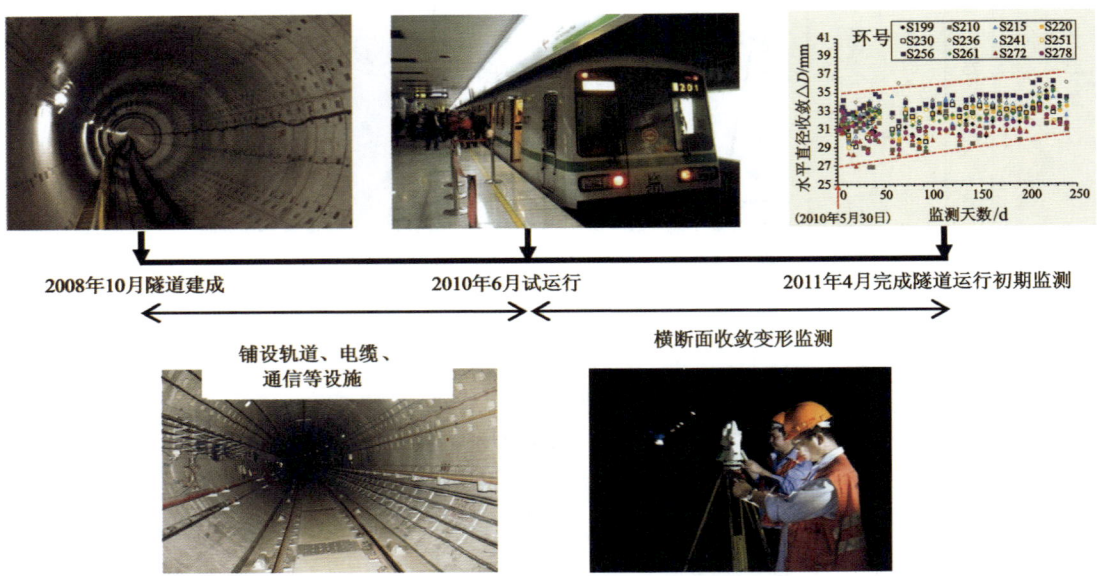

图 2.13 隧道建设及监测时程

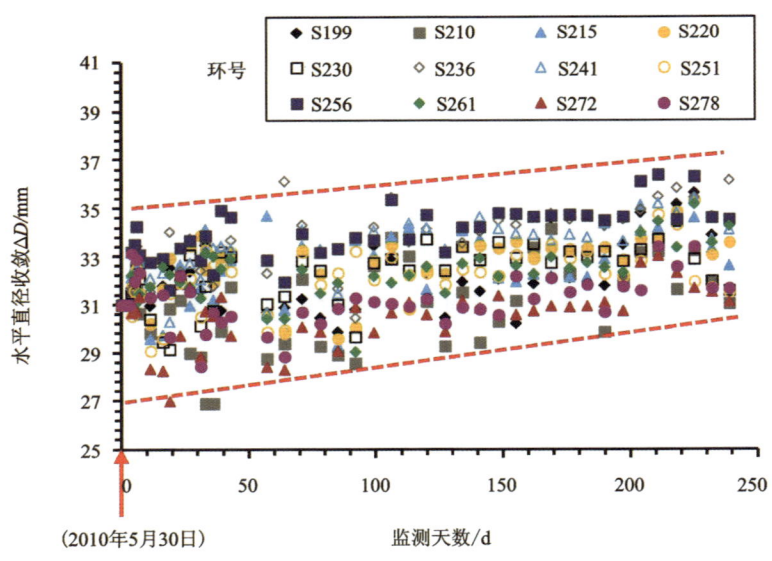

图 2.14 衬砌环的水平收敛监测数据

对于随机过程$\{X(t):t\in T\}$,其n维累积分布函数和相应的n维概率密度函数分别表示为

$$F(x_1,x_2,\cdots,x_n;t_1,t_2,\cdots,t_n)=P\{X(t_1)\leqslant x_1,X(t_2)\leqslant x_2,\cdots,X(t_n)\leqslant x_n\} \quad (2.3)$$

$$f(x_1,x_2,\cdots,x_n;t_1,t_2,\cdots,t_n) \quad (2.4)$$

其中$x_1,x_2,\cdots,x_n\in R$;$t_1,t_2,\cdots,t_n\in T$。为了推断随机变量的概率分布类型同时考虑到样本数据量小,采用Kolmogorov-Smirnov检验(K-S检验)方法分析收敛样本监测值的分布和设定的理论分布$F(x)$是否吻合。针对所研究区间隧道收敛变形的监测数据,K-S检验结果表明对数正态分布拟合优度较其他分布类型高,因此,认为$X(t_i)$遵循对数正态分布,而$\{X(t):t\in T\}$为对数正态随机过程,即

$$\overline{\Delta D_j}=\frac{1}{12}\sum_{i=1}^{12}\Delta D_{i,j},j=1,2,\cdots,45 \quad (2.5)$$

$$\varepsilon_{i,j}=\Delta D_{i,j}-\overline{\Delta D_j},i=1,2,\cdots,12;j=1,2,\cdots,45 \quad (2.6)$$

首先,由式(2.5)计算各监测时间点水平收敛平均值。图2.15以对数形式绘制了收敛监测均值随时间的增长关系,通过最小二乘法,获得最优拟合曲线。根据由该区间隧道在监测时段内的收敛实测数据获得的拟合曲线方程,假设隧道变形照此趋势发展,预测隧道在使用50年后,即使在正常运营条件下(即无极端荷载事件发生),隧道也可能发生90mm的大变形,不利于隧道结构安全和正常运营。在提取出收敛增长趋势后,根据式(2.6)计算收敛监测值的残差ε,结果如图2.16所示。通过显著性水平为0.05的White异方差检验(White heteroskedasticity test)(White,1980),表明每个监测时间点的残差的方差为常数(等于1.73);通过进行K-S检验,绝对残差$|\varepsilon|$服从对数正态分布。因此,$\ln(|\varepsilon|)$为零均值白噪声的稳定随机过程。综上,时变收敛$\Delta D_{i,j}$可视为时间连续的对数正态随机过程,表示为趋势项$Tr(t)$和随机项$\varepsilon(t)$之和(单位:mm),即

$$\Delta D(t)=Tr(t)+\varepsilon(t) \quad (2.7a)$$

$$Tr(t)=3.28\times 10^{-3}t+31 \quad (2.7b)$$

$$\varepsilon(t),|\varepsilon|\sim LN(0,1.73^2) \quad (2.7c)$$

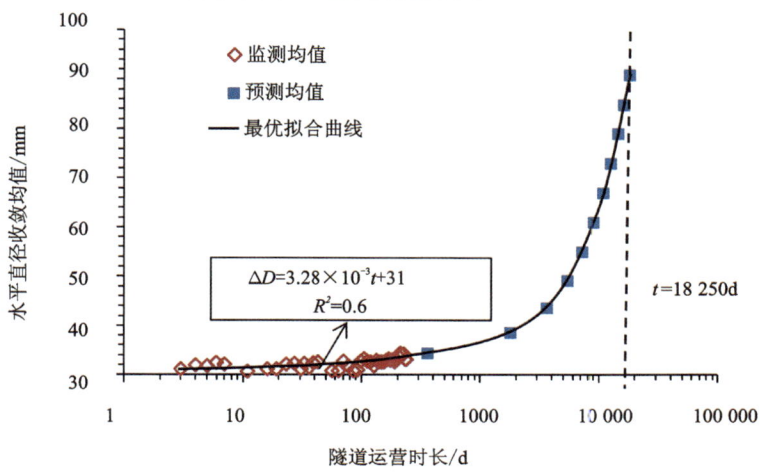

图2.15 水平收敛均值及长期预测值

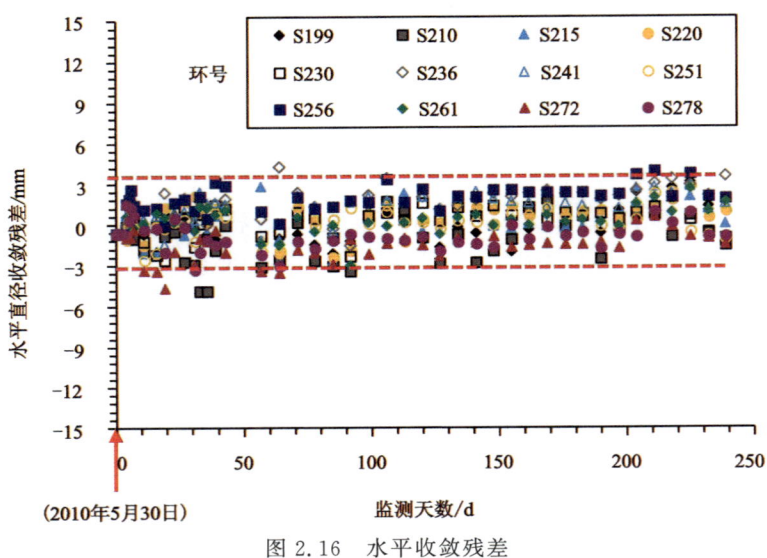

图 2.16 水平收敛残差

2.4.3 隧道长期变形性能概率预测模型

2.4.3.1 模型构造

基于上述收敛数据的统计分析,构造了一个对数正态随机过程来描述隧道衬砌水平收敛的概率演化,进一步根据变形性能 $Q(t)$ 和水平收敛 $\Delta D(t)$ 之间的关系式[式(2.1)],建立变形性能的概率演化模型,其关键是基于 $\Delta D(t)$ 的统计特性,获得 $Q(t)$ 依时性概率密度函数。

由于 $\Delta D(t)$ 为对数正态分布,平均值为 μ,标准差为 σ,因此 $\ln(\Delta D(t))$ 服从相应的正态分布,平均值为 λ,标准差为 ζ,即

$$\lambda = \ln(\mu) - \frac{1}{2}\zeta^2 \tag{2.8a}$$

$$\zeta^2 = \ln\left(1 + \frac{\sigma^2}{\mu^2}\right) \tag{2.8b}$$

引入参数 y 表示 $(\Delta D(t)/\Delta D_F)^2$,则 $\ln(y)$ 也服从正态分布,其均值 λ' 和标准差 ζ' 分别为

$$\lambda' = 2\lambda - 2\ln(\Delta D_F) \tag{2.9a}$$

$$\zeta'^2 = 4\zeta^2 \tag{2.9b}$$

已知 $\Delta D(t)$ 的对数正态分布概率密度函数,对应 y 的概率密度函数可推导为

$$f(y) = \frac{1}{\sqrt{2\pi}y\zeta'}\exp\left(\frac{-[\ln(y)-\lambda']^2}{2\zeta'^2}\right) \tag{2.10}$$

此外,由于变形性能指标 $Q(t)$ 等于 $(1-y)$,因此可以由式(2.11)直接推导出 $Q(t)$ 的概率密度函数,相应地,可得到其均值和方差方程,如式(2.12)所示。

$$f(x) = \frac{1}{\sqrt{2\pi}(1-x)\zeta'}\exp\left(\frac{-[\ln(1-x)-\lambda']^2}{2\zeta'^2}\right) \tag{2.11}$$

$$\mu_Q = 1 - \frac{1}{(\Delta D_F)^2}\exp(2\lambda + 2\zeta^2) \tag{2.12a}$$

$$\sigma_Q{}^2 = \frac{1}{(\Delta D_F)^4}\exp(4\lambda + 4\zeta^2)[\exp(4\zeta^2) - 1] \tag{2.12b}$$

将隧道收敛变形极限值 ΔD_F(188mm),以及式(2.7)所得收敛监测均值 $\mu = Tr(t)$ 和标准差 $\sigma = \varepsilon(t) = 1.73$,代入式(2.8)～式(2.12)中,最终可得到变形性能 $Q(t)$ 的依时性概率密度演化函数表达式 $f(x,t)$ 及其均值函数 $\mu_Q(t)$ 和标准差函数 $\sigma_Q(t)$ 的方程式为

$$f(x,t) = \frac{1}{\sqrt{2\pi}(1-x)\zeta'(t)}\exp\left(\frac{-[\ln(1-x) - \lambda'(t)]^2}{2[\zeta'(t)]^2}\right) \tag{2.13}$$

$$\mu_Q(t) = -3.04 \times 10^{-10} t^2 - 5.75 \times 10^{-6} t + 0.973 \tag{2.14a}$$

$$\sigma_Q(t) = 3.21 \times 10^{-7} t + 0.003 \tag{2.14b}$$

由以上变形性能概率密度演化模型可知,随着运营时间的推移,变形性能均值以抛物线形式降低,标准差以线性形式增加,性能预测的不确定性将随之变大。采用蒙特卡罗模拟方法(MCS)实现性能演化过程,即对收敛监测时段($T=0\sim250d$)内每天进行1000模拟来描述以上模型刻画的隧道变形性能的演变。图2.17绘制了250d内实际监测的和MCS模拟的变形性能结果,其中空心灰点表示使用MCS模拟的数据,实心黑点表示监测结果。由图可知,隧道变形性能随时间的总体演变趋势和波动情况与现场监测数据基本一致。该结果证明了所提出的随机过程演化模型能够以工程可接受的准确度再现真实的性能退化过程。

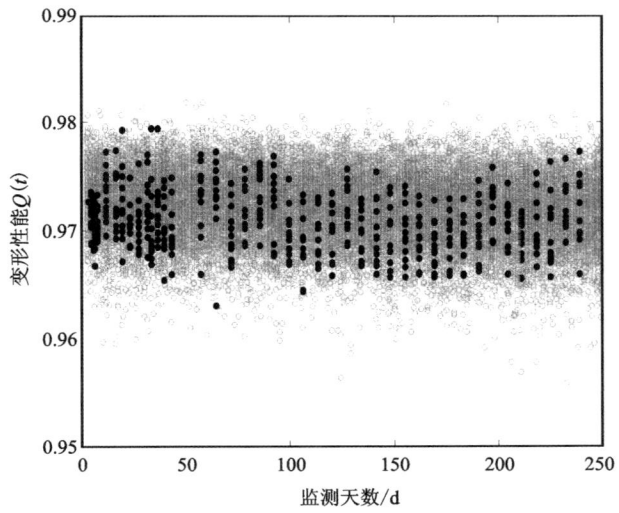

图 2.17　监测时段内变形性能的现场监测和 MCS 模拟的结果

2.4.3.2　模型验证

在进行性能长期预测之前,为了验证性能演化模型的预测能力,收集了2015年10月30日至2016年3月30日期间所研究隧道区段中5个衬砌环(环号为S236、S251、S261、S220和S278)的收敛监测数据。该时段对应隧道运营第1950d至第2080d,通过式(2.1)计算了该时

段内 5 个衬砌环的变形性能,如图 2.18 实心黑点所示。基于上述概率密度演化模型,采用蒙特卡罗模拟方法对该时段变形性能的预测结果由空心灰点表示。结果表明,实测性能数据主要分布在预测结果均值附近,因用于模型验证的样本集较小,实测性能数据的离散性较小。总体而言,变形性能概率密度演化模型的预测结果是合理可靠的。需要说明的是,在隧道运营几十年甚至上百年较广的时域上,应根据不同运营的监测反馈信息不断更新模型,修正模型参数甚至是性能演化模式,以期更为准确地评估和预测隧道运营期的结构性能与安全状态。

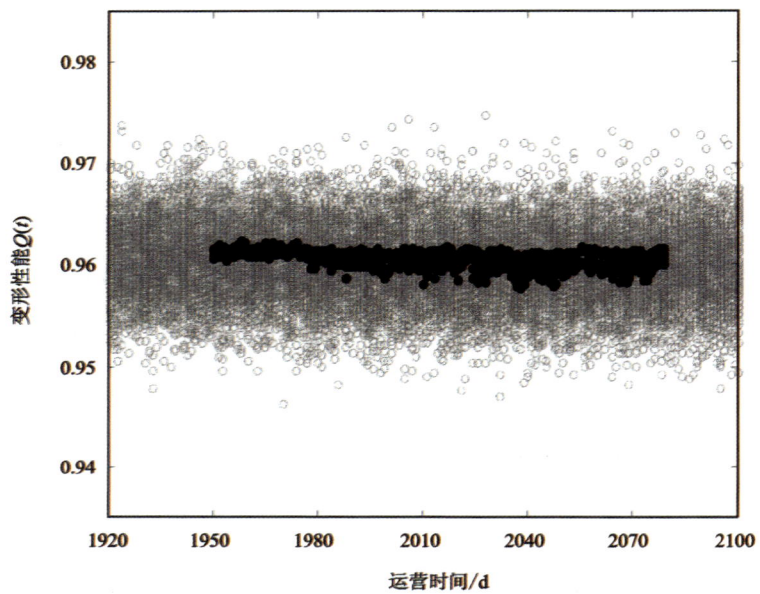

图 2.18 隧道运营第 1950～2080 天变形性能的实测和预测结果

2.4.3.3 模型预测结果

本节对地铁盾构隧道长期的变形性能进行了预测分析。假设隧道性能的长期演变遵循前文推导出的概率密度演化函数,那么性能随时间的退化具有抛物线形式的下降趋势,同时其标准差线性增大。基于此,采用蒙特卡罗模拟方法模拟绘制了变形性能的演变过程,直至隧道运行 50 年,即 18 250d,如图 2.19 所示。通过式(2.13)预测了隧道运营 1 年、10 年、20 年、30 年、40 年和 50 年后变形性能的概率分布情况,概率分布曲线见图 2.20。从图中可以看出,从第 1 年到第 50 年,性能演变的概率密度函数曲线在形状上变得越来越"平坦",这归因于在此模型中结构性能退化的不确定性随着预测年限增加而增大。显然,随着隧道运营年限增加,其结构安全状态的不确定性也将随之增大。

通过对概率密度函数进行积分运算,获得了隧道变形性能分别小于 35%、45%、55%、65%、75%、85% 和 95% 的概率的时程曲线,如图 2.21 所示。结果表明在不做任何结构补强、加固措施的假设条件下,隧道结构在正常荷载作用下运营 10 年后变形性能小于 95% 的概率

第 2 章　正常荷载环境下软土盾构隧道结构变形性能演化

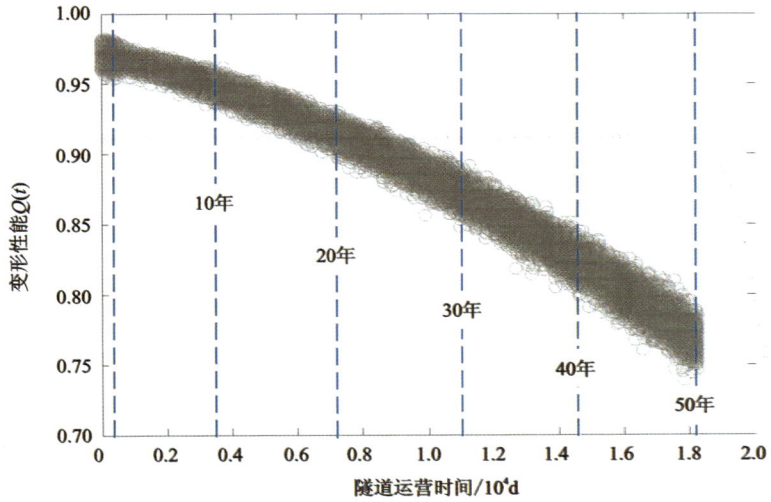

图 2.19　隧道变形性能长期演化预测结果

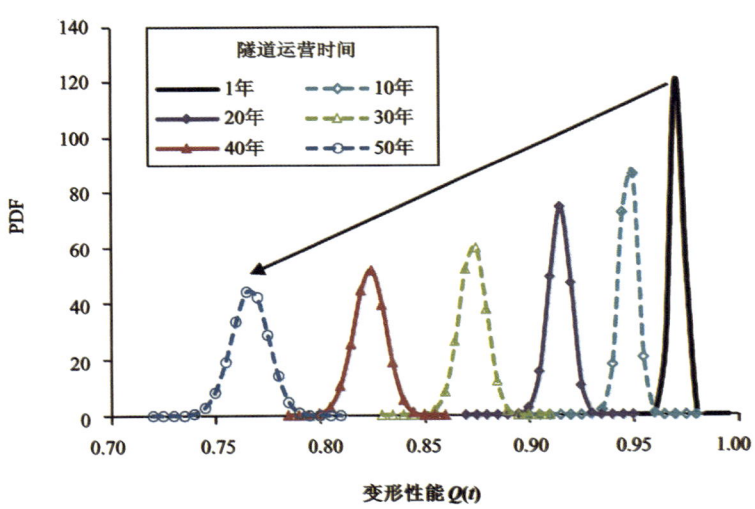

图 2.20　隧道运营若干年后变形性能的概率分布曲线

等于 0.7，隧道变形性能小于 95% 即水平收敛变形量与隧道外径之比（$\Delta D/D_{out}$）大于 7‰，明显大于上海地区隧道拼装成环后累积收敛 5‰ 的变形控制值。在目前软土地区盾构隧道的运营维护实践中，通常监测到结构出现大变形问题才会实施维护或加固措施。针对外径为 6.2m 的盾构隧道，横向大变形通常指水平收敛达到 80~100mm，即变形性能小于 75%。模型计算结果表明，隧道运营 50 年后变形性能小于 75% 的概率为 0.036 4。据此建议当隧道服役 50 年左右，或 $P(Q<75\%)$ 大于 0.05 时，应特别注意加强对隧道结构健康状态的检查，并采取必要的加固措施，以避免结构较大变形发展对隧道结构安全的不利影响。需要说明的是，在隧道运营期间一旦发生极端事件或采取加固恢复措施，性能曲线会出现跳跃式变化（Sánchez-Silva and Klutke，2016；Huang and Zhang，2016）。此外，实时结构健康监测可以及

时反馈结构对其荷载环境的真实响应,有助于提高性能评价和预测的准确性(Frangopol and Soliman,2016;Frangopol et al.,2008;Strauss et al.,2008)。

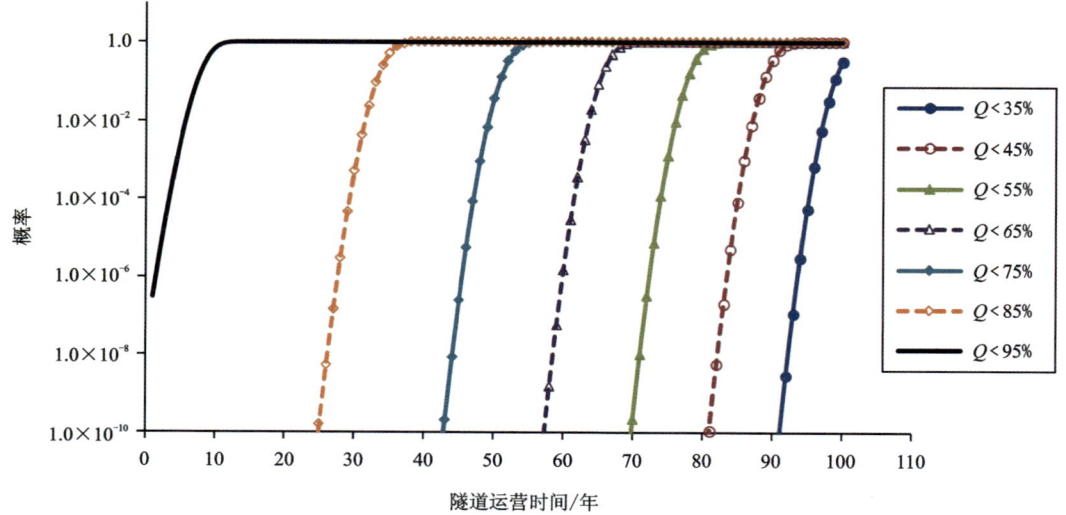

图 2.21 {$P(Q<35\%)$,$P(Q<45\%)$,…,$P(Q<95\%)$}的概率时程曲线

2.4.4 隧道短期变形性能时间序列预测模型

2.4.4.1 模型构造

上节中隧道结构变形性能长期预测模型旨在基于已有收敛监测数据对隧道未来变形演化过程做出合理预估,但隧道系统中各不确定性因素在隧道长期运营过程中可能发生变化,难以保证长期性能预测的高度准确性。因此,针对隧道结构短期内的性能预测需要更加适用且有效的方法。本节采用机器学习经典算法——差分自回归移动平均(autoregressive integrated moving average,ARIMA)模型,对收敛监测数据时间序列的时间相关性进行建模,以期更精确地预测短期内隧道变形性能均值的演变(下文中表示为 $Q*$)。

ARIMA 模型是一种被广泛应用的时间序列分析预测方法,该模型将自回归模型、移动平均模型和差分法结合,根据变化已有的历史数据对未来进行预测(Liu et al.,2015;Ramos et al.,2015)。在一个 ARIMA(p,d,q)模型中有 3 个重要的模型参数(Box and Jenkins,1976),其中 p 和 q 分别为自相关阶数和滑动平均阶数,d 为使初始时间序列转化为平稳序列所做的差分次数,称为阶数。建立 ARIMA 模型的过程包括以下 6 个主要步骤(张艳,2017;王沁等,2018):

步骤 1:检验时间序列的平稳性。根据增强迪基-福勒检验(augmented Dickey-Fuller,ADF)方法进行单位根检验来判断时间序列是否平稳。

步骤 2:时间序列平稳化。对于非平稳时间序列可以通过平方根、对数运算以及差分方法等进行变换以实现平稳性;对差分 d 次后的平稳序列进行白噪声检验,如果平稳序列不是白噪声序列则进行步骤 3。

步骤 3：模型识别与定阶。模型自相关阶数 p 和移动平均阶数 q 通过自相关函数（ACF）和偏自相关函数（PACF）分析（Box et al.，1994）和其他一些识别方法来识别，如赤池信息量准则（akaike information criterion，AIC）（Shibata，1976）和贝叶斯信息量准则（Bayes information criterion，BIC）（Schwarz，1978）。若自相关系数以指数形式衰减到零，则存在自回归过程；若偏自相关系数以指数形式衰减到零，则存在移动平均过程；若同时存在上述两种情况，则该序列为差分自回归移动平均（ARIMA）过程（吕宁，2006）。

步骤 4：模型参数估计。基于模型识别，通过比较不同系数组合的模型的拟合优度，确定序列的回归系数。

步骤 5：模型检验。对模型进行残差白噪声检验和参数性检验，来判断模型拟合优度。若残差序列非白噪声序列，则返回步骤 3，重新建立模型，直至通过残差白噪声检验和参数性检验，获得最优模型。

步骤 6：模型预测。利用通过参数检验和残差白噪声检验的 ARIMA 模型对时间序列进行短期预测。

为了将 ARIMA 模型应用于隧道衬砌变形性能的短期预测，首先需要生成一个变形性能等间隔时间序列。为此，从原始监测数据中提取了 12 个衬砌环的以一周为间隔的变形性能均值时间序列，表示为 $\{Q*(t)\}$，该时间序列包括 34 个数据点，如图 2.22 中实线数列所示。显然，$\{Q*(t)\}$ 为非平稳时间序列，存在轻微下降趋势。因此，先对序列进行一阶差分去除趋势生成新的序列 $\{dQ*(t)\}$，如图 2.22 中虚线数列所示，$\{dQ*(t)\}$ 在零值线上下分布且具有一定的随机性。$Q*(t)$ 的 34 个数据点中，前 30 个用于建立 ARIMA 模型，其余 4 个用于模型验证。按照建立 ARIMA 模型的 6 个步骤，确定模型最优拟合参数和系数，得到了 $\{dQ*(t)\}$ 的显式预测模型 ARMA(3,2)，表示为

$$dQ_t^* = -0.361 dQ_{t-1}^* - 0.734 dQ_{t-2}^* - 0.346 dQ_{t-3}^* + \varepsilon_t + 0.228 \varepsilon_{t-1} + 0.938 \varepsilon_{t-2} \quad (2.15)$$

式中：dQ_t^*、dQ_{t-1}^*、dQ_{t-2}^* 和 dQ_{t-3}^* 分别是 t、t-1、t-2 和 t-3 时刻变形性能均值的一阶差分结果，参数 ε_t、ε_{t-1} 和 ε_{t-2} 为不同时刻的预测误差。

由于 dQ^* 是 Q^* 的一阶差分，基于上述 $\{dQ^*(t)\}$ 的 ARMA(3,2) 模型可以通过积分推导出相应 $\{Q^*(t)\}$ 的 ARIMA(3,1,2) 模型，变形性能均值 Q^* 可根据以下方程进行预测：

$$Q_t^* = 0.639 Q_{t-1}^* - 0.373 Q_{t-2}^* + 0.388 Q_{t-3}^* + 0.346 Q_{t-4}^* + \varepsilon_t + 0.228 \varepsilon_{t-1} + 0.938 \varepsilon_{t-2} \quad (2.16)$$

显然，预测模型是动态更新的，预测结果很大程度上依赖于历史数据。根据建立的预测模型，需要基于 dQ^* 的前 3 个数据点预测第 4 个数据点，基于 Q^* 的前 4 个数据点预测第 5 个数据点，这也从本质上反映了动态短期预测的原理。图 2.23 绘制了 $\{dQ^*(t)\}$ 的 ARMA(3,2) 模型第 4～30 个数据点的拟合数据和第 31～34 个数据点的预测数据。发现 $\{dQ^*(t)\}$ 的实测值和模拟值高度一致，因此，该模型可用于 $\{Q^*(t)\}$ 的进一步预测分析。

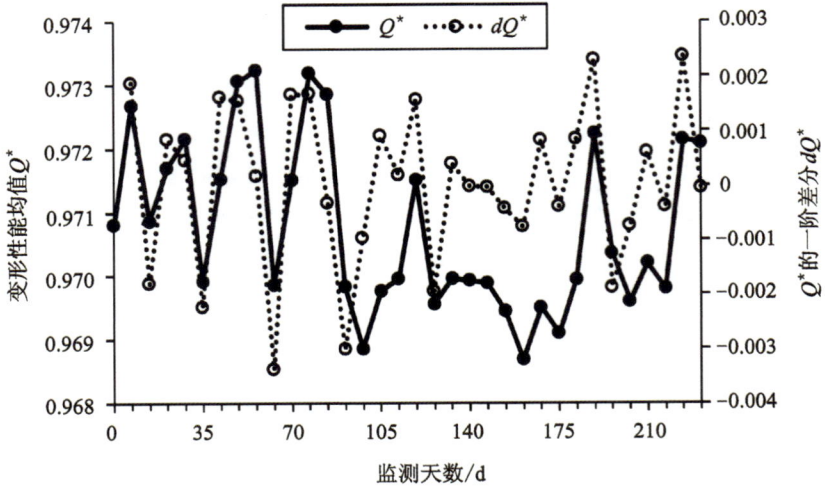

图 2.22 变形性能均值时间序列及其一阶差分

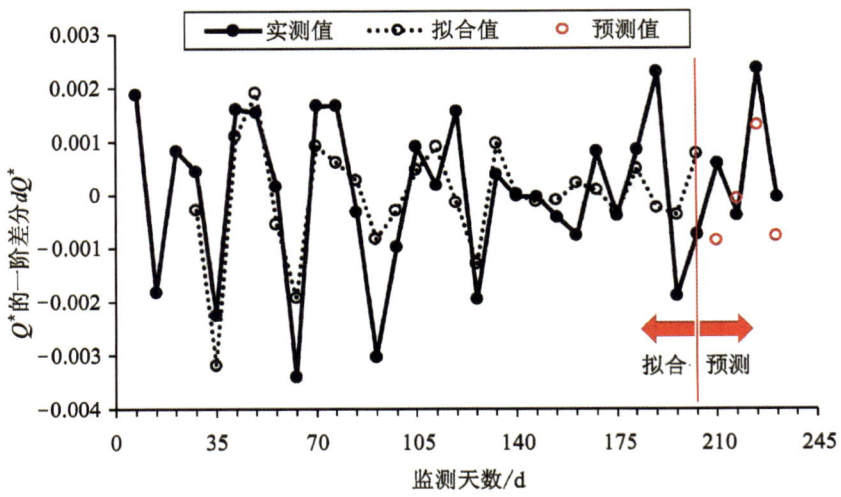

图 2.23 变形性能均值 dQ^* 的实测值、拟合值和预测值

2.4.4.2 模型预测结果

基于上述 ARIMA（3,1,2）模型和历史监测数据，模拟了第 5 周至第 34 周的变形性能（图 2.24），其中第 5～30 周是拟合结果，第 31～34 周是预测结果，图 2.25 显示了各数据点的模拟残差，可见变形性能均值 Q^* 的模拟值与实测值较为吻合。表 2.2 总结了最后 4 周 Q^* 实测值与预测值的大小和模型偏差，模型偏差通过绝对百分比误差（absolute percentage error，APE）来量化。所得 APE 值很小，最大值为 0.11%，表明用于描述隧道变形性能均值的 ARIMA（3,1,2）模型是较准确的。

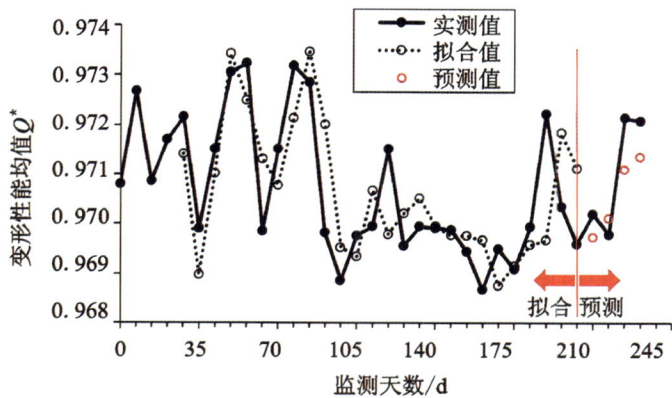

图 2.24 变形性能均值 Q^* 的实测值、拟合值和预测值

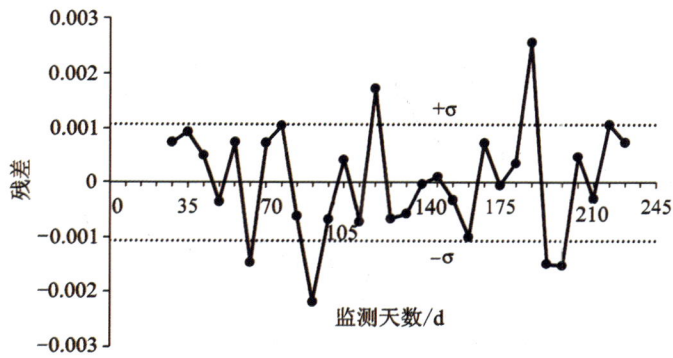

图 2.25 模型残差

表 2.2 变形性能 Q^* 预测值和绝对百分比误差(APE)

时间	Q^* 实测值	间隔一周		间隔两周		间隔四周	
		Q^* 预测值	APE/%	Q^* 预测值	APE/%	Q^* 预测值	APE/%
第 210 天	0.970 2	0.969 7	0.05	0.970 0	0.02	0.969 0	0.13
第 217 天	0.969 8	0.970 1	0.03	0.970 3	0.05	0.969 7	0.01
第 224 天	0.972 2	0.971 1	0.11	0.971 0	0.12	0.970 3	0.19
第 231 天	0.972 1	0.971 3	0.08	0.970 9	0.12	0.969 5	0.27

上述模型是基于以一周为间隔的监测数据建立的。为了研究监测频率的影响,每隔两周选择一个数据点,新创建了两个时间序列:一个为第1、3、5周等奇数周数据组成的序列;另一个为第2、4、6周等偶数周数据构成的序列。这两组序列各包含 17 个数据点,其中前 15 个数据点用于模型建立,后 2 个数据点用于模型验证。对这两个序列进行 ARIMA 建模,得到奇

数项序列和偶数项序列的最优拟合模型分别为 ARIMA(1,1,1) 和 ARIMA(2,1,1)。图 2.26 绘制了两序列相应变形性能均值 Q^* 的实测值和模拟值对比结果,两序列中 15 个拟合数据点和 2 个预测数据点的模拟结果和相应的实测数据总体上较为一致。表 2.2 同时显示了通过奇数项序列和偶数项序列的 ARIMA 模型对最后 4 周 Q^* 的预测值和模型偏差,最大 APE 值为 0.12%,接近于间隔一周的原时间系列 ARIMA(3,1,2)模型的最大 APE 值 0.11%。结果表明,这两个子序列的 ARIMA 模型与原序列的 ARIMA(3,1,2)模型相比,对隧道变形性能均值的短期预测能够达到更高的精度,说明当建立隧道变形性能均值时间序列的 ARIMA 模型时,其时间间隔可以适当地增加到两周。此外,对间隔四周的时间序列进行 ARIMA 建模,模拟结果如表 2.2 所示,可见其 APE 值相对较大,表明模型预测误差较大。以上分析可为实际隧道工程的收敛变形监测频率提供指导,根据本书对所研究隧道段在该时段所得的分析结果,建议隧道变形监测频率可以合理地安排为每两周一次。

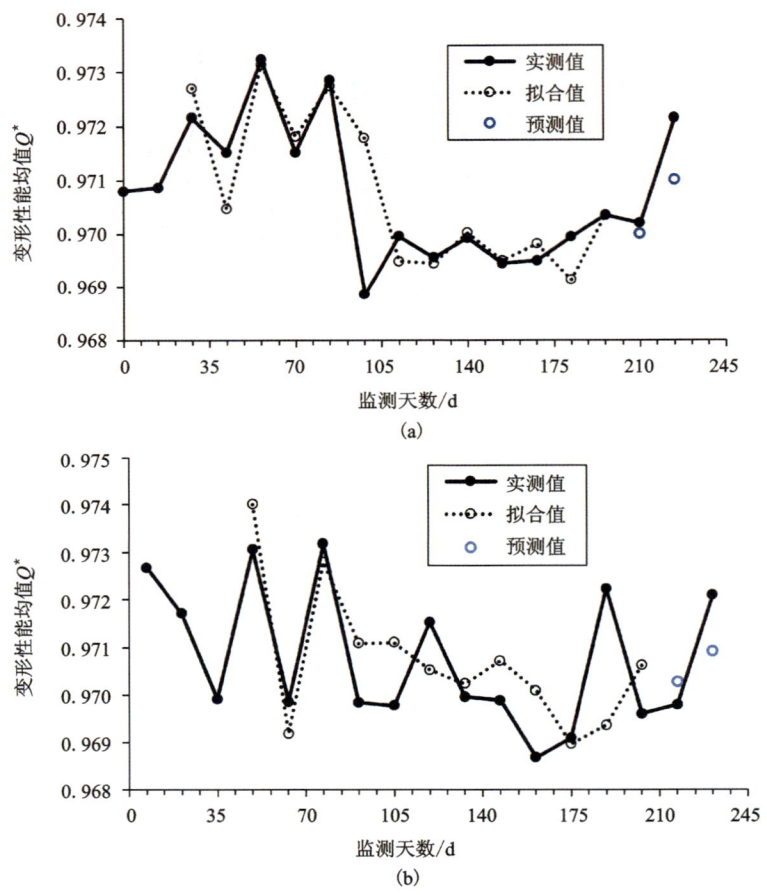

图 2.26 变形性能均值 Q^* 的实测值、拟合值和预测值
(a)奇数项序列;(b)偶数项序列

ARIMA 模型能够以较低的计算复杂度、合理的精度描述和预测隧道变形性能均值的动态变化。ARIMA 模型能够在短期内进行较为准确的预测,然而随着预测周期的延长,预测

误差将逐渐增大,这是 ARIMA 模型本身的不足。为了提高预测精度,新收集的数据应随着时间的推移不断添加到序列中更新模型参数,这也是基于监测数据进行短期内隧道变形性能推演的可行性和关键性所在。进行短期性能预测有三重意义:首先,通过比较不同时间间隔时间序列的预测精度,掌握变形发展规律及时间相关性,可以指导安排适当的监测频次。其次,短期性能预测更为精确,可以通过结构响应监测进行动态更新,以确保隧道在短期内的正常运营状态,辅助更新长期预测结果。最后,当极端事件发生时,及时的性能评估和预测在捕获性能下降的早期预警方面发挥着重要作用。因此,作为性能长期演化预测的有益补充,进行短期性能预测是有必要和有意义的。

2.5 本章小结

监测和预测盾构隧道性能是了解结构变化和实施有效控制措施的必要条件。本章结合地铁盾构隧道的结构特点,选择衬砌环水平收敛作为变形性能指标,提出了正常荷载环境下结构性能演化过程的长期和短期预测模型,得出以下主要结论:

(1) 基于上海地铁 2 号线盾构隧道实测收敛数据,建立了变形性能的长期概率密度演化模型。随着运营时间的推移,变形性能均值以抛物线形式降低,标准差以线性形式增加,性能预测的不确定性将随之变大。根据模型预测隧道运营 10 年后变形性能小于 95% 的概率为 0.7,运营 50 年后隧道变形性能小于 75% 的概率约为 0.036 4。长期性能预测结果可根据监测反馈数据不断更新,为把握结构最佳维护时机提供指导。

(2) 建立了差分自回归移动平均(ARIMA)模型,用于更精确地预测短期变形性能均值。通过比较不同间隔时间序列的模型结果,建议变形监测频率设置为每两周一次。

(3) 根据现场数据对变形性能的概率描述和预测可以更好地了解隧道衬砌结构的安全状态,同时可以对具有相似条件的隧道进行长期性能预测,即具有相似覆盖深度范围、相似地面条件和运行条件的盾构隧道。研究结果有助于指导日常维护和变形控制,防止隧道衬砌结构发生渐进式损坏。地铁隧道是长线型地下结构,沿线地质条件、地面荷载及邻近建筑施工等环境复杂且变异性较大,进而导致不同区段隧道变形程度及其分布不一,因而建议采用分段定"性"、分段治理的原则,在实际隧道工程中较为切实可行。基于全寿命周期将长短期隧道性能评估与预测相结合,根据监测数据及时反馈、及时治理,增加结构鲁棒性,即在根本上保障结构可持续性和可恢复性,增大工程安全使用寿命,发挥最大效益。

第 3 章 突发堆载下隧道横向变形及土体力学性质对变形的影响

3.1 概　述

第 2 章基于现场长期实测数据,分析了在正常荷载环境下盾构隧道横向收敛变形的依时性发展趋势,获得了变形性能在自然退化状态下的演化曲线。为了进一步研究外界扰动产生的非正常荷载作用下隧道横向变形的变化规律,同时考虑到隧道上方地面突发堆载是盾构隧道产生横向大变形的常见扰动因素,本章重点研究突发堆载造成的隧道变形性能损失,具体分析由突发堆载产生的上覆荷载作用下隧道横向收敛变形的发展趋势和变异程度。

此外,土体作为隧道结构的承载环境,其物理力学特性及空间变异性对隧道结构变形具有不可忽视的影响。本章通过离散元软件 MatDEM 开展不同超载水平下隧道横向收敛发展规律的数值模拟研究,同时采用参数敏感性分析方法研究弹性模量、泊松比、抗压/抗拉强度和内摩擦系数等土体力学性质参数对上覆荷载作用下隧道横向收敛变形的影响机理。基于数值模拟结果,建立数学分析模型,用于定量分析预测不同土体环境中在不同堆载条件下的隧道变形情况,最后通过数值模拟和工程实例对比分析验证模型的合理性和准确性。

3.2 MatDEM 离散元基本原理

3.2.1 离散元单元力学性质

Cundall 和 Strack(1979)提出适用于土力学的离散元法(discrete element method,DEM),用于研究颗粒物质集合体的力学行为。其中,颗粒离散元法采用一系列服从牛顿运动方程的弹性颗粒紧密堆积来构建岩土体模型,如图 3.1(a)所示。

假定颗粒之间由可断裂的弹簧连接,仅在相邻颗粒接触点上产生作用力,见图 3.1(b),颗粒间通过法向弹簧力(F_n)相互作用(Hardy and Finch,2006;Yin et al.,2009),即

$$F_n = \begin{cases} K_n X_n & X_n < X_b, \text{连接完整} \\ K_n X_n & X_n < 0, \text{连接断裂} \\ 0 & X_n \geqslant 0, \text{连接断裂} \end{cases} \quad (3.1)$$

第 3 章 突发堆载下隧道横向变形及土体力学性质对变形的影响

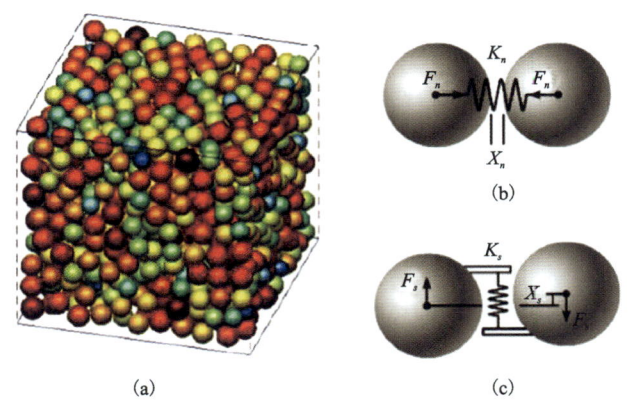

图 3.1 颗粒离散元法（刘春等，2017）

(a)离散颗粒堆积模型；(b)颗粒间法向弹簧力作用；(c)颗粒间切向弹簧力作用

式中：K_n 为法向刚度；X_n 为法向相对位移；X_b 为断裂位移。

初始时颗粒之间相互连接，受拉力或压力的弹簧力作用。当两个颗粒之间的法向相对位移超过断裂位移时，连接断裂，颗粒间拉力消失。此时，X_n 大于等于零，两个颗粒之间 F_n 为零，连接断裂。但是，当两颗粒再次达到压缩状态时，颗粒之间的压力仍然存在（顾颖凡等，2016）。

颗粒间通过可断裂的切向弹簧来模拟剪切变形和切向力，见图 3.1(c)。剪切弹簧的切向力的计算公式为（Cundall and Strack,1979；Hardy et al.,2009）

$$F_s = K_s X_s \tag{3.2}$$

式中：K_s 为切向刚度；X_s 为切向相对位移。

对于完整的颗粒连接，其最大切向力 F_{smax} 由库仑准则确定（张晓宇等，2017），即

$$F_{smax} = F_{s0} - \mu_p F_n \quad \text{连接完整} \tag{3.3}$$

式中：F_{s0} 为颗粒内部的初始抗剪力；μ_p 为摩擦系数；F_n 为法向力。

当颗粒受切向力超过 F_{smax} 时，颗粒间连接断裂，切向力 F_s 被限制为小于或等于断裂状态下的最大切向力 F_{smax}'。

$$F_{smax}' = -\mu_p F_n \quad \text{连接断裂} \tag{3.4}$$

当颗粒间的连接断裂且颗粒间剪切力超过最大剪切力时，颗粒会发生相对滑动，滑动摩擦力为 F_{smax}'。当两颗粒单元彼此分开（$X_n>0$）时，单元间法向力和切向力均为零。

作用在颗粒单元上的弹性力的合力为所有法向力和切向力的矢量和，并令其作用在颗粒的质心上以减小球体颗粒的过度转动（Place and Mora,1999；Liu et al.,2015）。

3.2.2 离散元数值模拟方法

在真实物理世界中，由于岩土体颗粒并非完全弹性，存在孔隙、微裂隙或流体，动能会逐渐转化为热能，颗粒振动很快停止。在颗粒离散元数值模拟中，通过引入黏滞阻力（F_v）来模拟机械能的衰减过程。黏滞阻力的大小与颗粒单元的速度成正比，即

$$F_v = -\eta \cdot V \tag{3.5}$$

式中：η 是阻尼系数；V 是颗粒单元的速度。

所有连接上的力、重力和黏滞力等的总和为作用于颗粒单元上的合力。通过使用牛顿力学与时间步算法结合，可以刻画出模型的动态演化过程(Cundall and Strack,1979;Liu et al.,2013)。假设颗粒单元在很小的时间步内以线性形式运动，则可以计算出该时间步内颗粒单元的受力、加速度、速度和位移大小。采用迭代运算进一步模拟颗粒单元的运动变化，以此反映出模型土体的宏观特性变化。

在 MatDEM 离散元软件中，紧密堆积离散元模型的 5 个整体力学参数，即弹性模量(E)、泊松比(ν)、抗拉强度(T_u)、抗压强度(C_u)和内摩擦系数(f)，可通过法向刚度(K_n)、切向刚度(K_s)、断裂位移(X_b)、初始抗剪力(F_{s0})和摩擦系数(μ_p)5 个颗粒间力学参数来确定。Liu 等(2013,2015)提出了岩土体宏观力学性质参数和模型颗粒间力学参数之间的转换公式，阐明了离散元模型宏观力学性质是如何受颗粒间力学参数控制的。MatDEM 软件能够实现能量转化和能量守恒的计算(刘春,2014)，通过该软件模拟系统里的能量监测模块，可以获取各种形式的能量在模拟过程中的变化和相互转化。此外，MatDEM 离散元模拟系统结合了矩阵运算和高性能 GPU(图形处理器)计算，显著提高了复杂颗粒体系和岩土工程问题的计算效率。

3.3 土体-隧道体系离散元基本模型

3.3.1 建立几何模型

根据地铁盾构隧道工程实例，通过 MatDEM 模拟系统建立了相应的二维离散元模型。首先生成 40m×40m 土箱，设置土体颗粒半径在 0.2m 上下随机波动，波动范围控制在最大颗粒半径与最小颗粒半径之比为 $1.44[(1+0.2)^2=1.44]$。首先，为了减小计算量，采用粒径放大的方法，同时放大密度使放大粒径的试样与原粒径试样具有相同的力学响应(Thornton,2000;Feng and Owen,2014;蒋明镜,2019)，通过生成随机种子实现土体颗粒随机排列，进而对所有土体颗粒施加向下的重力作用对土层进行预平衡，从而实现原始地层模型的构建。然后，在地层模型中部挖除单元，导入直径为 6.2m 的隧道，以单层颗粒模拟隧道管片，颗粒直径为 0.35m。最后，通过重力堆积实现隧道和土层的紧密贴合。图 3.2 为重力堆积后所生成的土体-隧道体系几何模型，颗粒总数为 10 492 个，图中显示了颗粒粒径分布范围和空间随机排列状况。

3.3.2 设置材料参数

模型中设置初始土体各项物理力学性质参数和隧道管片材料参数如表 3.1 所示。考虑到实际隧道管片环中接头的存在，通过对无上覆荷载的正常荷载状态下隧道收敛变形结果进行反复试算验证，在本数值模型中，将管片衬砌材料的弹性模量和抗压/抗拉强度变为原来的 1/10 后再进行模拟计算。

第3章 突发堆载下隧道横向变形及土体力学性质对变形的影响

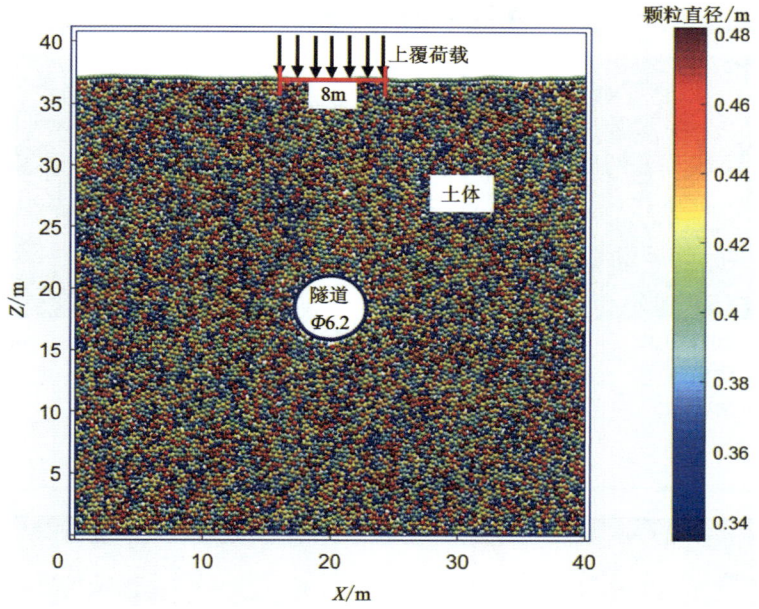

图 3.2 土体-隧道体系几何模型

表 3.1 模型材料参数设置

材料	弹性模量/Pa	泊松比	抗拉强度/Pa	抗压强度/Pa	内摩擦系数	密度/kg·m^{-3}
土体	8.30×10^6	0.300	8.00×10^3	2.50×10^4	0.67	2000
管片	2.31×10^{10}	0.167	1.96×10^6	2.53×10^7	0.80	2500

3.3.3 施加上覆荷载

在施加上覆荷载之前,通过模型上压力板施加初始应力使土体-隧道模型达到初始受力变形状态。图 3.3 显示了初始状态下模型颗粒的水平位移、竖向位移、水平向正应力以及竖向正应力分布,图中色标表示位移和应力的大小。图 3.4 呈现了颗粒之间的连接状态和裂隙分布情况,初始裂隙主要分布在地表,越往模型深部裂隙越少。

模型平衡稳定后,在地表中部 8m 宽区域施加递增的压力来模拟隧道上覆荷载,如图 3.2 所示。依次模拟了 0.02MPa、0.04MPa、0.06MPa、0.08MPa、0.10MPa、0.12MPa、0.14MPa、0.16MPa 等不同大小的上覆荷载作用下隧道的横向收敛变形发展过程。以 0.10MPa 为例来分析上覆荷载作用下土体和隧道结构受力和变形的变化情况。图 3.5 显示了在 0.10MPa 荷载水平下土体-隧道模型的位移场和应力场。与未施加上覆荷载的初始状态相比,从水平向位移场中可以看出,在上覆外荷载作用下模型右方和左侧土体颗粒分别向右向左挤压运移;从竖向位移场中可以看出,施加荷载的区域(模型中部)土体下沉明显,地表沉降最为显著。在由外荷载引发的土体颗粒挤压运动作用下,隧道结构竖向压缩,产生横向收敛变形而呈现"横鸭蛋"形态。在应力场中,受力较大的颗粒连接成链,这种应力链的形成和变化控制着模

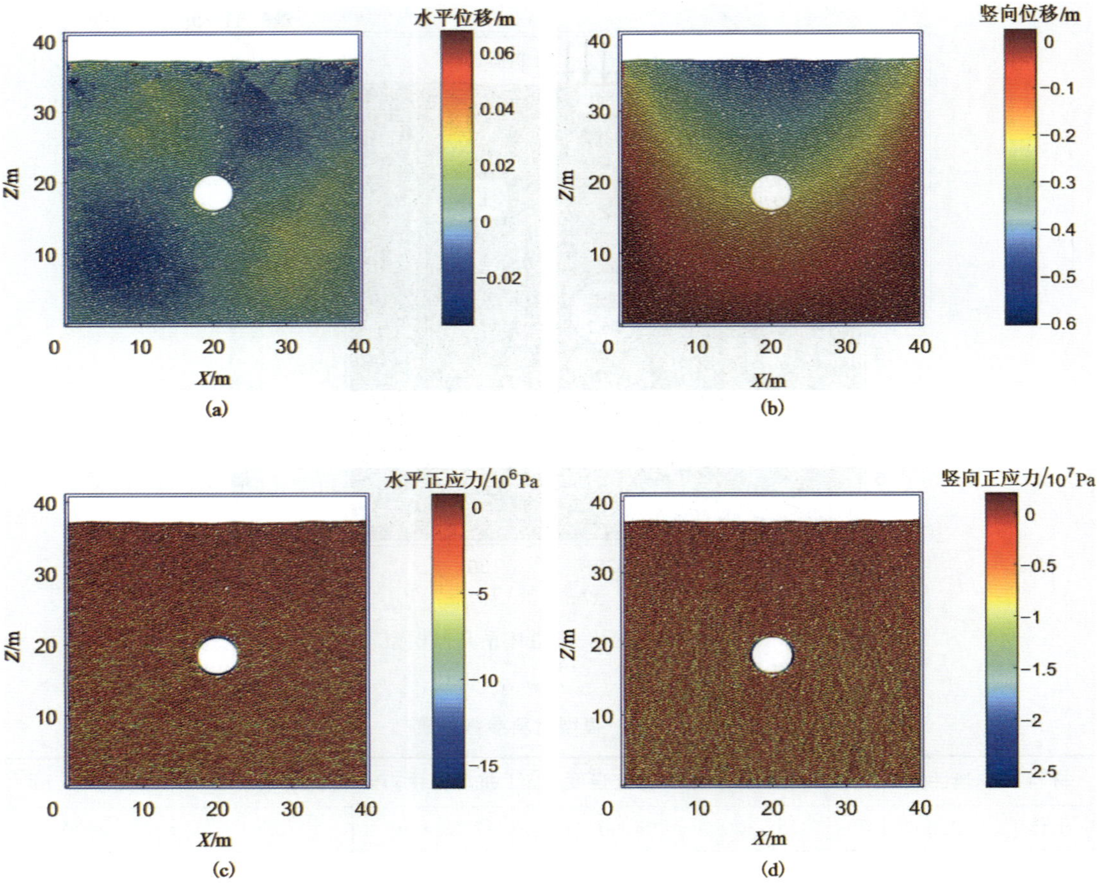

图 3.3 模型初始受力变形状态

(a)颗粒水平位移;(b)颗粒竖向位移;(c)水平向正应力;(d)竖向正应力

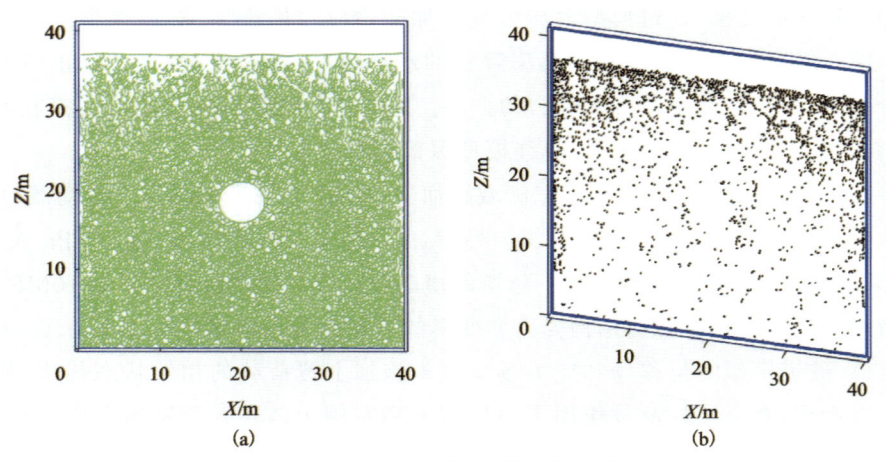

图 3.4 模型颗粒初始连接状态

(a)单元连接;(b)裂隙分布

型位移场的发展,即相互耦合作用的土体颗粒的运移和隧道结构的变形。图3.6呈现了该荷载作用下颗粒之间的连接状态和裂隙分布情况。由图可知,外荷载作用驱使土体颗粒运移达到新的平衡状态的过程中,部分单元之间的连接会断裂,特别是隧道上方至地表区域内的土体单元连接大量断裂,相应地在该区域出现了较为密集的裂隙。

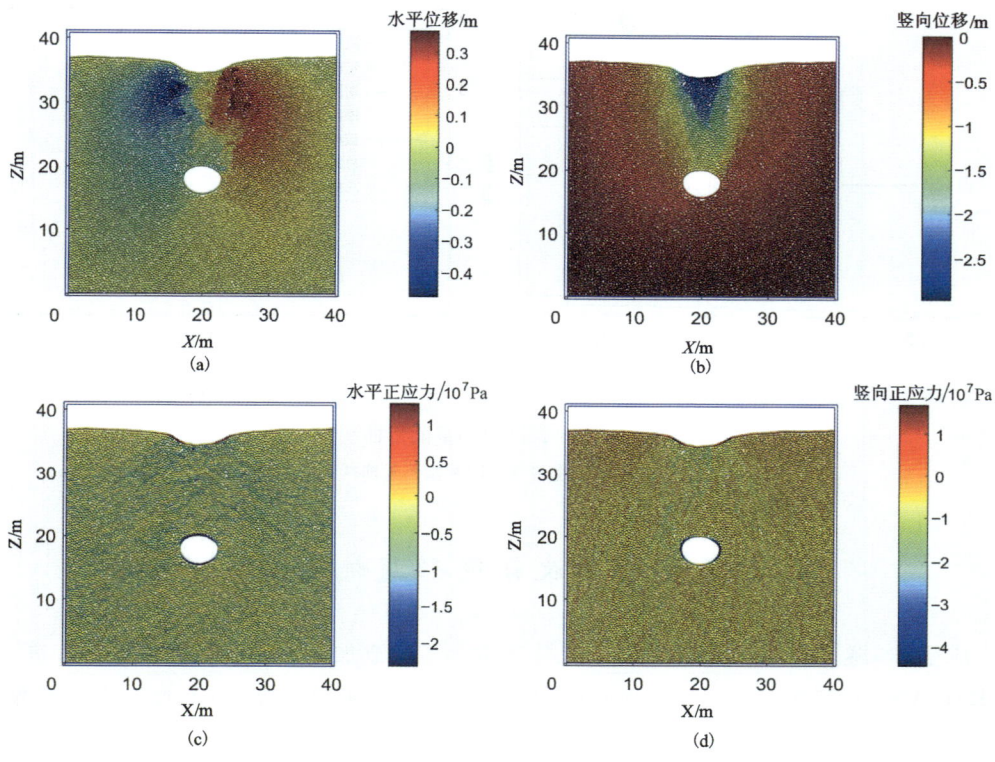

图3.5 模型在0.10MPa荷载下的受力变形状态
(a)颗粒水平位移;(b)颗粒竖向位移;(c)水平向正应力;(d)竖向正应力

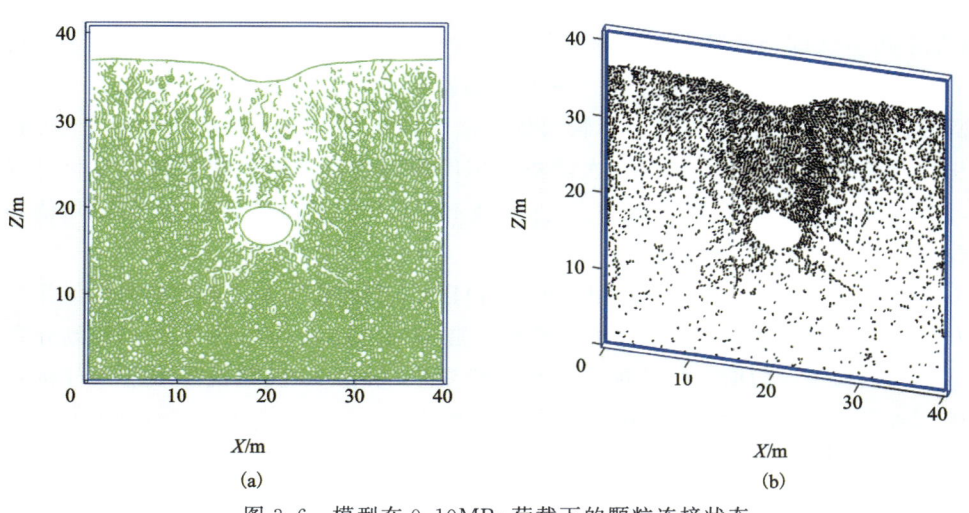

图3.6 模型在0.10MPa荷载下的颗粒连接状态
(a)单元连接;(b)裂隙分布

图 3.7 是逐级加载过程的能量变化图。施加上覆荷载促使颗粒向下移动，可以看到模型的重力势能不断增加，同时整个系统的弹性应变能以及总能量不断增加。随着荷载水平的增大，系统产生的热能显著增加。这是因为在较大荷载作用下土体内部生成了更多新的裂隙，弹性势能部分转化为动能，而动能在阻尼过程中转化为了热能。

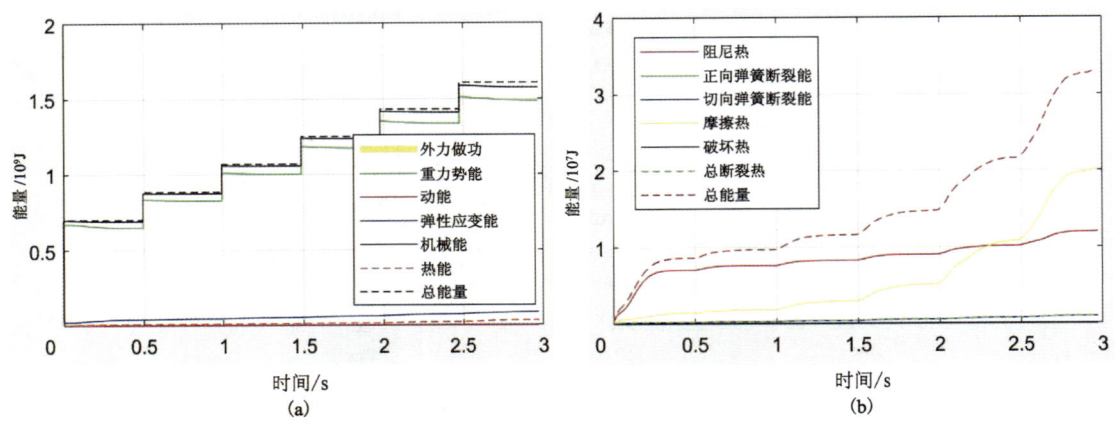

图 3.7 加载过程热量能量曲线
(a)能量转化曲线；(b)系统热量曲线

3.4 隧道横向收敛变形随机模拟分析

生成土体-隧道几何模型并设置材料参数后，在施加上覆荷载进行模拟计算之前，MatDEM 系统通过"B.gravitySediment()"语句对颗粒施加随机速度，并施加重力使单元自然紧密堆积。通过对颗粒多次施加随机速度生成颗粒总数相同但排列不同的多个初始模型，分别进行加载模拟计算，可以模拟土体颗粒随机排列和运移的特性及其对隧道结构变形不确定性的影响。基于此，本节对上一小节中介绍的加载过程重复实施了 30 次随机模拟，分析了隧道变形随上覆荷载的发展变化规律，以及同一荷载水平下隧道收敛变形的变异性。图 3.8 为没有施加上覆荷载的初始状态下横向收敛的 30 次随机模拟结果，大致在零值上下 $-0.01\sim 0.01$m 区间内波动，落入正常荷载下所允许的隧道直径 5‰ 变形范围内（±0.031m）。由此说明了模型的合理性和准确性，可进一步做加载模拟计算分析。图 3.9 显示了在 $0\sim 0.16$MPa 区间内 9 个上覆荷载水平下，通过 30 次随机模拟所得到的隧道横向收敛发展变化过程。总体来讲，横向收敛随着荷载的增加而增大，并呈现不同程度的离散性，横向收敛的均值和标准差随荷载水平的变化如图 3.10 所示。

图 3.11 给出了 0.02MPa、0.06MPa 和 0.14MPa 3 个荷载下的隧道横向收敛结果的频数分布直方图，图中可以直观地看出随着荷载增大隧道横向收敛均值的迁移和频数分布的变化。将每个荷载水平下的横向收敛视为一个随机变量，根据 30 次随机模拟结果分析其概率分布。在 MATLAB 中，采用 Lillietest 检验函数对不同荷载下的横向收敛数据进行正态分布拟合优度检验，在 0.05 显著性水平下均服从正态分布。在此基础上，横向收敛这一随机变量随着荷载水平的变化可以视为一个正态（高斯）随机过程，以随机变量族 $\{X(p,\omega),p\in P\}$ 来

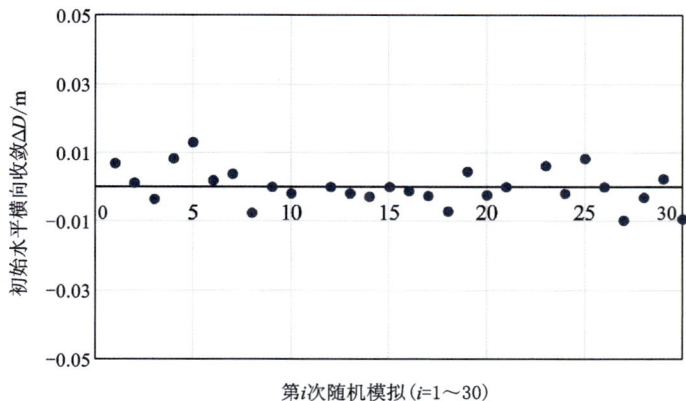

图 3.8　初始状态下横向收敛的 30 次随机模拟结果

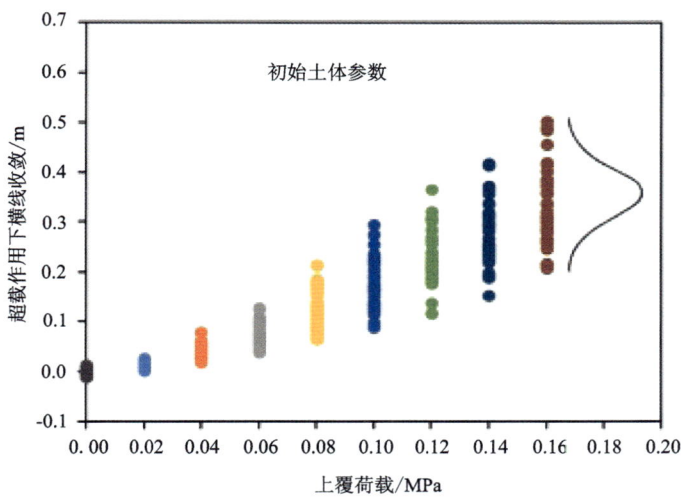

图 3.9　不同荷载水平下横向收敛的 30 次随机模拟结果

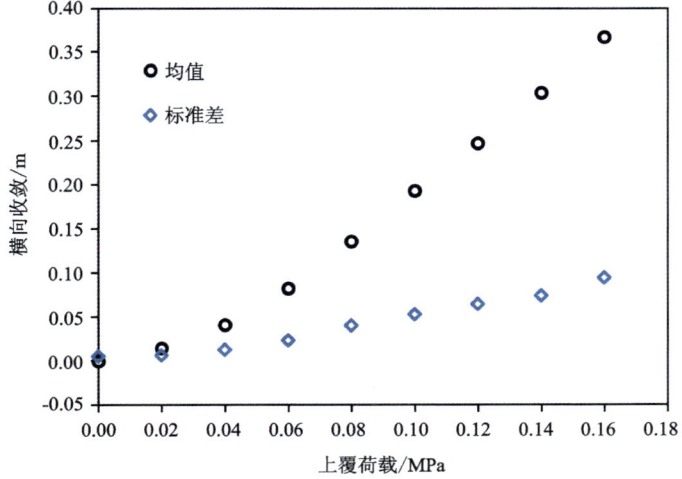

图 3.10　横向收敛的均值和标准差随荷载水平的变化

表达,见式(3.6),其中 X 表示横向收敛,p 为荷载水平,$P=[0,0.16]$ MPa,ω 表示样本路径。在本研究中每一个随机模型对应一条样本路径,因而总共获得了30条样本路径。

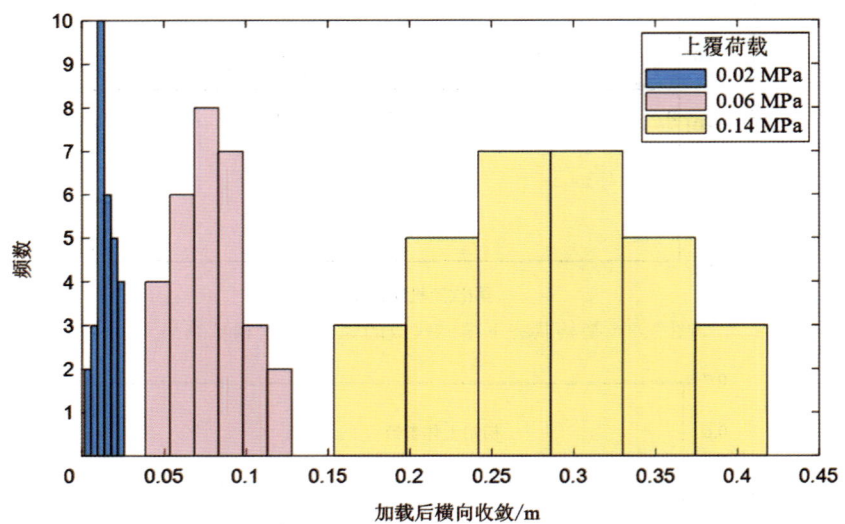

图3.11 不同荷载水平横向收敛频数分布直方图

$$\boldsymbol{X}(p,\omega)=\begin{bmatrix} x(p_1,\omega_1) & x(p_2,\omega_1) & \cdots & x(p_9,\omega_1) \\ x(p_1,\omega_2) & x(p_2,\omega_2) & \cdots & x(p_9,\omega_2) \\ \vdots & \vdots & \ddots & \vdots \\ x(p_1,\omega_{30}) & x(p_2,\omega_{30}) & \cdots & x(p_9,\omega_{30}) \end{bmatrix} \quad (3.6)$$

当固定 p 时,得到一个随机变量 $X_p(\omega)$,体现了"随机"。某级荷载下的隧道横向收敛是一个随机变量,如图3.9中所示当 $p=0.16$ MPa 时横向收敛的正态分布概率密度曲线。

当固定 ω 时,得到一条样本路径,是个确定的函数 $X_\omega(p)$,体现了"过程"。图3.12显示了其中两次随机模拟所得的隧道横向收敛随荷载发展的样本路径。

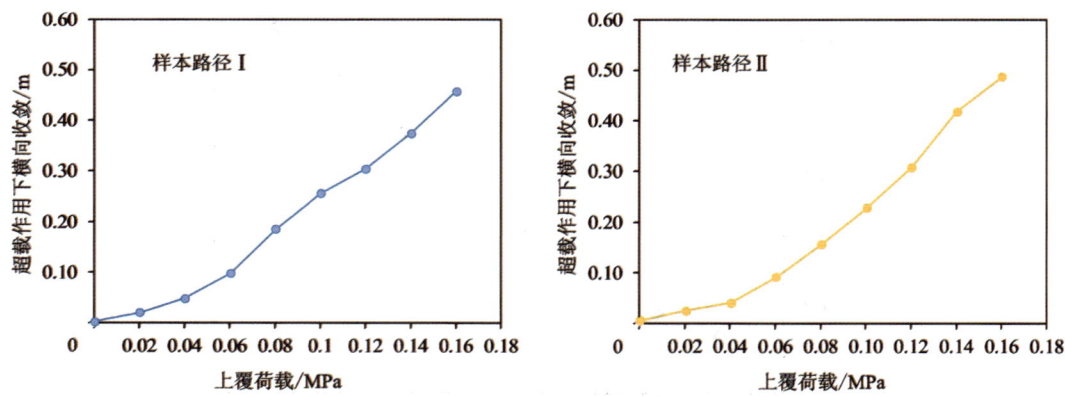

图3.12 横向收敛的两条典型样本路径

由于模型颗粒半径及其空间分布的随机性,在上覆荷载作用下土体颗粒产生随机运移,生成力链的空间分布呈现出随机性和不对称性。因此在同一荷载水平下,隧道收敛变形在多次随机模拟中表现出一定程度的变异性,且隧道结构可能产生不同的变形模式。如图 3.13 所示两次随机模拟在 0.16MPa 荷载水平下隧道的变形状态,其中图 3.13(b)中隧道结构产生了明显的转动。尽管此模拟对隧道结构进行了简化,但也能在一定程度上表明土体颗粒随机分布和运移对隧道结构变形不确定性具有重要的影响。

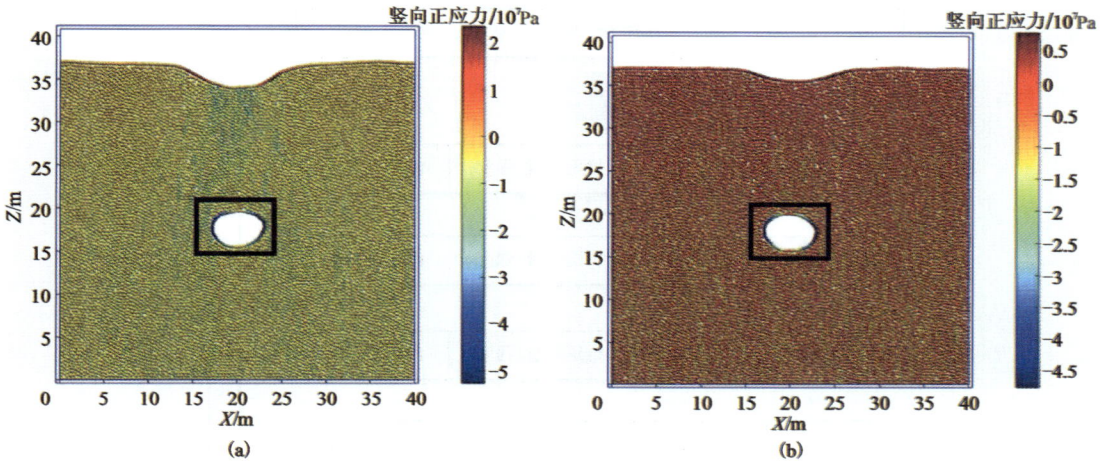

图 3.13　两个随机模型在 0.16MPa 荷载水平下的变形状态

3.5　土体力学参数敏感性分析

3.5.1　参数敏感性分析方法

本节重点分析土体力学性质参数的变化对隧道结构横向变形的影响,不考虑因时间、衬砌材料和管片拼装误差等因素耦合作用下的结构退化效应。首先从定性上,对土体宏观力学性质参数进行参数敏感性分析,研究其中某个或某些参数对隧道收敛变形的发展趋势和变异性具有控制性影响;其次从定量上,结合数值模拟结果构造数学分析模型来量化隧道收敛变形随着荷载的不确定性发展过程。

作者采用敏感性分析这种不确定分析技术,从定量分析的角度研究土体力学性质发生某种变化对隧道结构变形的影响程度,其实质是通过逐一改变土体力学参数的方法来解释隧道变形受这些参数变动影响大小的规律。在前文基本模型的初始土体参数设置的基础上,将弹性模量、泊松比、抗压/抗拉强度和内摩擦系数分别增加和减小 20% 进行不同荷载水平下的模拟计算,同样地重复实施 30 次随机模拟做变形不确定性分析。表 3.2 总结了各个土体力学参数调整后的具体数值。具体的土体参数敏感性分析步骤和模拟内容如图 3.14 和图 3.15 所示。

表 3.2　各土体力学参数增减 20% 后的数值大小

土体参数设置	弹性模量/Pa	泊松比	抗拉强度/Pa	抗压强度/Pa	内摩擦系数
初始参数	8.30×10^6	0.30	8.00×10^3	2.50×10^4	0.670
增大 20%	9.96×10^6	0.36	9.60×10^3	3.00×10^4	0.804
减小 20%	6.64×10^6	0.24	6.40×10^3	2.00×10^4	0.536

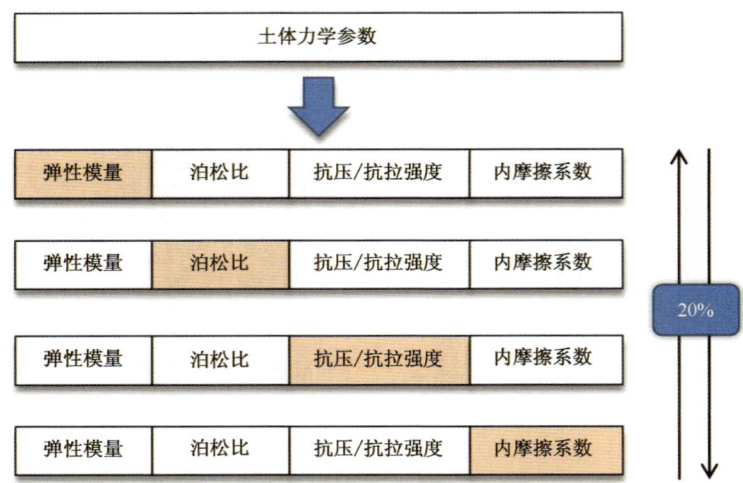

图 3.14　逐一改变土体力学参数做敏感性分析

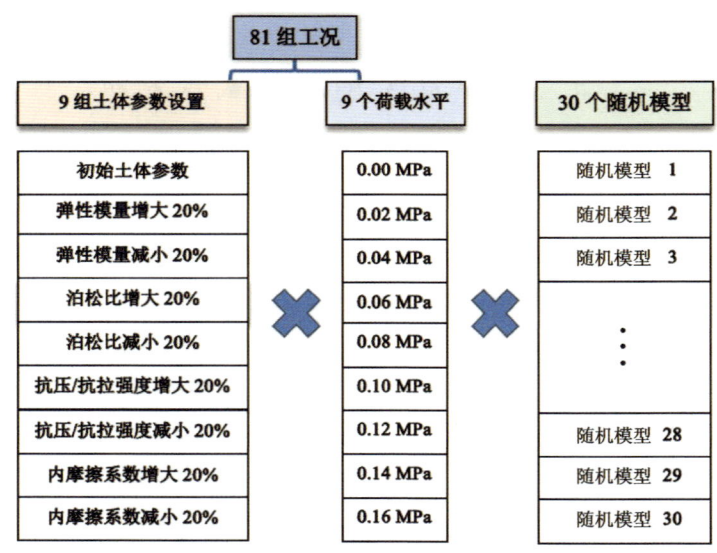

图 3.15　参数敏感性分析数值模拟内容

3.5.2　数值模拟结果

图 3.9 为初始土体力学参数设置条件下的随机模拟结果。依次增减各个土体力学参数

获得的随机模拟结果如图 3.16 所示,对比图 3.9,可见各个土体参数的变化对隧道横向收敛变化的影响规律。

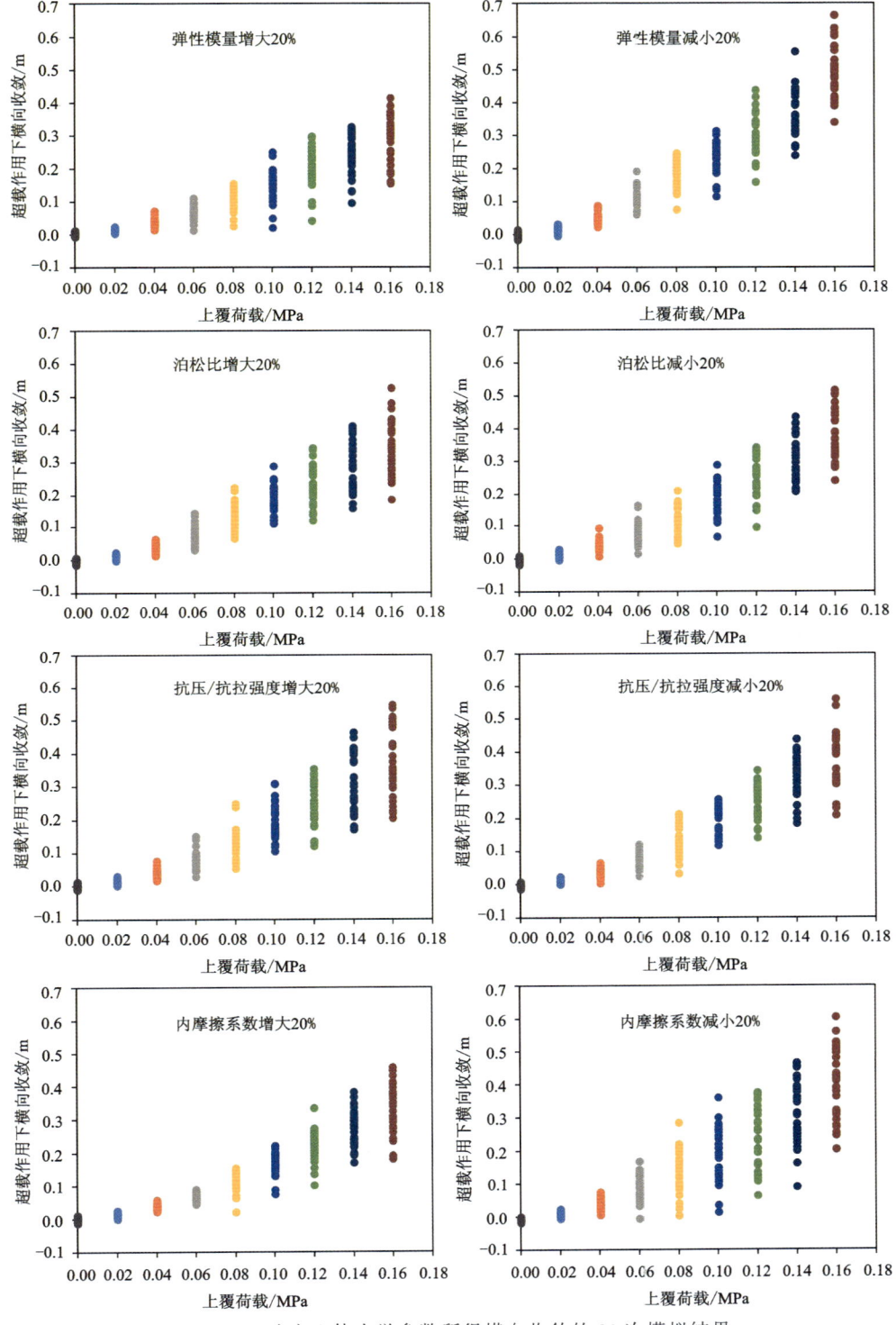

图 3.16　改变土体力学参数所得横向收敛的 30 次模拟结果

进一步计算出各土体力学参数逐一分别增减20%后横向收敛的均值、标准差和变异系数随荷载的发展变化,如图3.17～图3.19所示。从图中对比初始土体参数条件下的模拟结果可知,弹性模量对横向收敛均值的影响较大,弹性模量增大导致收敛均值减小,弹性模量减小导致收敛均值增大;内摩擦系数(也称黏滞系数)对标准差的影响较为显著,标准差以及变异系数(即标准差与均值之比)随内摩擦系数增大而减小,随内摩擦系数减小而增大;而泊松比和抗压/抗拉强度对横向收敛均值、标准差和变异系数相对影响较小。

此外,采用离差平方和这一统计量定量评价参数敏感性分析结果以支撑上述结论。根据式(3.7)~式(3.9),分别计算了改变土体参数后各荷载水平下模拟所得均值、标准差和变异系数偏离初始土体参数下模拟结果的离差平方和,计算结果见表3.3。弹性模量改变时均值离差平方和明显较大,而内摩擦系数改变时标准差和变异系数的离差平方和显著较大。综上,弹性模量是影响隧道横向收敛随荷载发展的总体趋势的主要因素,而内摩擦系数对其变异性(或离散性)影响较为显著。

$$SS_{\mu} = \sum_{i=1}^{9}(\mu_{p_i} - \mu_0)^2 \tag{3.7}$$

$$SS_{\sigma} = \sum_{i=1}^{9}(\sigma_{p_i} - \sigma_0)^2 \tag{3.8}$$

$$SS_{c_v} = \sum_{i=1}^{9}(c_{v,p_i} - c_{v,0})^2 \tag{3.9}$$

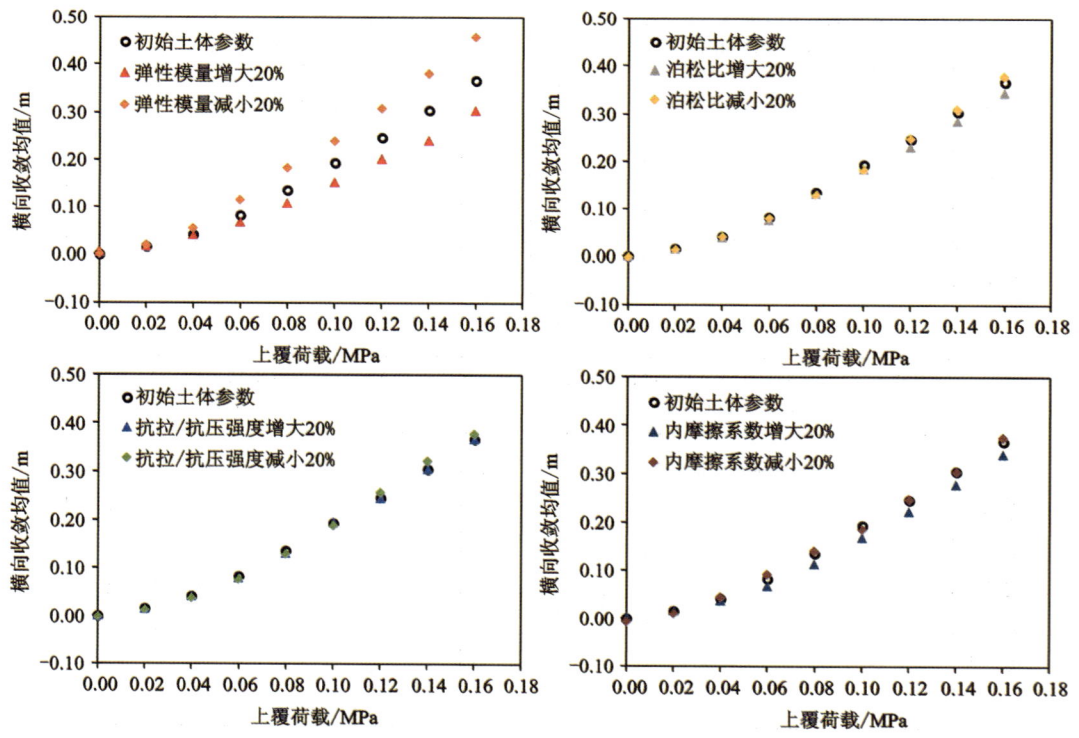

图3.17 各土体力学参数变化对横向收敛均值的影响

第 3 章 突发堆载下隧道横向变形及土体力学性质对变形的影响

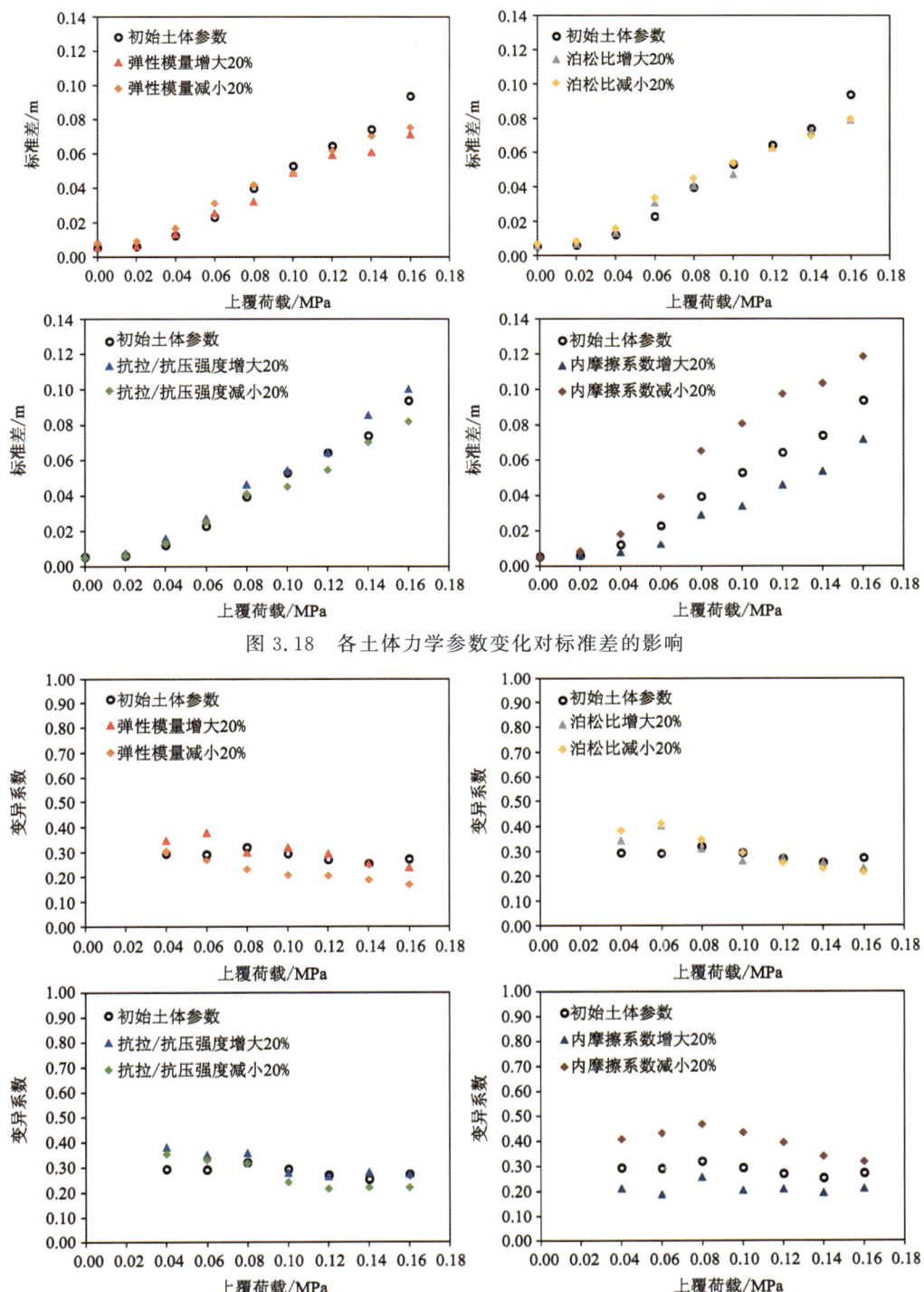

图 3.18 各土体力学参数变化对标准差的影响

图 3.19 各土体力学性质参数变化对变异系数的影响

表 3.3　改变土体参数后各荷载水平下模拟所得均值、标准差和变异系数的离差平方和

数据特征	弹性模量增大20%	弹性模量减小20%	泊松比增大20%	泊松比减小20%	抗拉/抗压强度增大20%	抗拉/抗压强度减小20%	内摩擦系数增大20%	内摩擦系数减小20%
均值	0.013 225	0.022 663	0.001 433	0.000 285	0.000 062	0.000 631	0.003 565	0.000 313
标准差	0.000 822	0.000 489	0.000 330	0.000 377	0.000 249	0.000 335	0.001 845	0.004 198
变异系数	0.012 340	0.038 713	0.017 603	0.026 740	0.012 835	0.015 080	0.042 033	0.095 891

3.6　隧道横向变形数学分析模型

3.6.1　构建概率密度演化模型

根据土体力学参数敏感性分析的数值模拟结果,采用概率密度演化方法构建一个具体的数学分析模型来描述或预测不同土体环境下的隧道变形情况。

结合 MatDEM 数值模拟结果,首先通过正态分布拟合优度检验,表明每组土体参数设置条件下的隧道横向收敛随着荷载水平的变化均可视为正态随机过程。在此基础上,构造概率密度演化模型来刻画隧道横向收敛随荷载发展变化这一正态随机过程,即

$$\begin{cases} X(p) \sim N(\mu_X(p,E), \sigma_X^2(p,f)) \\ \mu_X(p,E) = [\alpha(E) \cdot p + a]^m \\ \sigma_X(p,f) = [\beta(f) \cdot p + b]^n \\ \alpha(E) = \alpha_0 \left[1 + \gamma_E \left(\dfrac{E}{E_0} - 1\right)\right] \\ \beta(f) = \beta_0 \left[1 + \kappa_f \left(\dfrac{f}{f_0} - 1\right)\right] \\ a,b,m,n,\alpha_0,\beta_0 \text{ 为常量} \end{cases} \quad (3.10)$$

式中:p 为上覆荷载水平;E 为弹性模量;f 为内摩擦系数;E_0 为初始弹性模量;f_0 为初始内摩擦系数;γ_E 和 κ_f 分别为 E 和 f 的函数;μ_X 和 σ_X 分别为均值函数和标准差函数。

特别地,当 $E = E_0$,$f = f_0$ 时,即在初始土体参数设置条件下,模型简化为

$$\begin{cases} X_0(p) \sim N(\mu_0(p), \sigma_0^2(p)) \\ \mu_0(p) = [\alpha_0 \cdot p + a]^m \\ \sigma_0(p) = [\beta_0 \cdot p + b]^n \end{cases} \quad (3.11)$$

假设已知一组固定的土体参数,模拟隧道结构横向收敛随上覆荷载的变化情况,此模型的提出旨在实现合理预测土体宏观力学性质参数的变动将导致隧道变形发展如何变化,具体包含变形趋势项和离散项的变化。

3.6.2 模型求解

由图 3.17 和图 3.18 可知,均值函数和标准差函数均随荷载呈现非线性增长。采用最小二乘法对隧道横向收敛的均值函数和标准差函数进行回归分析,首先将横向收敛数据开 n 次方,从而将非线性回归问题转化为线性回归问题求解。依次得到了初始土体参数条件下和分别增大与减小弹性模量 20% 条件下的均值函数的最优拟合曲线(图 3.20),以及初始土体参数条件下和分别增大与减小内摩擦系数 20% 条件下的标准差函数的最优拟合曲线(图 3.21)。由此得到相应土体参数设置条件下的均值函数和标准差函数,统计整理于表 3.4。根据初始土体参数设置下的均值函数和标准差函数的回归曲线,可以确定式(3.10)所表达的数学分析模型中 a、b、m、n、α_0 和 β_0 的取值,详见表 3.5。

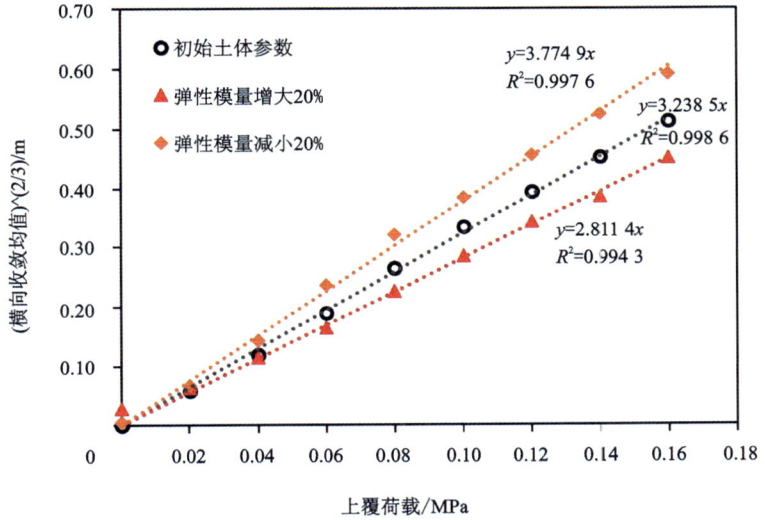

图 3.20 均值函数回归曲线

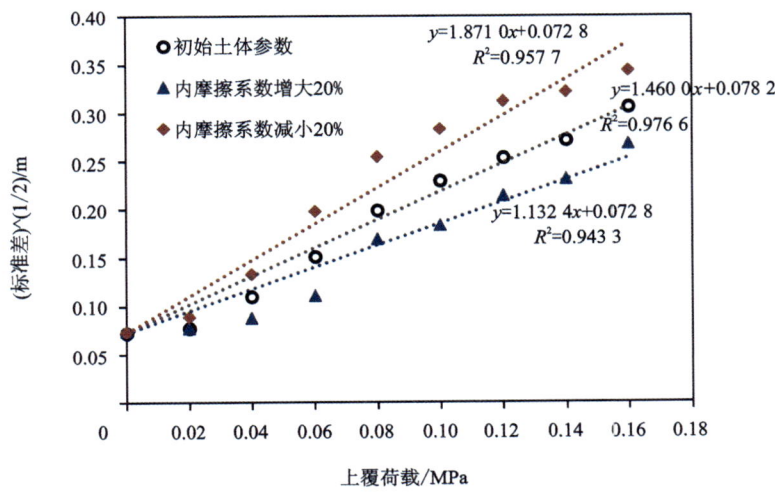

图 3.21 标准差函数回归曲线

表 3.4(a)　不同土体参数条件下均值函数的数值模拟结果

土体参数设置	函数方程	拟合优度 R^2
初始土体参数（E_0）	$\mu_0=(3.2385p)^{1.5}$	0.9986
弹性模量增大20%（E_1）	$\mu_1=(2.8114p)^{1.5}$	0.9943
弹性模量减小20%（E_2）	$\mu_2=(3.7749p)^{1.5}$	0.9976

表 3.4(b)　不同土体参数条件下标准差函数的数值模拟结果

土体参数设置	函数方程	拟合优度 R^2
初始土体参数（f_0）	$\sigma_0=(1.4600p+0.0728)^2$	0.9766
内摩擦系数增大20%（f_1）	$\sigma_1=(1.1324p+0.0728)^2$	0.9433
内摩擦系数减小20%（f_2）	$\sigma_2=(1.8710p+0.0728)^2$	0.9577

表 3.5　根据数值模拟结果所得模型中的常量取值

E_0/MPa	f_0	a	b	m	n	α_0	β_0	γ_E	κ_f
8.30	0.67	0	0.0728	1.5	2	3.2385	1.4600	−0.7438	−1.2647

由理论模型可知，γ_E 实质上是图 3.20 中与均值函数相关的拟合曲线的斜率变化幅度与相应的弹性模量变化幅度的比值，而 κ_f 实质上是图 3.21 中与标准差函数相关的拟合曲线的斜率变化幅度与相应的内摩擦系数变化幅度的比值。因而可以根据式(3.12)和式(3.13)计算得到弹性模量与内摩擦系数分别增大和减小 20% 情况下 γ_E 和 κ_f 的大小。对表 3.6 中 (α/α_0-1)-(E/E_0-1) 对应关系以及 (β/β_0-1)-(f/f_0-1) 对应关系分别进行最优拟合，由图 3.22 和图 3.23 中最优线性拟合曲线可知，γ_E 和 κ_f 可近似作为常函数处理，获得 γ_E 和 κ_f 的最优估计分别为 −0.7438 和 −1.2647。将表 3.5 中的各个参量取值代入数学分析模型中，在一定合理范围内的土体力学性质参数取值条件下，即可预测隧道横向收敛在某一上覆荷载作用下的均值水平和离散程度。

$$\gamma_E=\left(\frac{\alpha(E)}{\alpha_0}-1\right)\bigg/\left(\frac{E}{E_0}-1\right) \quad (3.12)$$

$$\kappa_f=\left(\frac{\beta(f)}{\beta_0}-1\right)\bigg/\left(\frac{f}{f_0}-1\right) \quad (3.13)$$

第 3 章　突发堆载下隧道横向变形及土体力学性质对变形的影响

表 3.6　计算不同土体参数设置下的 γ_E 和 κ_f

计算 γ_E			计算 κ_f		
土体参数设置	(E/E_0-1)	(α/α_0-1)	土体参数设置	(f/f_0-1)	(β/β_0-1)
初始土体参数(E_0)	0	0	初始土体参数(f_0)	0	0
弹性模量增大 20%(E_1)	20%	−13.19%	内摩擦系数增大 20%(f_1)	20%	−22.44%
弹性模量减小 20%(E_2)	−20%	16.56%	内摩擦系数减小 20%(f_2)	−20%	28.15%

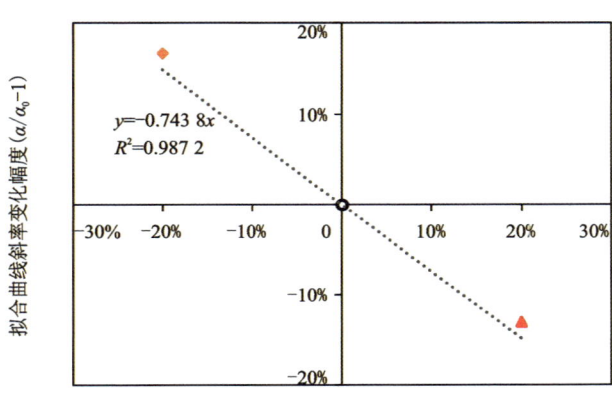

图 3.22　(α/α_0-1)-(E/E_0-1) 拟合关系曲线计算 γ_E

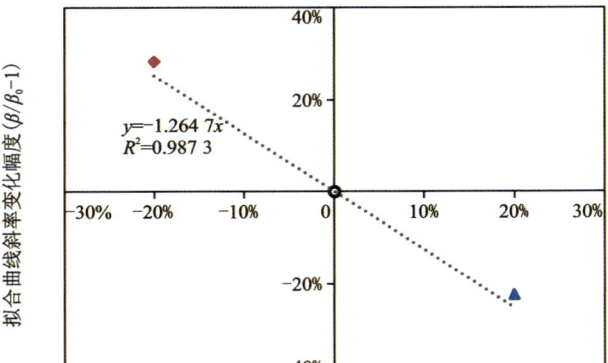

图 3.23　(β/β_0-1)-(f/f_0-1) 拟合关系曲线计算 κ_f

3.6.3 模型验证

本模型的建立是基于一组初始土体力学参数条件下隧道横向收敛的数值模拟结果,再将各个土体力学性质参数分别增大和减小20%来模拟分析横向收敛变化。参数敏感性分析结果表明,弹性模量和内摩擦系数分别是影响隧道收敛变形发展趋势和离散程度的主要因素。根据数值模拟结果,建立起数学分析模型来预测不同土体环境下的隧道收敛变形情况。为了检验此模型的合理性和稳健性,以下将从数值模拟和工程实例对比两个方面进行验证。

3.6.3.1 数值模拟验证

在离散元软件 MatDEM 中,设置各个土体力学性质参数分别增大30%和减小10%后各进行30次随机模拟,将横向收敛的离散元数值模拟结果与数学模型计算结果进行对比分析。图3.24显示了调参后隧道横向收敛随上覆荷载水平增大的发展分布情况。根据数学分析模型计算出初始弹性模量分别增大30%和减小10%的收敛均值曲线(分别表示为$\mu_{E_0\uparrow 30\%}$,$\mu_{E_0\downarrow 10\%}$),以及初始内摩擦系数分别增大30%和减小10%的标准差曲线(分别表示为$\sigma_{f_0\uparrow 30\%}$,$\sigma_{f_0\downarrow 10\%}$)。由$3\sigma$准则可知,正态分布的值落入区间$(\mu-3\sigma,\mu+3\sigma)$的概率高达99.74%。图中弹性模量增大30%和减小10%的收敛模拟值分别几乎全部落入$(\mu_{E_0\uparrow 30\%}-3\sigma_0,\mu_{E_0\uparrow 30\%}+3\sigma_0)$和$(\mu_{E_0\downarrow 10\%}-3\sigma_0,\mu_{E_0\downarrow 10\%}+3\sigma_0)$范围内,内摩擦系数增大30%和减小10%的收敛模拟值分别几乎全部落入$(\mu_0-3\sigma_{f_0\uparrow 30\%},\mu_0+3\sigma_{f_0\uparrow 30\%})$和$(\mu_0-3\sigma_{f_0\downarrow 10\%},\mu_0+3\sigma_{f_0\downarrow 10\%})$范围内,而泊松比和抗压/抗拉强度分别增大30%和减小10%的收敛模拟值则几乎都落在$(\mu_0-3\sigma_0,\mu_0+3\sigma_0)$范围内。

对比各参数调整后与初始土体参数条件下的均值(图3.25)和标准差(图3.26)可知,弹性模量对隧道收敛变形均值的影响较大,而内摩擦系数对标准差的影响较为显著,在定性上与理论模型结论一致。在定量上,如图3.27和图3.28所示,弹性模量增大30%和减小10%的收敛均值的离散元数值模拟结果和数学分析模型理论计算结果相吻合,而内摩擦系数分别增大30%和减小10%时二者标准差的结果也基本一致。综上,基于数值模拟结果建立的数学分析模型可以用于预测土体力学参数在一定范围内变动后隧道横向收敛的变化趋势和离散程度。

3.6.3.2 工程实例对比分析

如图3.29所示为上海地铁2号线东延伸线某段盾构隧道在地表堆土荷载下的横向收敛分布情况。在该段120m长范围内,堆土高约为4.6m,取堆土重度为$1.8\times 10^4 kN/m^3$相应隧道上覆荷载为0.083MPa。区段内13环隧道管片横向收敛监测值均值为0.151 6m,标准差为0.008 2m。隧道位于上海典型淤泥质黏土地层中,取土体弹性模量为3.1MPa,内摩擦系数为0.51,根据理论模型得到在该土体条件该荷载条件下的隧道横向收敛服从均值为0.154 5m、标准差为0.069 1m,其概率密度函数(PDF)曲线如图3.30所示。由图可知该隧道实测收敛量落在理论模型均值附近,二者较为吻合,模型预测结果较为准确可靠。

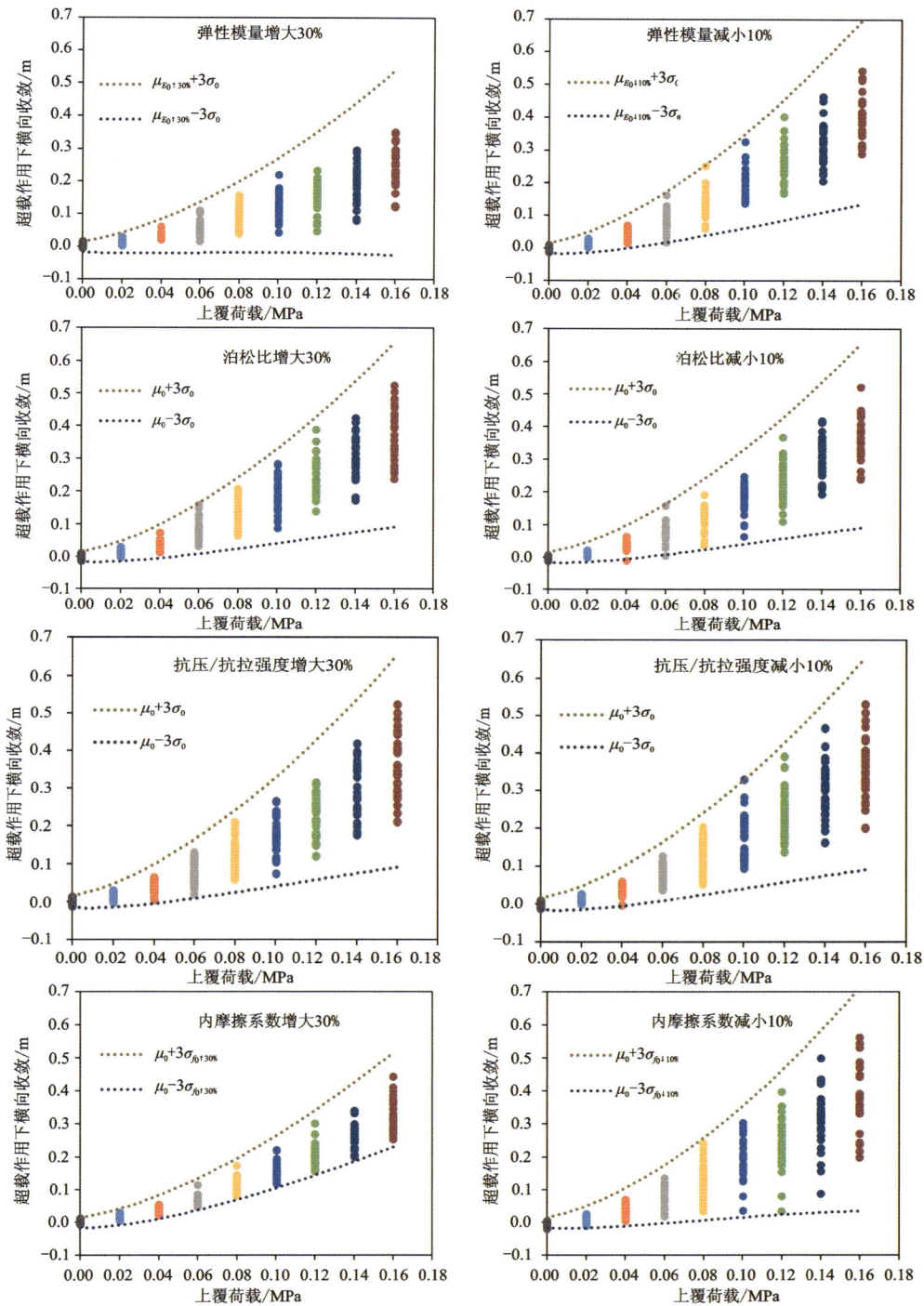

图 3.24 各土体参数分别增大 30% 和减小 10% 的 30 次随机模拟结果

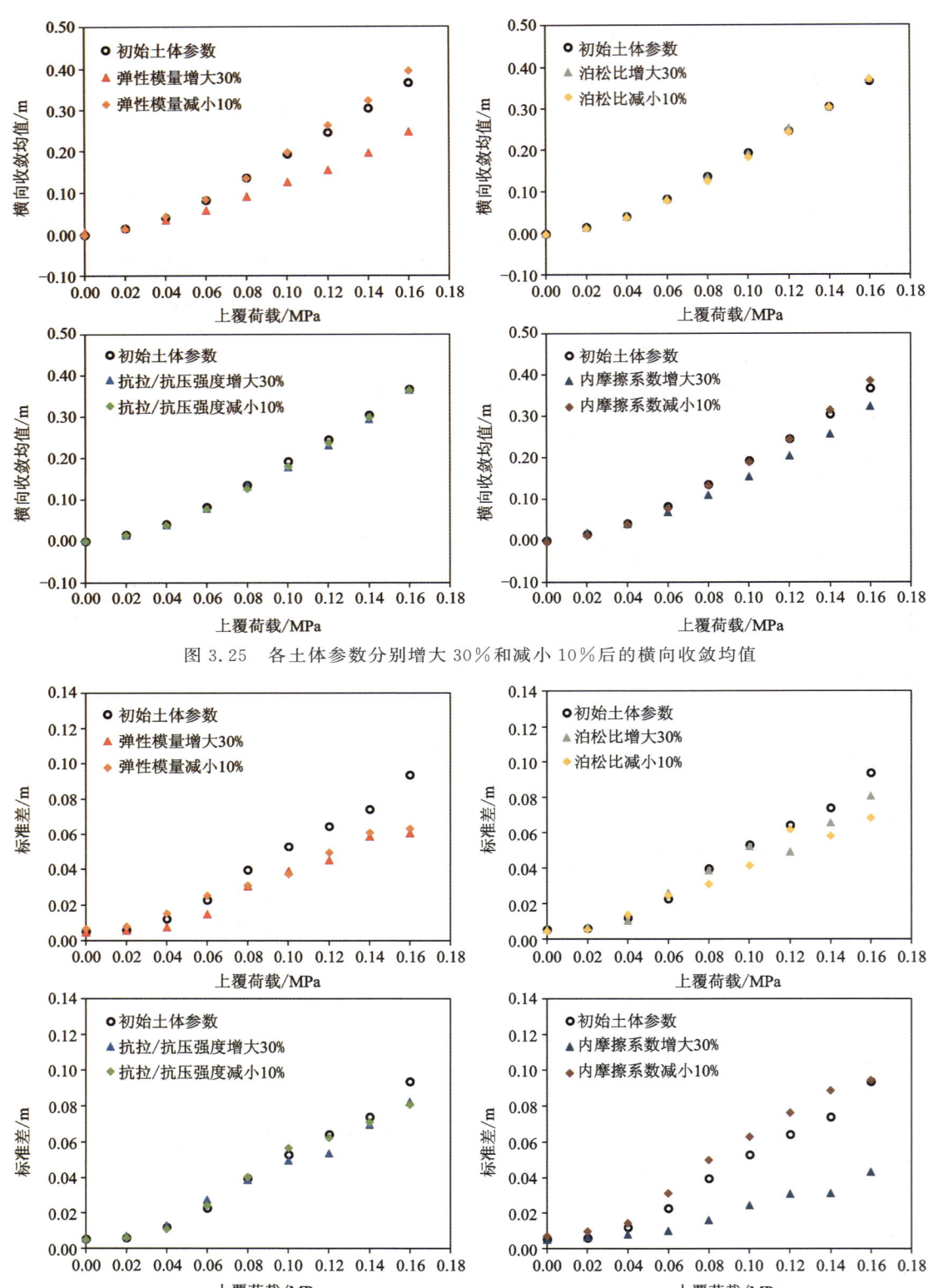

图 3.25　各土体参数分别增大 30% 和减小 10% 后的横向收敛均值

图 3.26　各土体参数分别增大 30% 和减小 10% 后的横向收敛标准差

第 3 章 突发堆载下隧道横向变形及土体力学性质对变形的影响

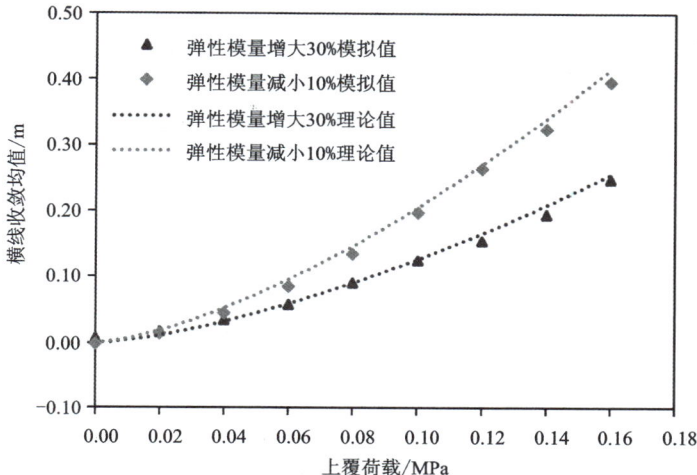

图 3.27 横向收敛均值的模拟结果和理论结果对比

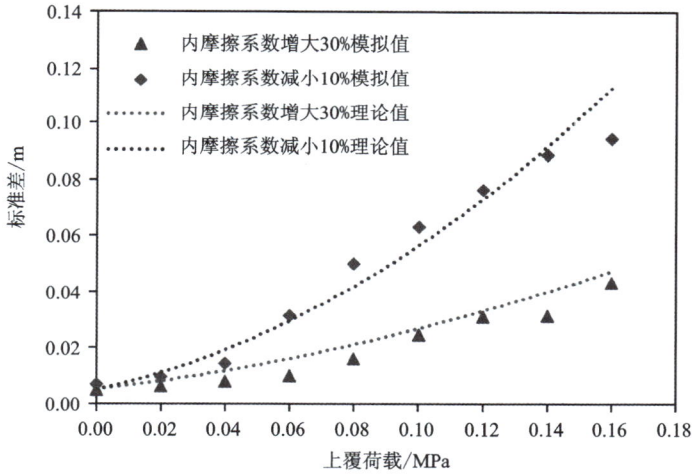

图 3.28 横向收敛标准差的模拟结果和理论结果对比

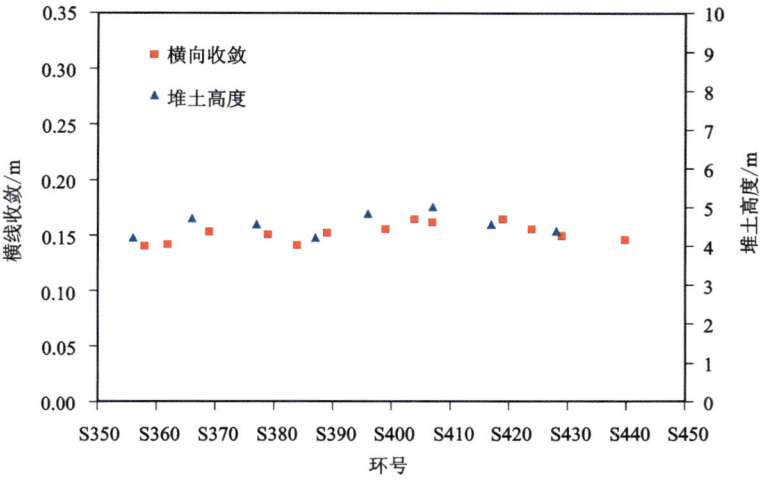

图 3.29 上海地铁某段盾构隧道横向收敛与堆土高度的分布情况

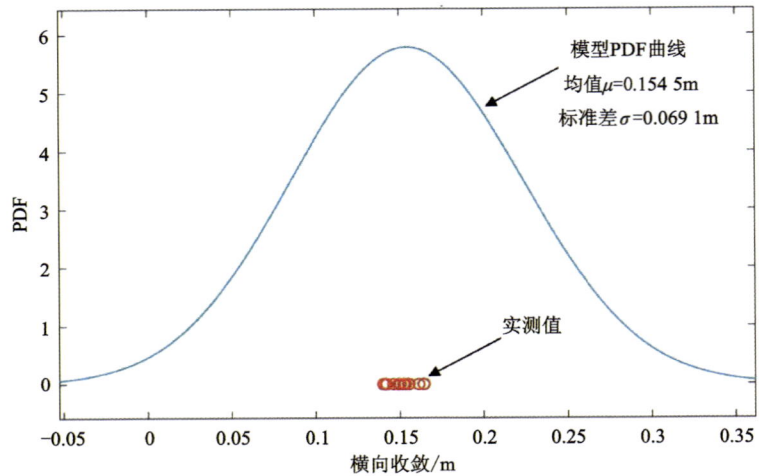

图 3.30　某隧道实际横向收敛监测值与相应理论模型计算结果对比

3.7　本章小结

针对隧道上方突发堆载引发隧道结构横向大变形问题,通过离散元软件 MatDEM 进行数值模拟,分析了不同荷载水平下隧道结构横向收敛变形发展规律及其不确定性。土体作为外部荷载的共同承受体,采取敏感性分析方法研究了土体力学性质对隧道结构横向变形发展及其变异性的影响。基于数值模拟分析结果,建立了隧道横向变形数学分析模型,用于分析预测不同土体环境下的盾构隧道结构在地面突发堆载作用下的变形情况。具体研究结果如下:

(1)随着上覆荷载水平的增加,隧道横向收敛变形具有非线性增长趋势并呈现出一定的离散性。离散元随机模拟分析结果表明,上覆荷载等外荷载的变动引发土体颗粒争夺空间而随机运移从而达到新的平衡稳定状态,导致隧道结构自身变形不断发展且具有一定程度的不确定性。

(2)为了研究土体宏观力学参数对隧道变形的影响机制,采用参数敏感性分析方法,结合理论分析和数值模拟研究发现,土体弹性模量是影响隧道横向收敛随荷载发展的总体趋势的主要因素,弹性模量越大隧道收敛变形越小;而内摩擦系数对其变异性(或离散性)影响较为显著,内摩擦系数越大变异性越小。

(3)基于离散元数值模拟结果,建立了正态随机过程概率密度演化模型,实现了隧道横向收敛变形的确定性趋势项和不确定性离散项与土体宏观力学性质参数之间关系的定量描述,并可用于不同土体环境下的隧道收敛变形情况的预测分析。最后,通过数值模拟做模型预测以及与工程实例对比分析验证了模型的合理性和适用性。

(4)模型适用条件和不足之处:不考虑结构退化效应;没有考量地层的空间变异性;数值模型没有纳入土体物理性质参数及其他宏观力学性质参数的影响;根据模拟结果仅取主要影响参数来构造理论模型而造成模型误差;因数值模拟过程中不能完全准确地反映土体真实粒

径大小和级配以及本构关系而造成的模拟结果在一定程度上失真;数值模型没有精确刻画隧道管片的拼装结构和接头特征,导致横向收敛变形的模拟结果有一定误差;适用于近似埋深的隧道收敛变形预测,或近似将埋深等效为荷载进行模拟计算。此外,作者采用参数敏感性分析方法来识别各个土体力学性质参数对隧道收敛变形的影响,此方法的缺点是每次只允许一个参数发生变化而假定其他参数不变,结果可能与实际情况不完全相符。综上,对土体-隧道体系进行精细化数值模拟在建模上还存在一定难度,有待理论的发展和软件功能的提高,即可进一步将二维模型拓展到三维模型。

第 4 章　突发堆载下盾构隧道纵缝接头变形及其恢复效率

4.1　概　述

盾构隧道是一种装配式衬砌结构,隧道管片衬砌之间因通过钢螺栓连接而存在大量纵向接缝。管片纵缝接头处的刚度远低于混凝土衬砌块自身的刚度,使得隧道衬砌圆环总体刚度下降。纵缝接头是盾构隧道衬砌圆环受力变形薄弱部位,是关系到隧道结构整体性能的关键因素。在隧道上方堆载作用下相邻衬砌块之间发生相对转动,接头张开,在隧道衬砌整环上即表现出横向收敛变形。接头张开量直接关系到隧道横向收敛变形水平,如前文所述,二者之间具有明显的线性相关性。因而围绕隧道结构在外界扰动下的变形发展和变形可恢复性的研究课题,对相应工况下隧道纵向接缝的受力变形特征及其可恢复性开展相关试验研究十分必要。

为此,作者对上海地铁隧道中采用的管片纵缝接头试件进行了一系列室内结构原型试验。试验对象为位于隧道管片环拱腰位置受负弯矩作用的纵缝接头(即邻接块和标准块连接处接头,以下称为拱腰接头)以及位于隧道管片环拱顶位置受正弯矩作用的纵缝接头(即封顶块和邻接块连接处接头,以下称为拱顶接头),弯矩以衬砌环内侧受拉为正,轴力以受压为正。隧道顶部接头试件采用了真实的三管片双接头结构,不同于以往研究中采用的简化的两管片单接头形式。试验内容包括不同超载水平的平行加载-卸载试验和循环加卸载试验。采用考虑接头非线性刚度的盾构隧道衬砌分析模型计算地表突发超载、卸载和土体注浆不同工况下的隧道管片两个部位纵缝接头的实际应力状态。在管片接头加载试验中,布设电阻应变片来测量螺栓和混凝土的应变变化,采用线性位移传感器来捕捉接缝张开量和试件跨中挠度变化。基于试验过程量测数据分析,讨论在不同超载水平产生既有接头变形情况下,采用卸载和地层注浆等恢复措施对接头变形恢复的影响,得到了变形恢复效率随接头变形程度的变化规律。此外,对比分析了正弯矩作用下隧道拱顶纵缝接头和负弯矩作用下隧道拱腰纵缝接头的变形可恢复性和转动刚度。

4.2 试件设计与方案设计

4.2.1 试验加载系统

本试验在同济大学岩土及地下工程教育部重点实验室进行,采用 TJ-GPJ2000 盾构管片接头试验加载系统。管片接头试验加载系统由主加载框架、电液伺服加载作动器、试样座、试样装配与纵向加载装置和 POP-M 工控 PC 电液伺服多通道控制器组成,如图 4.1 所示。本次试验对试件进行双向加载(垂向和轴向),垂向加载作动器和轴向加载作动器主要技术参数如表 4.1 所示。

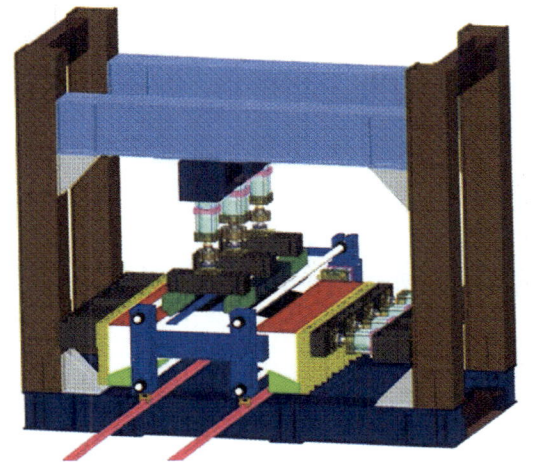 

图 4.1 试验设备加载示意图及现场照片

表 4.1 试验双向加载作动器主要技术参数

加载作动器	垂向加载作动器	轴向加载作动器
最大试验力	3000kN	2000kN
试验力测量范围与示值精度	在2%~100%满量程区间,为示值的±1%	在4%~100%满量程区间,为示值的±1%
作动器最大位移	200mm	150mm
位移分辨率	0.01mm	0.01mm
等速加载与试验力保持精度	±1%	±1%
加载梁挠度	小于 L/600mm	小于 L/600mm

POP-M 控制器能够实现试验进程的自动控制,试验力和垂向作动器活塞位移的自动采集,同步记录试验过程的荷载-位移曲线,并能够将上述试验数据输出给数据采集系统,其主界面如图 4.2 所示。

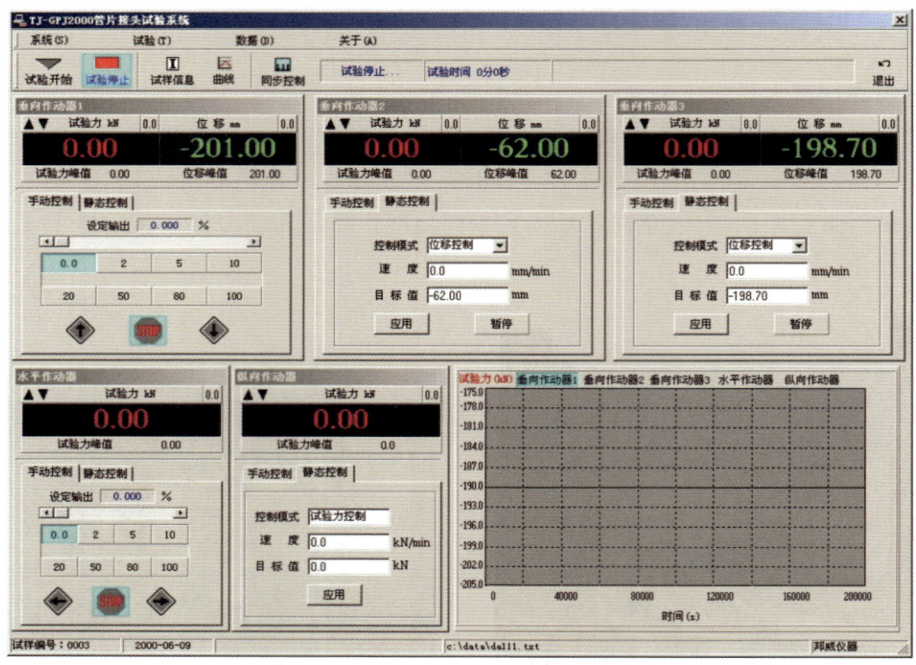

图 4.2 控制程序主界面

4.2.2 试件设计

本试验采用上海市地铁典型中埋隧道钢筋混凝土管片,通缝拼装,管片材料参数和构造形式如下:

(1)管片采用 C55 混凝土浇筑,抗渗等级为 S12,主筋为 HRB335。

(2)隧道管片衬砌外径 6.20m,内径 5.50m,厚度 0.35m,环宽 1.20m。

(3)衬砌单环采用 6 块预制混凝土衬砌拼装而成,包括一块封顶块(F),两块邻接块(L_1、L_2),两块标准块(B_1、B_2),一块落底块(D),衬砌环拼装方式为通缝拼装,如图 4.3(a)所示。

(4)接缝构造形式:衬砌环缝处设置凹凸榫槽,以 17 根纵向直螺栓相连;衬砌纵缝内设置直径为 40mm 的定位棒,纵缝间采用 2 个 M30 直螺栓连接而成。螺栓等级为 5.8 级。单圆隧道衬砌环中 6 个纵缝接头位置分布如图 4.3(b)所示,其中,#1 和 #6 接头为拱顶接头,#2 和 #5 接头为拱腰接头。纵缝接头细部构造见图 4.3(c)。

(5)采用外道遇水膨胀橡胶挡水条和内道三元乙丙弹性橡胶密封垫进行接头环、纵缝防水。理想情况下,垂直于接缝方向,挡水条压缩 1mm,单侧弹性密封垫压缩 6mm,防水以弹性密封垫为主,如果弹性密封垫初始压缩完全释放,则失去防水性能。

第 4 章 突发堆载下盾构隧道纵缝接头变形及其恢复效率

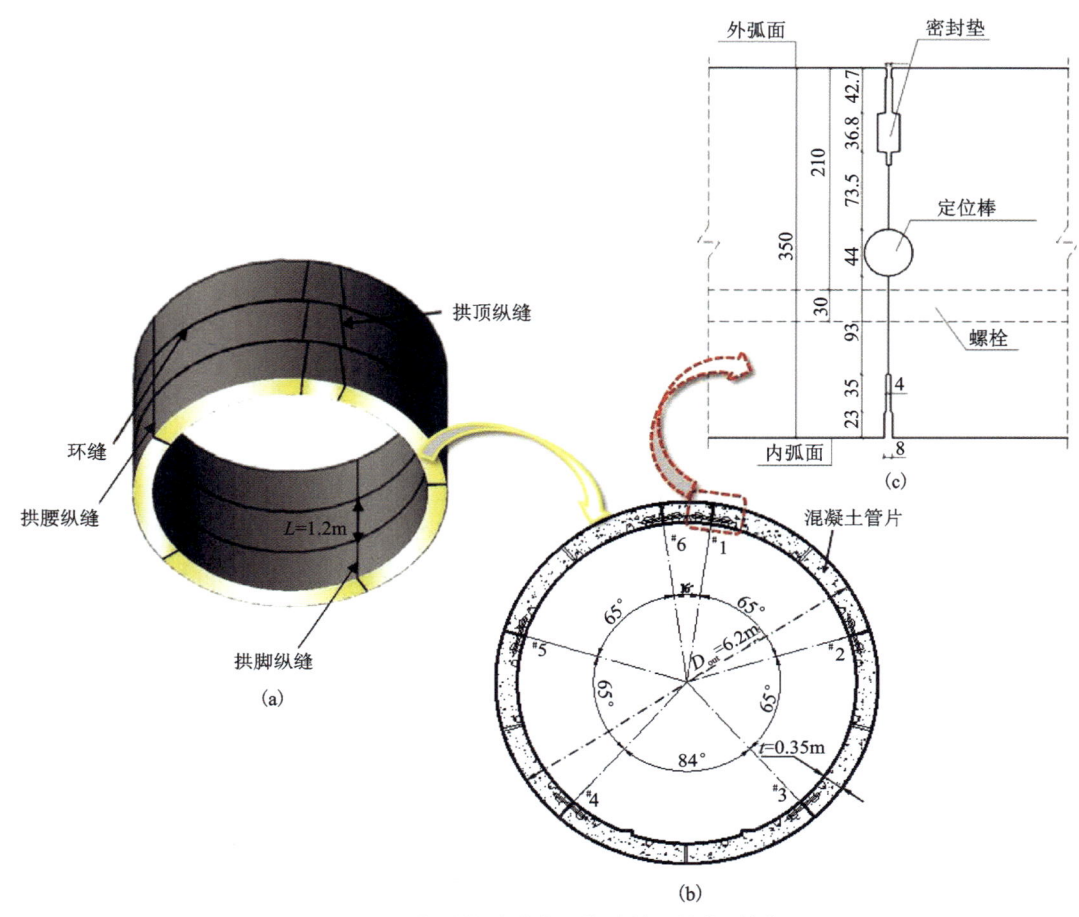

图 4.3 上海地铁盾构隧道典型管片衬砌结构（单位：mm）
(a)隧道管片拼装三维图；(b)隧道衬砌环横截面图；(c)接头细部构造示意图

采用切割机沿图 4.4（a）中的红色标示线将左邻接块的 L_1-2 部分和右邻接块的 L_2-2 部分切除。由左邻接块切割而得的 L_1-1 部分和由右邻接块切割而得的 L_2-1 部分与封顶块 F 通过纵向直螺栓连接构成拱顶接头，用于开展正弯矩试验；由左邻接块切割而得的 L_1-3 部分和由右邻接块切割而得的 L_2-3 部分通过纵向直螺栓连接构成拱腰接头，用于开展负弯矩试验。图 4.5 是现场试验照片。

值得注意的是，隧道拱腰和拱脚纵缝是径向平直面，而拱顶纵缝是与径向斜交的平直面，拱顶纵缝接头是楔形结构，见图 4.3（a）。然而，针对承受正弯矩的隧道拱顶接头，以往研究采用的是简化的如拱腰一样的直缝结构，不能准确描述拱顶处实际的斜接缝构造的力学行为。因此，本书中足尺试验采用隧道拱顶双接头进行试验研究。此外，考虑隧道衬砌结构在正常荷载、超载、卸载和注浆工况下的真实荷载环境，计算了隧道纵缝接头在上述不同荷载条件下的应力状态，进而开展试验研究。

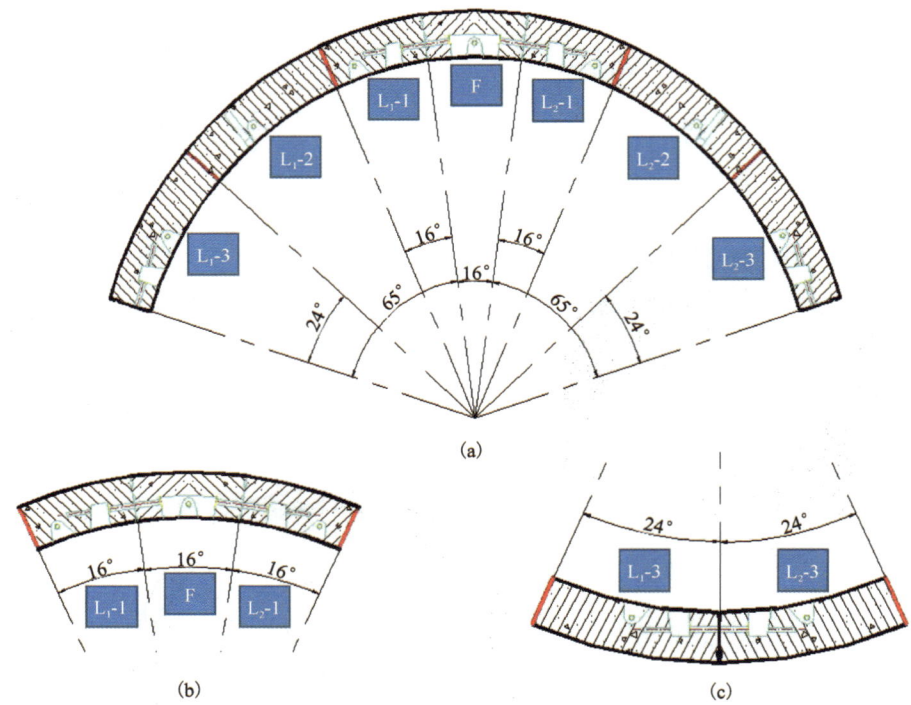

图 4.4 邻接块切割示意图(a)、顶部接头管片拼装(b)和腰部接头管片拼装(c)

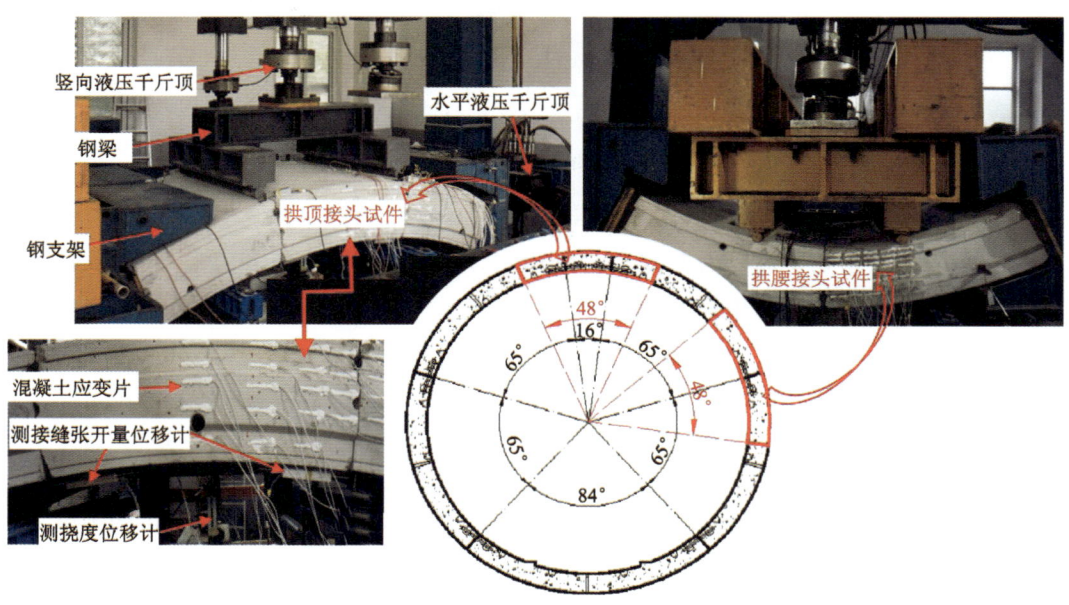

图 4.5 试验现场照片

4.2.3 接头内力计算

图 4.6 为衬砌结构在隧道上方超载作用下的典型受力和变形模式(Huang et al.,2017),管片转动、接缝张开,拱腰接缝张开量最为明显,其次为拱顶接缝。拱顶接头承受正弯矩导致内弧面受拉而向内张开,拱腰接头承受负弯矩导致外弧面受拉而向外张开,最终导致隧道衬砌环产生较大的横向变形,进而引发渗漏水等问题。针对地面超载引起的隧道横向大变形,目前较为有效的处理措施是先卸载、后地层注浆,这已在上海地铁隧道结构变形治理中得到了实践和印证。卸载即直接移除地面附加荷载。在隧道两侧实施双液微扰动注浆,可以改善隧道周围土体的物理力学性质,提高地层抗力系数,同时通过挤压土体增加作用在隧道上的水平侧压力,抑制隧道进一步变形,从而在注浆、充填和挤压的叠加作用下,减少隧道收敛变形和接头张开(Wang et al.,2013)。通过注浆增大隧道衬砌水平侧压力是恢复收敛变形的关键,因此,本试验主要通过向隧道衬砌施加侧向压力的方法来模拟土体注浆的效果。

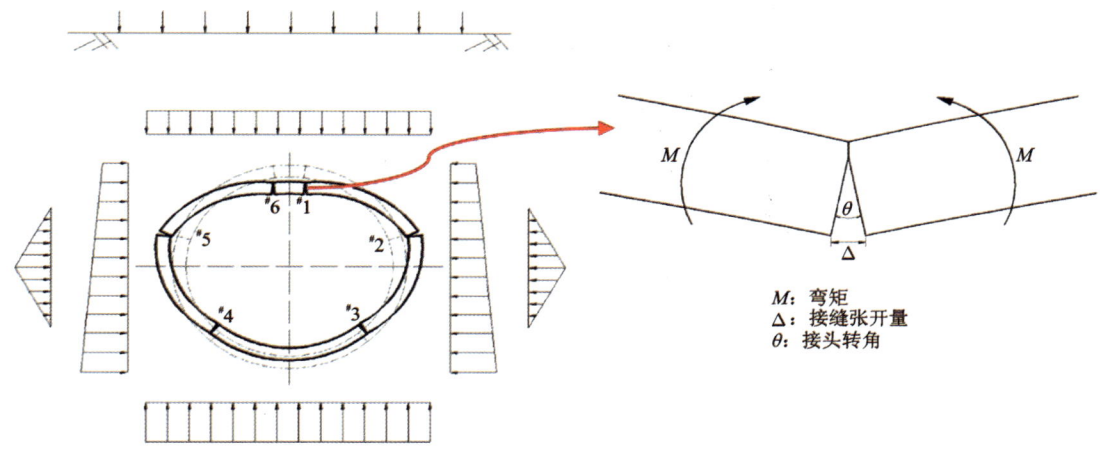

图 4.6 隧道衬砌环典型受力变形模式示意图

采用王飞(2014)基于 Lee 等(2001a,2001b)提出的考虑接头非线性刚度的盾构隧道衬砌分析模型,计算接头内力(弯矩、轴力和剪力)。如图 4.7 所示,隧道埋深 15m,周围土体为典型的上海软土,饱和容重(γ)为 18 kN/m³,静止侧压力系数(K_0)为 0.65,地层抗力系数(K_s)为 6000kN/m³。该模型首先通过对隧道结构施加竖向压力来模拟地面超载对隧道变形的影响,然后通过移除竖向压力来模拟卸载,最后通过对隧道结构施加侧向压力模拟土体注浆对隧道变形的恢复作用。在上述各荷载条件下,计算接头截面相应内力大小。图 4.8、图 4.9 分别显示了随着超载压力、注浆侧向压力的增大,拱顶和拱腰接头内力变化计算结果,图中虚线为计算数据点的线性回归曲线。结果表明,在正常荷载状态下,即超载压力和附加侧向压力均为零时,拱顶接头承受正弯矩,拱腰接头承受负弯矩。拱顶接头和拱腰接头处的弯矩和轴力均随着超载压力的增加而增大,较之拱顶接头,拱腰接头轴力增大更为显著。随着注浆侧向压力的施加,两处接头弯矩均减小,拱顶接头轴力增大,拱腰接头轴力基本保持不变。从力学角度来看,土体注浆通过减小弯矩来恢复两处接缝张开量;特别是对于拱顶接头,减少弯矩同时亦增大轴力来恢复。根据得到的接头内力计算结果可以确定足尺试验中对应不同工况的加载路径。

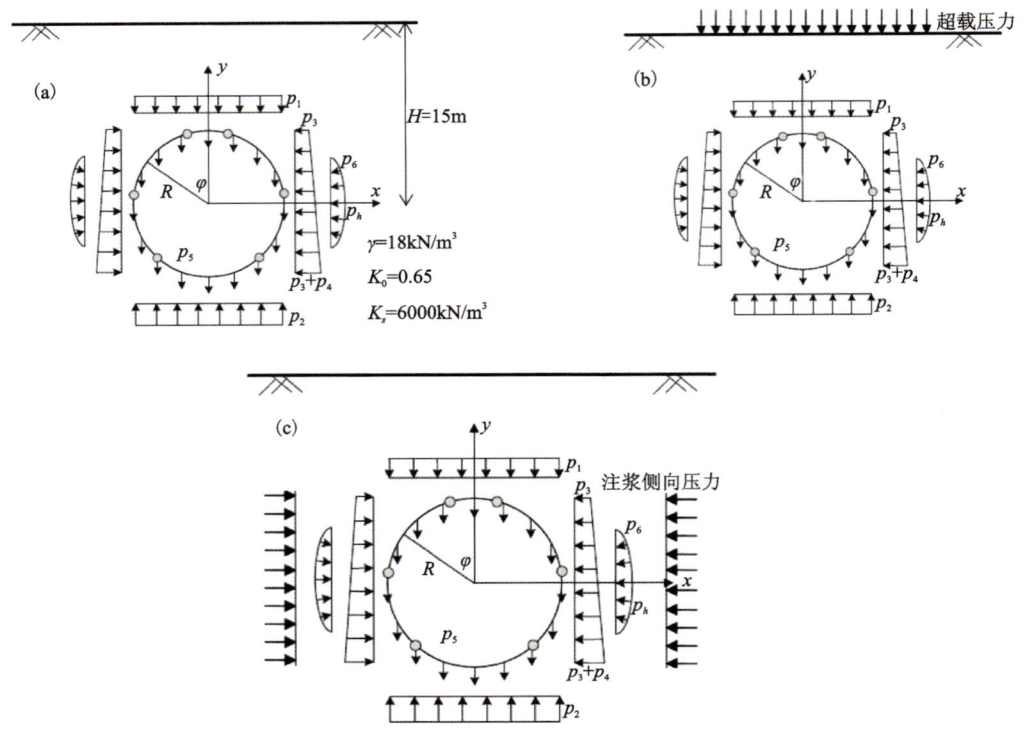

图 4.7 不同工况下接头内力计算模型
(a)正常荷载;(b)地面超载;(c)隧道双侧土体注浆

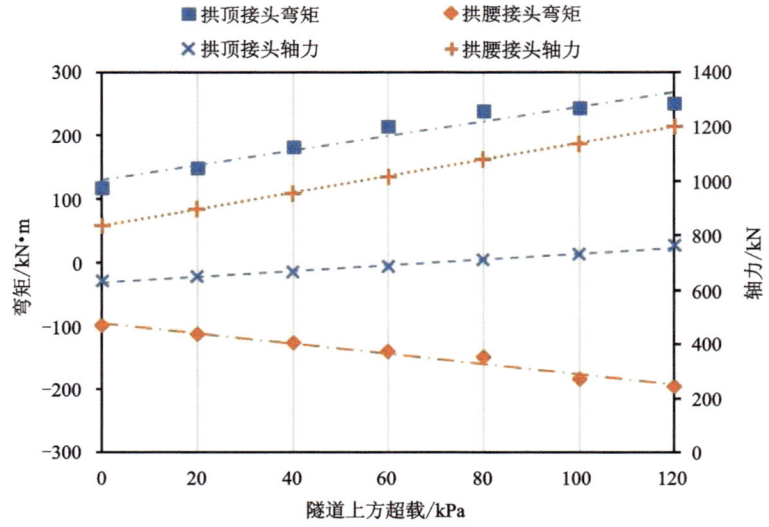

图 4.8 接头内力与隧道上方超载关系曲线

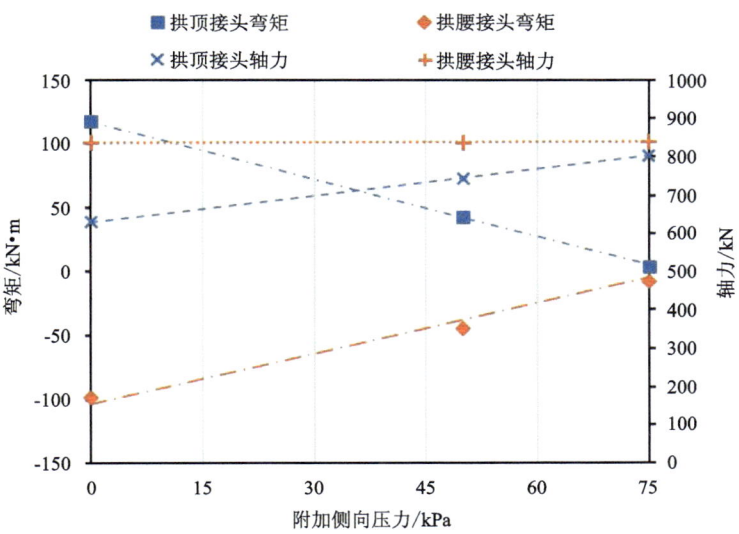

图 4.9　接头内力与隧道双侧附加侧向压力关系曲线

试验中,通过水平和垂直液压千斤顶向试件施加水平载荷和垂直载荷,以模拟接头内力(即弯矩、轴力和剪力),见图 4.5。图 4.10、图 4.11 分别为试验中拱顶接头和拱腰接头的受力分析图。如前所述,拱顶接缝是倾斜的,因此除了受弯矩和轴力之外,其还受剪力作用,而拱腰接缝处的剪力可以忽略不计。根据力矩平衡方程,拱顶接头试件和拱腰接头试件的外部载荷和内力之间的关系可由方程式组(4.1)和方程式组(4.2)分别推导得到。

$$\begin{cases} N' = N \cdot \cos\theta + Q \cdot \sin\theta \\ P + G + N \cdot \sin\theta = P + \frac{3}{2}G + Q \cdot \cos\theta \\ \left(P + \frac{3}{2}G\right) \cdot L_2 = M + P \cdot L_1 + G \cdot \frac{1}{2}L_2 + N' \cdot h \end{cases} \quad (4.1a)$$

$$\begin{cases} M = G \cdot L_2 + P \cdot (L_2 - L_1) - N' \cdot h \\ N = N' \cdot \cos\theta + \frac{1}{2}G \cdot \sin\theta \\ Q = N' \cdot \sin\theta + \frac{1}{2}G \cdot \cos\theta \end{cases} \quad (4.1b)$$

$$\begin{cases} M = P \cdot L_2 - G \cdot (L_1 - L_2 - L_3) - N' \cdot h \\ N = N' \end{cases} \quad (4.2)$$

式中:M、N、Q 分别为接头处弯矩、轴力和剪力;N' 和 P 分别为由水平液压千斤顶和竖向液压千斤顶施加的水平向荷载和竖向载荷;G 为管片重力。

式(4.1)中拱顶接头 $G=8.4$kN,式(4.2)中拱腰接头 $G=12.6$kN。

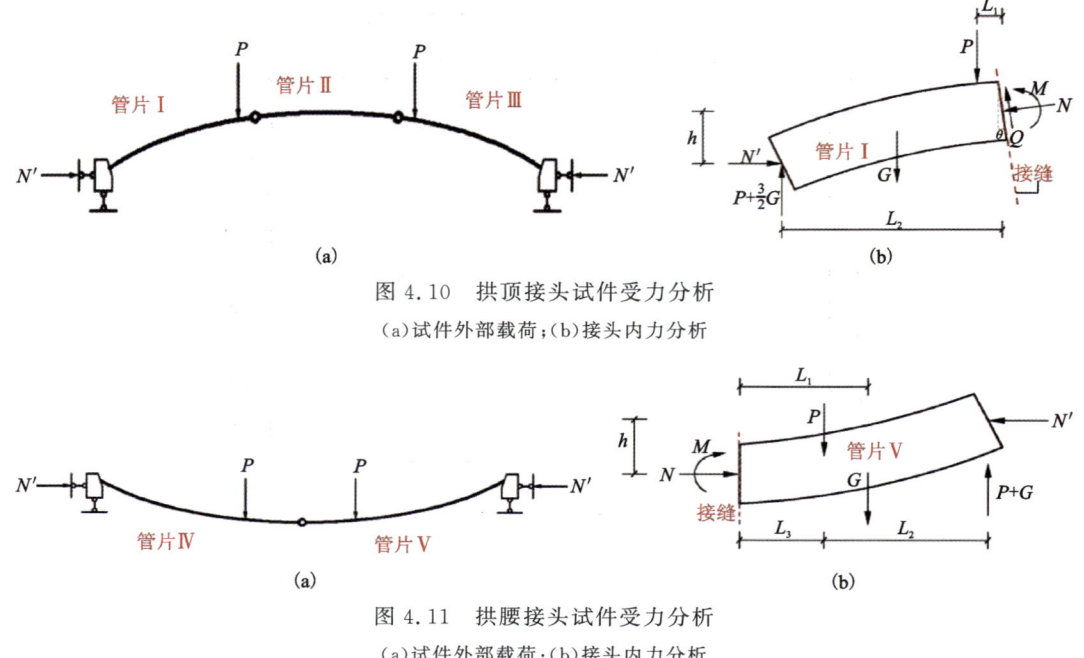

图 4.10 拱顶接头试件受力分析
(a)试件外部载荷;(b)接头内力分析

图 4.11 拱腰接头试件受力分析
(a)试件外部载荷;(b)接头内力分析

4.2.4 试验加载方案

在研究接头变形可恢复性之前,首先需要了解其变形发展过程、极限承载力和极限变形状态。为了研究卸载和土体注浆对隧道纵向接缝变形恢复的影响,对拱顶接头和拱腰接头试件分别加载到 3 种不同荷载水平以达到不同的变形程度,来模拟超载、卸载和土体注浆过程。此外,对两种接头分别进行了递增循环加载-卸载试验,以研究卸载的变形恢复效果。

作者针对盾构隧道管片接头破坏过程、恢复过程和循环加卸载过程共开展了 11 组工况试验,试验加载方案如表 4.2 所示。其中,工况Ⅰ~Ⅲ试验模拟拱腰接头在不同加载速率下的变形破坏过程,工况Ⅳ~Ⅵ和工况Ⅶ~Ⅸ分别试验研究拱顶接头和拱腰接头超载变形后通过卸载和注浆的变形恢复过程,工况Ⅹ和工况Ⅺ分别试验研究拱顶接头和拱腰接头在循环加卸载过程中的力学行为。

根据上一小节中采用接头分析模型计算得到的地面超载施加在隧道上方的竖向应力,以及隧道两侧土体注浆作用在隧道上的侧向压力导致隧道接头内力的变化规律,来确定试验中不同工况下正常加载阶段、超载阶段、卸载阶段、注浆阶段的加载路径,由偏心距来控制弯矩和轴力的协同加载过程,如表 4.3 所示。偏心距 e 为弯矩和轴力之比($e=M/N$)。拱顶接头剪力可由式(4.1)推导得到。接头变形破坏过程、变形恢复过程和循环加卸载过程的具体加载步骤如下:

第4章 突发堆载下盾构隧道纵缝接头变形及其恢复效率

表4.2 试验工况表

工况编号	接头类型	试验内容	加载过程	试验控制变量	变量值	正常荷载水平
工况Ⅰ	拱腰接头	变形破坏过程	加载至正常荷载水平→施加超载至试件破坏	加载速率	8(kN·m)/min	
工况Ⅱ					12(kN·m)/min	
工况Ⅲ					16(kN·m)/min	
工况Ⅳ	拱顶接头	变形恢复过程	加载至正常荷载水平→施加超载→卸载至正常荷载水平→注浆过程模拟	超载程度/接头内力：弯矩M，轴力N，剪力Q	$M=178$kN·m, $N=593$kN, $Q=88$kN	拱顶接头：$M=118$kN·m, $N=590$kN, $Q=87$kN
工况Ⅴ					$M=278$kN·m, $N=927$kN, $Q=134$kN	
工况Ⅵ					$M=378$kN·m, $N=1260$kN, $Q=181$kN	
工况Ⅶ	拱腰接头				$M=155$kN·m, $N=968$kN	拱腰接头：$M=98$kN·m, $N=816$kN
工况Ⅷ					$M=171$kN·m, $N=1068$kN	
工况Ⅸ					$M=188$kN·m, $N=1175$kN	
工况Ⅹ	拱顶接头	循环加卸载过程	加载至正常荷载水平→递增循环加卸载至试件破坏	—		
工况Ⅺ	拱腰接头					

注：弯矩以衬砌环内侧受拉为正，轴力以受压为正；拱顶、拱腰接头分别受正、负弯矩作用，简便起见，弯矩略去符号仅以绝对数值表示。

表4.3 各荷载阶段控制加载路径的偏心距变化（$e=M/N$）

接头类型	正常加载阶段e_0	超载阶段e_1	卸载阶段e_2	土体注浆阶段e_3
拱腰接头	0.12	0.16	0.16	变偏心距：e_3减小（轴力不变，弯矩减小）
拱顶接头	0.2	0.3	0.3	变偏心距：e_3减小（轴力增大，弯矩减小）

- 变形破坏过程以拱腰接头为试验对象,包括加载至正常荷载水平和施加超载至试件破坏两个阶段,具体加载路径如图 4.12 所示。

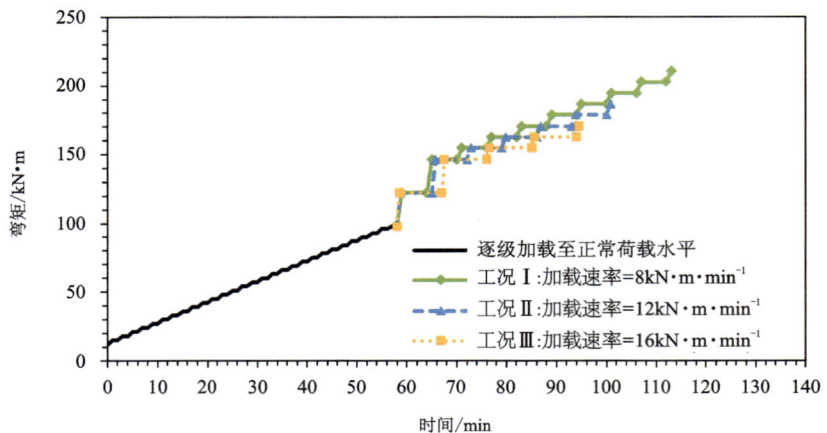

图 4.12 拱腰接头变形破坏过程:三工况不同加载速率

(1)正常加载阶段:弯矩从零增加到正常应力状态,此阶段拱腰接头偏心距为 0.12。逐级施加荷载,每级荷载增量为 6kN·m,加载速率为 3(kN·m)/min。正常载荷时,拱腰接头弯矩为 98kN·m,轴力为 816kN。

(2)超载阶段:以相同路径加载至正常荷载条件下,三工况再分别以 8(kN·m)/min、12(kN·m)/min、16(kN·m)/min 的速率继续施加荷载,直到达到极限抗弯承载力,此阶段拱腰接头偏心距增大,为 0.16。

- 变形恢复过程针对拱顶和拱腰接头,包括加载至正常荷载水平、施加超载、卸载、注浆、完全卸荷等 5 个阶段。

(1)正常加载阶段:同破坏过程,需要补充的是此阶段拱顶接头偏心距为 0.2。正常载荷时,拱顶接头弯矩为 118kN·m,轴力为 590kN,剪力为 87kN。

(2)超载阶段:对拱顶、拱腰接头分别以 0.3、0.16 的较大偏心距继续施加荷载到某一超载水平,其中拱顶接头三工况分别达到弯矩值 178kN·m、278kN·m、378kN·m,拱腰接头三工况分别达到弯矩值 155kN·m、171kN·m、188kN·m。

(3)卸载阶段:按原路径逐级卸载到正常荷载水平。

(4)土体注浆阶段:在卸载到正常荷载水平之后,拱顶接头轴力不断增大,弯矩不断减小;拱腰接头弯矩逐步减小,轴力保持不变。

(5)完全卸荷阶段:卸掉所有剩余荷载,试验结束。

图 4.13 显示了拱腰接头超载到 188kN·m 的工况Ⅵ下的加载过程;图 4.14 展现了拱顶接头超载到 378kN·m 的工况Ⅸ下的加载过程。

- 循环加卸载过程:首先,逐级施加荷载到正常应力状态,之后超载再卸载,如此递增循环往复进行直到接头损坏。图 4.15 和图 4.16 分别显示了拱腰接头以及拱顶接头试件的加载过程。

第 4 章 突发堆载下盾构隧道纵缝接头变形及其恢复效率

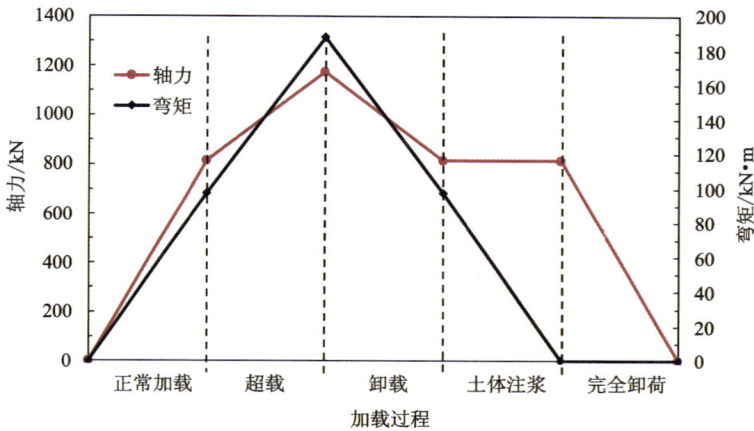

图 4.13 拱腰接头变形恢复试验过程——以工况Ⅵ为例

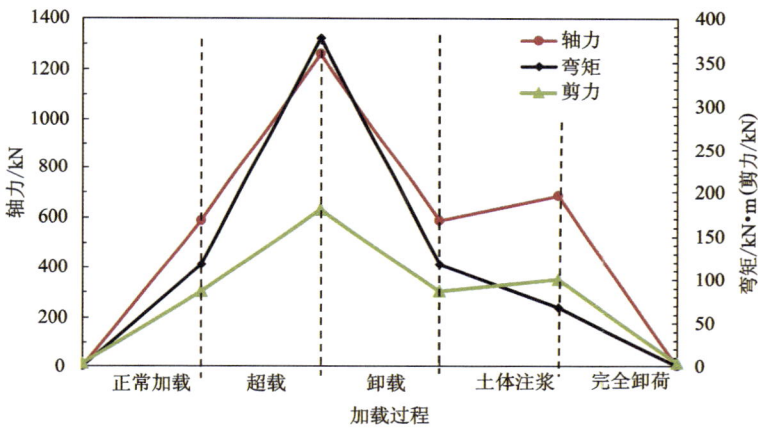

图 4.14 拱顶接头变形恢复试验过程——以工况Ⅸ为例

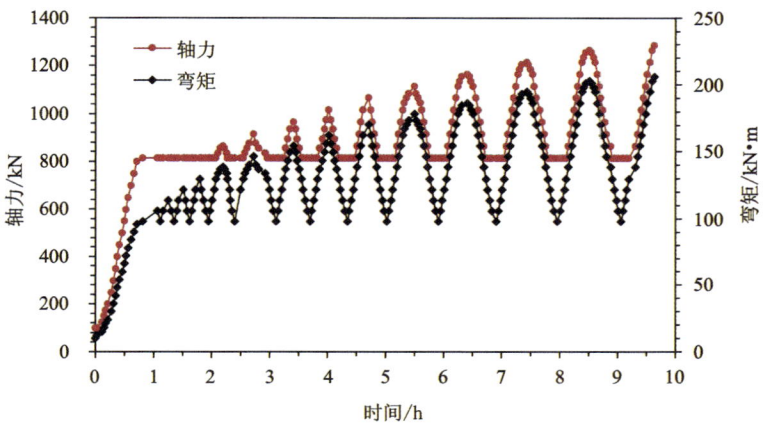

图 4.15 拱腰接头循环加卸载试验过程

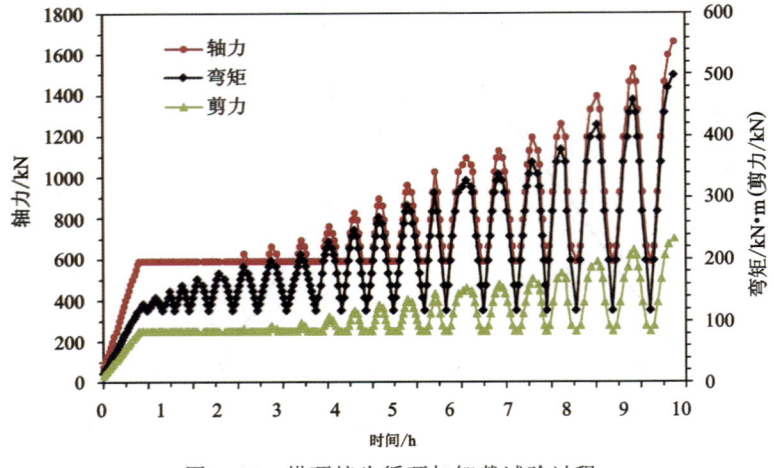

图 4.16 拱顶接头循环加卸载试验过程

4.3 测点布置与数据采集

试验过程中的数据采集项目包括接头张开量、螺栓拉应变、受压区边缘混凝土应变、接头挠度等。根据试验工况要求,参照《混凝土结构试验方法标准》(GB/T 50152—2012),测试内容包括位移和应力应变两大类,分别通过位移传感计和电阻应变片测得,二者规格参数见表4.4。

表 4.4 测量仪器规格参数

使用测量仪器	测量内容	规格及参数
线性位移传感计	接缝张开量 试件管片跨中挠度	量程:50mm/100mm 精度:0.025mm
电阻应变片	螺栓应变	敏感栅尺寸:10mm×3mm 标称电阻:120Ω 灵敏系数:±2.06%
	混凝土表面应变	敏感栅尺寸:50mm×3mm 标称电阻:120Ω 灵敏系数:±2.06%

(1)位移类:接缝两侧管片之间的相对张开或闭合(接缝张开量或压缩量)、管片垂直位移(挠度),由线性位移传感器(LVDT)测得,见图 4.5。

(2)应力应变类:螺栓应变、混凝土受压区表面应变,螺栓开槽布置电阻应变片测试螺栓应变,在混凝土管片侧面受压区表面粘贴电阻应变片用于量测混凝土应变分布情况及应变在高度范围内的变化规律,管片混凝土应变测点布设图附注在本章图 4.32 中混凝土应变分析部分。

图 4.17 展示了测量数据采集系统,采用 Data-Taker 数据采集仪实时采集以上各项量测

第 4 章　突发堆载下盾构隧道纵缝接头变形及其恢复效率

数据,输入至计算机并实时更新显示数据变化曲线。此外,试验过程中观察描述的内容包括裂缝宽度和扩展方向、混凝土开裂深度、混凝土破碎情况等。

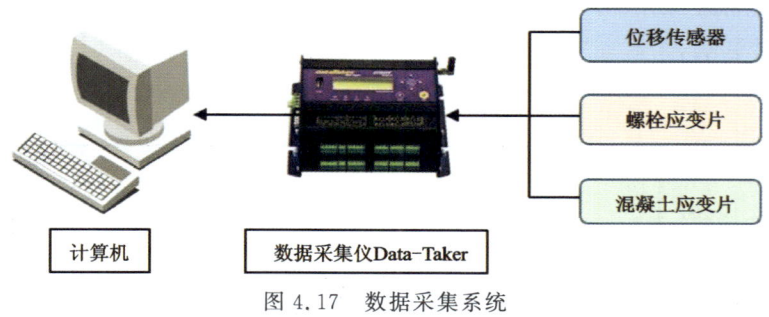

图 4.17　数据采集系统

4.4　试验结果与分析

4.4.1　加载速率对接头变形发展的影响

4.4.1.1　极限承载力状态

工况Ⅰ~Ⅲ研究不同加载速率对拱腰接头变形发展的影响。随着加载水平增大,外弧面接缝张开,弹性密封垫分离,受压区混凝土端面出现裂缝。当混凝土管片被压载破坏发出"砰"的声响,同时观察到接缝张开量跳跃增长时,加载试验终止,认为此时试件破坏,达到了极限承载力状态(图 4.18)。管片接缝处内弧面混凝土因集中受压出现楔块状碎裂。试验结果表明加载速率越大接头破坏情况越严重。

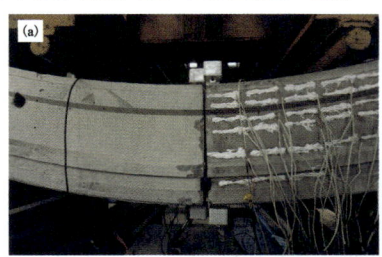
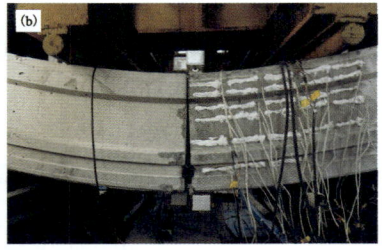
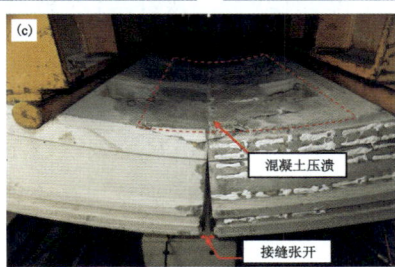

图 4.18　拱腰接头加载接缝张开状态

(a)接缝初始状态;(b)弹性密封垫分离;(c)极限承载力状态

图 4.19 显示了 3 个试验工况的极限抗弯承载力,8(kN·m)/min 工况下极限承载力为 206kN·m,12(kN·m)/min 工况下为 187kN·m,16(kN·m)/min 工况下为 179kN·m。随着加载速率的增大,极限抗弯承载力下降。结果表明,加载速率对隧道衬砌管片的极限抗弯承载力有显著影响,在研究地面超载等附加荷载对隧道结构的作用时,不应忽略加载速率的影响。

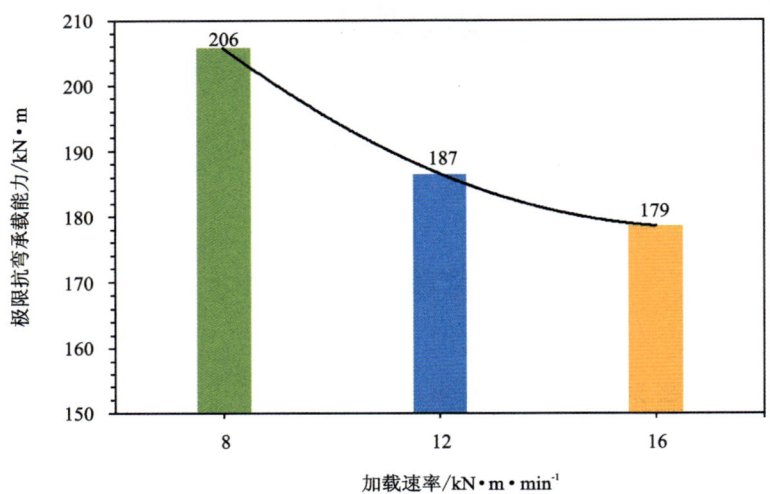

图 4.19 拱腰接头极限承载力随加载速率变化

4.4.1.2 接缝张开量

为了便于研究超载及其加载速率对接缝张开发展的影响,着重分析施加超载之后所增加的接缝张开量的变化,以 Δi 表示,即

$$\Delta i = i_{\text{overload}} - i_0 \tag{4.3}$$

式中:i_{overload} 为超载下接缝张开总量;i_0 为正常荷载状态下的接缝初始张开量。

图 4.20 显示了三工况不同加载速率下 Δi 的发展曲线。随着弯矩增加,接缝张开增量呈现非线性增长。荷载水平越大,接缝张开发展越快,表明抗弯刚度随着接缝张开量增大而减小。总体上,接头变形发展有 3 个阶段:在加载初始阶段,Δi 近似线性增长,且线性斜率随着加载速率增大而增大;当荷载接近极限抗弯承载力时,接头变形发展曲线斜率逐渐减小,这是因为接头抗弯刚度随着超载的增加而降低;当达到极限抗弯承载力时,Δi 继续显著发展。结果表明,在较小的加载速率下隧道管片接头抗弯刚度较低,而接头极限抗弯承载力和极限变形量都随着加载速率的降低而增大。三工况不同加载速率下接头变形和极限承载力的详细试验结果参见表 4.5。需要注意的是,试验模拟正常荷载状态下三工况初始接缝张开量 i_0 基本相同。因此,进一步对比分析三工况接头在不同加载速率下的超载变形是合理的。

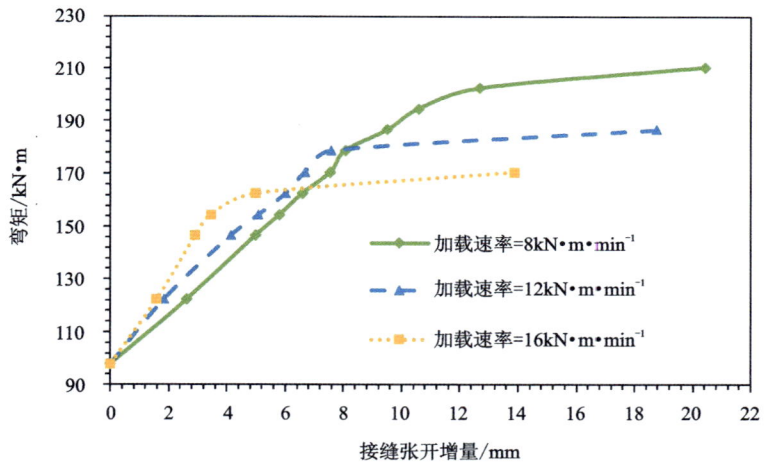

图 4.20　不同加载速率下接头变形发展曲线

表 4.5　不同加载速率下接头变形和极限承载力

工况	加载速率/ kN·m·min^{-1}	极限抗弯承载力/ kN·m	初始接缝张 开量 i_0/mm	接缝极限张开 增量 Δi_{ult}/mm	接缝极限张开 总量 i_{ult}/mm
工况Ⅰ	8	205.76	25.52	20.41	45.93
工况Ⅱ	12	186.56	25.23	18.76	43.99
工况Ⅲ	16	178.56	25.30	13.89	39.19

试件跨中挠度是加载试验中管片结构另一个变形指标。由观测结果可知,跨中挠度增量发展与接缝张开增量发展呈现出高度正相关的线性关系,如图 4.21 所示。由此可知,在隧道上方荷载作用下,二者关系主要由衬砌管片之间的接头构造控制,不受超载程度和加载速率的影响。同时在某种程度上也表明隧道横向收敛变形主要是由衬砌管片在外荷载作用下产生转动的结果。

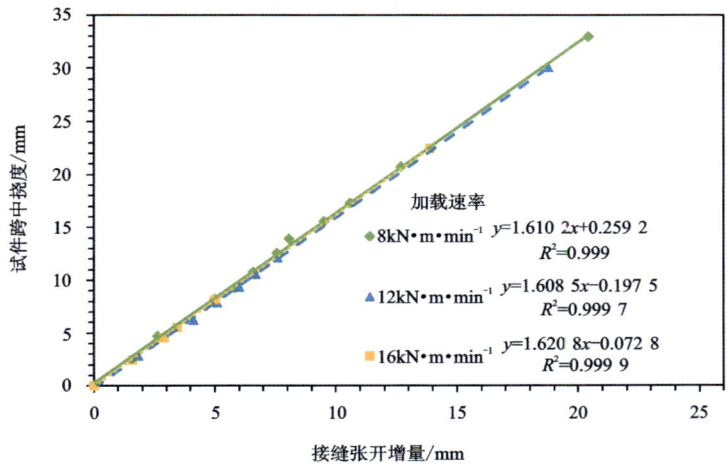

图 4.21　不同加载速率下接头变形与跨中挠度对应关系曲线

4.4.1.3 加载过程能量分析

结构能量分析的关键是研究荷载引起结构变形过程中的输入能量和能量耗散(Mccabe and Hall,1989)。能量吸收能力是结构鲁棒性评估的一个关键参数,可以通过荷载-挠度关系进行估算(Herraiz and Vogel,2015)。滞回耗散能是指非弹性变形能,是衡量结构塑性累积损伤的关键指标,可以通过荷载-变形滞回曲线包络面的面积进行计算,见图4.22。结构所吸收的能量 E 和滞后耗散能量 ΔE 分别由式(4.4)和式(4.5)计算,即

$$E = \int F(\delta) \mathrm{d}\delta \tag{4.4}$$

$$\Delta E = \int F(\delta) \mathrm{d}\delta - \int f(\delta) \mathrm{d}\delta \tag{4.5}$$

式中:$F(\delta)$ 和 $f(\delta)$ 分别为外载荷的加载路径和卸载路径;δ 为外载荷方向上的位移。

如前所述,试验加载系统通过竖向千斤顶向试件施加竖向载荷,同时试验过程中系统同步记录试件竖向位移,即试件跨中挠度。对于不同加载速率下试件受荷变形发展直至破坏过程,试件总吸收能量由式(4.5)计算得到。如图4.23所示,接头试件总吸收能量随着荷载持续增加而增大。在临近极限状态时,试件所受竖向荷载和跨中挠度均较大,试件能量吸收量急剧增加。由图4.23可知,接头试件在较低加载速率下吸收更多能量,表明接头的能量吸收能力随着加载速率的降低而增大,表明变形破坏的鲁棒性越大。

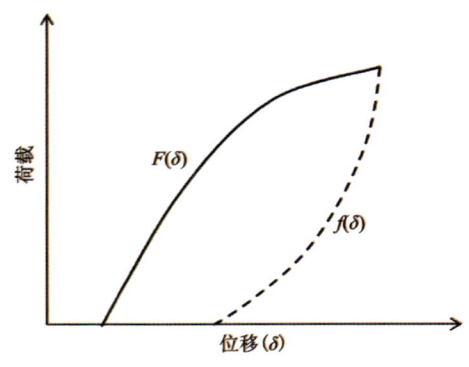

图 4.22 能量分析计算示意图

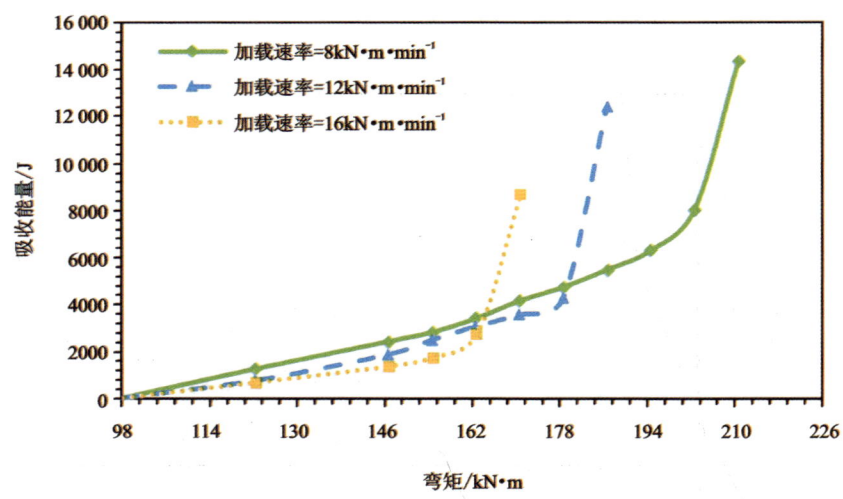

图 4.23 三工况试验加载过程接头试件吸收的能量

4.4.2 荷载水平对接头变形及其可恢复性的影响

4.4.2.1 拱顶接头

图 4.24 对比显示了受正弯矩作用的隧道拱顶接头在工况Ⅳ～Ⅵ中,先加载到不同超载水平后再试验模拟卸载和土体注浆的全过程接缝张开增量的变化。表 4.6 汇总了各阶段接缝张开增量变化结果。在超载过程中,接头张开量随着荷载的增加而增大。当三工况试件达到最大荷载时,即最大弯矩分别为 178kN·m、278kN·m 和 378kN·m 时,接头变形也达到峰值,接头张开增量分别为 1.48mm、3.66mm 和 6.33mm。在卸载过程中,试验结果表明卸载能在一定程度上恢复接头变形,但不能完全恢复。卸载后三工况接缝张开增量分别为 0.47mm、1.60mm 和 3.59mm。接头变形卸载恢复百分比,即卸载减少的接缝张开增量与卸载前接缝张开增量的比值,分别为 68%、56% 和 43%。这表明超载越小即变形程度越小,接头变形的可恢复性越好。弯矩-接缝张开增量曲线斜率的变化也从以下两方面表明,在较小超载水平下,接头变形更易恢复。在超载初期,当弯矩小于 170kN·m 时,荷载-变形曲线的斜率较陡,表明接头对变形发展具有较强的鲁棒性。在卸载过程后期,当弯矩减小到接近正常载荷状态时,荷载-变形曲线的斜率变小,表明变形恢复量增大。

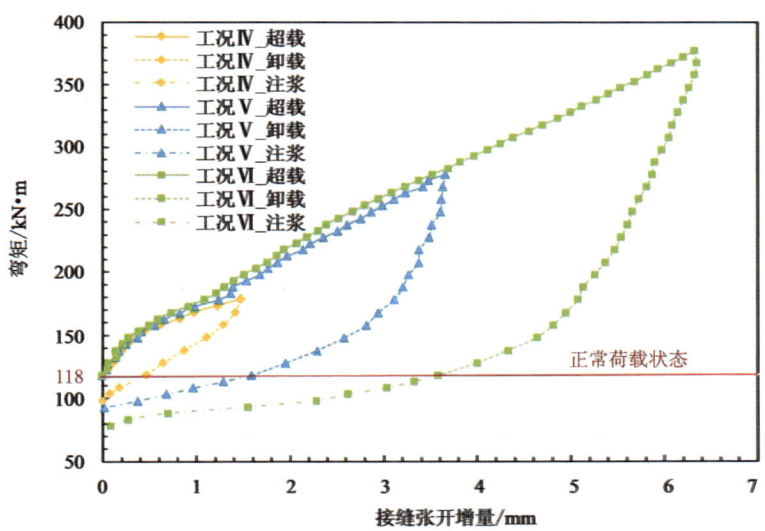

图 4.24 工况Ⅳ～Ⅵ中拱顶接头在超载、卸载和土体注浆过程中的荷载-变形关系曲线

表 4.6 三工况接缝张开增量变化

试验工况	超载后接缝张开增量 (Δi_1)/mm	卸载后接缝张开增量 (Δi_2)/mm	卸载恢复百分比 ($\Delta i_1 - \Delta i_2$)/Δi_1
工况Ⅳ	1.48	0.47	68%
工况Ⅴ	3.66	1.60	56%
工况Ⅵ	6.33	3.59	43%

土体注浆对拱顶接头变形恢复的试验模拟表明,荷载-变形曲线的斜率比卸载过程小得多。减小相同的弯矩,土体注浆可使接头变形得到更有效的恢复,这是因为土体注浆引起的拱顶弯矩减小和轴力增大会导致偏心距减小。为了在卸载后将接头变形完全恢复到正常载荷状态下的水平,工况Ⅳ～Ⅵ需要通过模拟土体注浆分别减小弯矩值为20kN·m、25kN·m和40kN·m,如图4.24所示。

除接缝张开增量,表征接头变形的其他指标包括接头转角、跨中挠度和螺栓应变在卸载前后的变化如图4.25～图4.27所示。随着超载水平的增加,各变形指标和卸载后的残余量增大,卸载恢复百分比降低,如表4.7所示。总体而言,根据试验结果,超载引起的隧道纵缝变形可通过卸荷和注浆得到一定程度的恢复,变形程度越小,恢复效果越好。

在接头变形过程中,由于转动高度难以确定,取张开角外边缘点和张开面内一对点的坐标和位移值,通过几何关系换算可得接头转角为(张雪健,2015)

$$\theta = 2\arcsin\frac{i_1 - i_2}{2h} \quad (4.6)$$

式中:i_1和i_2分别为张开角外边缘点和张开面内一对点的张开量;h为变形前两对点的竖向距离。

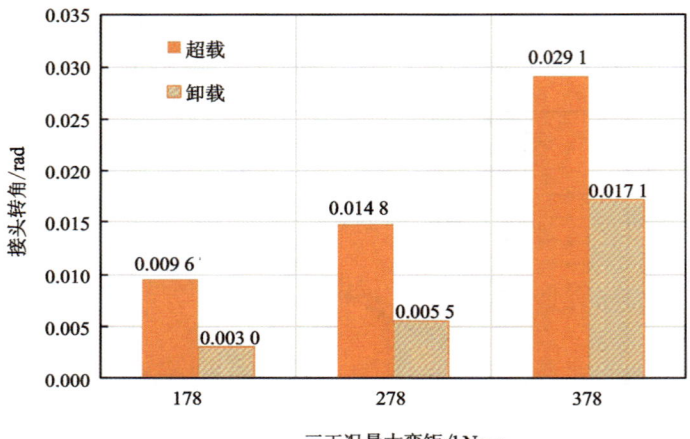

图4.25 三工况卸载前后接头转角的变化

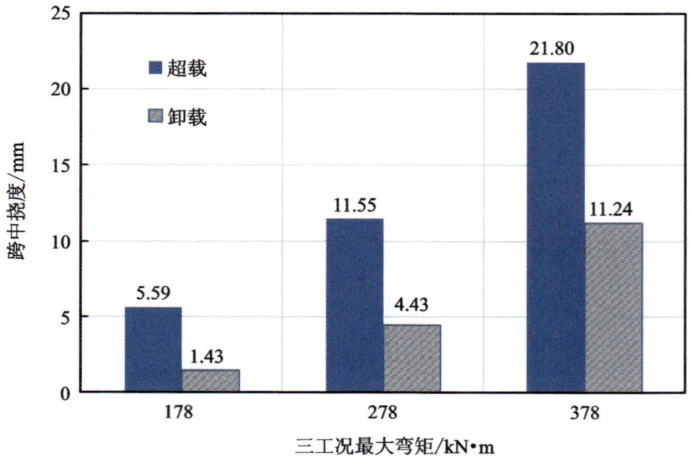

图4.26 三工况卸载前后试件跨中挠度的变化

第 4 章 突发堆载下盾构隧道纵缝接头变形及其恢复效率

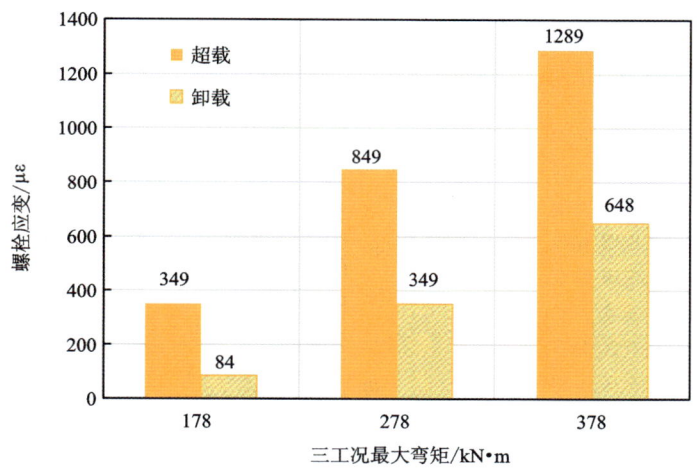

图 4.27 三工况卸载前后螺栓应变的变化

表 4.7 卸载后拱顶接头变形指标恢复百分比

试验工况	接缝张开增量	接头转角	试件跨中挠度	螺栓应变
工况Ⅳ	68%	69%	74%	76%
工况Ⅴ	56%	63%	62%	59%
工况Ⅵ	43%	41%	48%	50%

4.4.2.2 拱腰接头

图 4.28 对比显示了受负弯矩作用的隧道拱腰接头在工况Ⅶ～Ⅸ中，先加载到不同超载水平后再试验模拟卸载和土体注浆的全过程接缝张开增量的变化。表 4.8 汇总了各阶段接缝张开增量变化结果。如图 4.28 所示，在超载阶段，相同载荷水平下，三工况的接缝张开增量几乎相同。如前文在接头变形发展破坏过程分析中所得到的结论，荷载-变形曲线斜率的减小表明拱腰接头试件的抗弯刚度随着超载水平的增加而降低。在此 3 个试验工况中，接头最大弯矩分别为 155kN·m、171kN·m 和 188kN·m，相应接缝张开增量峰值分别为 2.17mm、3.85mm 和 5.11mm。在此基础上，研究了卸荷和注浆对变形恢复过程的影响。卸载后三工况接缝张开增量分别为 0.77mm、2.23mm 和 3.27mm。接头变形卸载恢复百分比分别为 65%、42% 和 36%。同拱顶接头，试验结果表明通过卸载能恢复一部分变形，但不会恢复到正常荷载状态。显然，变形程度越小，卸载恢复效果百分比越大。

在试验模拟土体注浆阶段，荷载-变形曲线的斜率明显小于卸载阶段。在隧道两侧注浆产生的侧向挤压力的作用下，接头偏心距减小。因此，通过减少相同的弯矩，土体注浆可以比卸载获得更有效的恢复。此外，为了将变形恢复到正常荷载状态的水平，即将接缝张开增量减小到零，试验结果显示工况Ⅶ～Ⅸ需要减少弯矩分别为 16kN·m、42kN·m、48kN·m。

总体而言,根据试验结果,超载引起的变形可以通过卸载和土体注浆来恢复。变形越小,恢复效果越好。

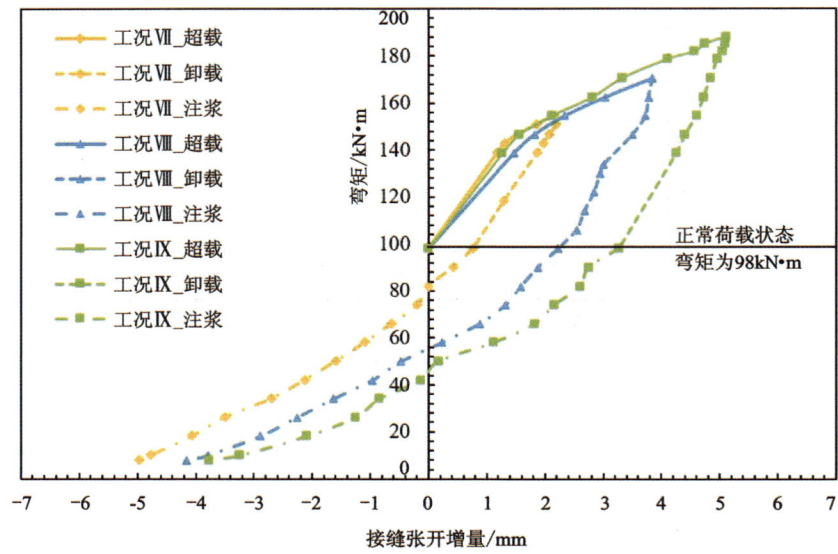

图 4.28　工况Ⅶ～Ⅸ中拱腰接头在超载、卸载和土体注浆过程中的荷载-变形关系曲线

表 4.8　三工况接缝张开增量变化

试验工况	超载后接缝张开增量 (Δi_1) / mm	卸载后接缝张开增量 (Δi_2) /mm	卸载恢复百分比 $(\Delta i_1 - \Delta i_2)/\Delta i_1$
工况Ⅶ	2.17	0.77	65%
工况Ⅷ	3.85	2.23	42%
工况Ⅸ	5.11	3.27	36%

4.4.3　循环加卸载过程中管片接头力学行为分析

4.4.3.1　拱顶接头

如图 4.29 所示,随着循环超载-卸载过程的进行,接缝张开增量随着弯矩涨落变化。在每个超载-卸载过程中,接缝张开增量峰值随着施加的超载水平的增加而增大,然而,当超载卸除时,接缝张开增量不能完全恢复,并且剩余接缝张开增量也随着超载水平的增加而增大。此外,作者还分析了接头转角、跨中挠度、螺栓应变和接缝处管片外缘混凝土受压应变。图 4.30 表明了上述 4 个变形指标也随着循环超载-卸载过程而波动,直到试件破坏。接头变形随着超载水平的增加而增大,当试件接近破坏时,变形发展加快。

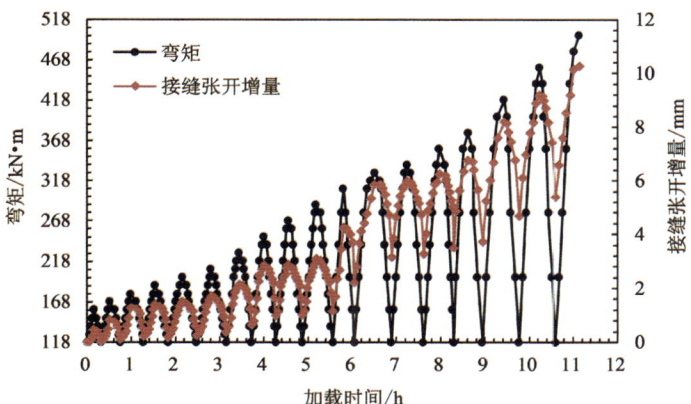

图 4.29 工况 X 中拱顶接头在循环超载-卸载过程中接缝张开增量发展变化

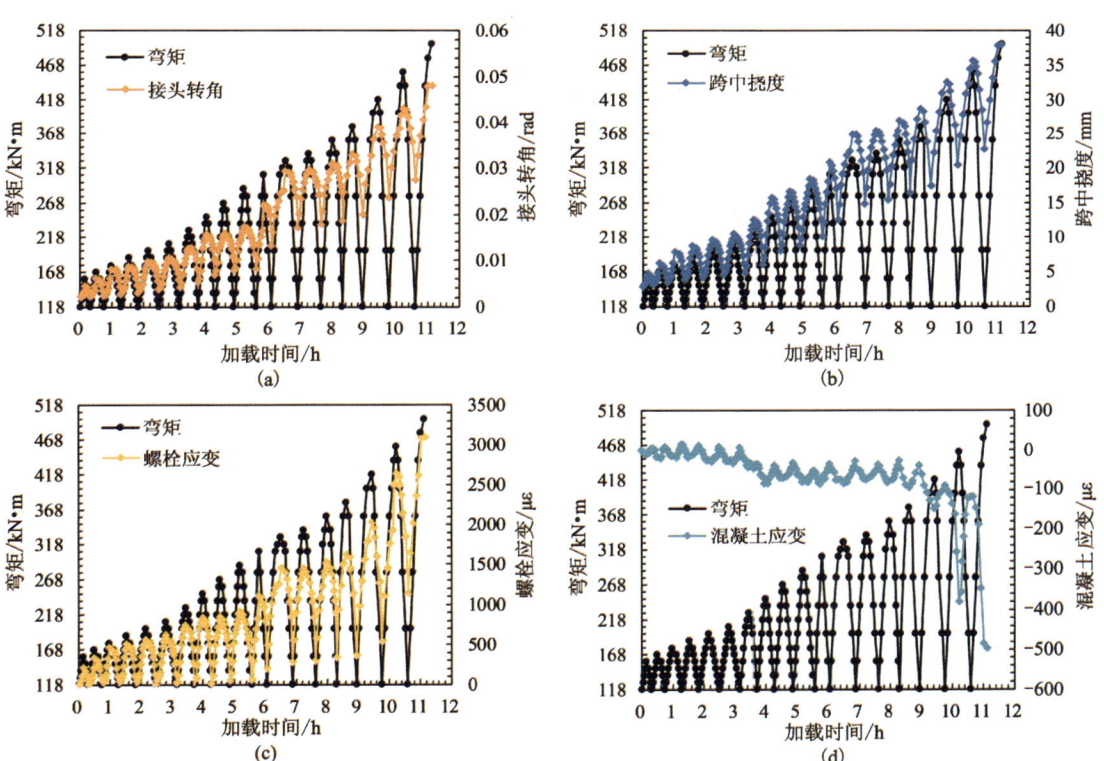

图 4.30 拱顶接头在循环超载-卸载试验过程中接头转角、跨中挠度、螺栓应变和混凝土应变的发展变化

（a）接头转角变化；（b）跨中挠度变化；
（c）螺栓应变变化；（d）混凝土应变变化

从图 4.29 和图 4.30 中提取每个超载-卸载过程的峰值弯矩和相应的变形指标,如图 4.31 所示,超载作用下接头张开量发展曲线和螺栓应变发展曲线呈高度一致性。这表明接头的构造形式尤其是钢螺栓,对接头的变形发展起着控制性作用。两条曲线随着荷载的增加而分阶段发展:①当拱顶接头承受118kN·m的正弯矩时,即当接头处于正常荷载状态时,钢螺栓开始受力;②当弯矩增大到288kN·m左右时,钢螺栓达到弹性极限,开始发生塑性变形,接头张开量增大较快;③当弯矩达到328kN·m左右时,接缝处管片外缘混凝土开始接触并分担力的作用,接头变形增大幅度减缓;④当弯矩达到378kN·m左右时,钢螺栓开始屈服,驱动接缝张开量迅速增大,直至达到弯矩为498kN·m的极限破坏状态。

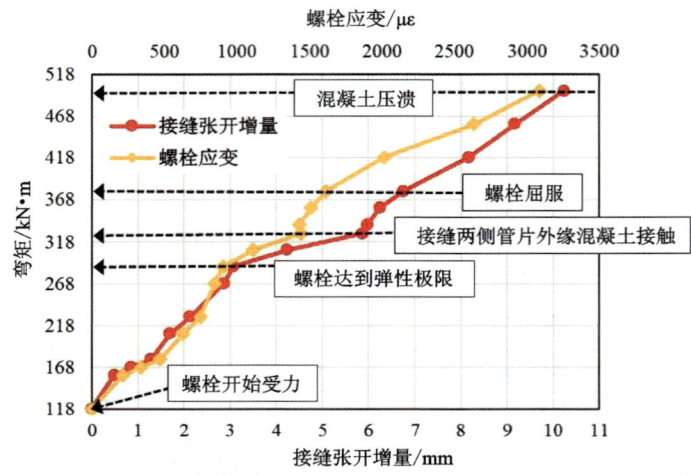

图4.31 拱顶接头循环超载-卸载过程中荷载-接缝张开增量关系曲线与荷载-螺栓应变关系曲线

表 4.9 总结了拱顶接头试件在极限破坏状态下的极限承载力和变形指标。接头破坏是由于管片受压侧混凝土压溃,接头变形过大而丧失了抗弯曲变形能力。图 4.32(a)是管片外弧面一侧由于局部集中压应力而压碎的现场试验照片。同时,如图 4.32(b)所示,在封顶块内弧面一侧的螺栓孔周围出现张拉裂缝。图 4.32(d)显示了最终破坏状态下接头侧面混凝土应变的等值线分布情况,负值和正值分别代表压缩应变和拉伸应变,混凝土应变测点布置如图 4.32(c)所示。在混凝土表面应变量测区域,极限状态下的最大压应变为 $-200\mu\varepsilon$,出现在拱顶接头试件外弧面跨中位置附近,表明该区域受到较高的局部压应力;最大拉应变为 $440\mu\varepsilon$,出现在内弧面跨中位置,说明该区域承受较高的局部拉应力。混凝土应变等值线的分布从受力角度阐明了产生上述接头破坏现象的原因。

表4.9 拱顶接头试件极限承载力和极限变形状态

极限承载力			极限变形状态			
弯矩/kN·m	轴力/kN	剪力/kN	接缝张开增量/mm	跨中挠度/mm	接头转角/rad	螺栓应变/$\mu\varepsilon$
498	1660	233	10.24	37.85	0.048	3084

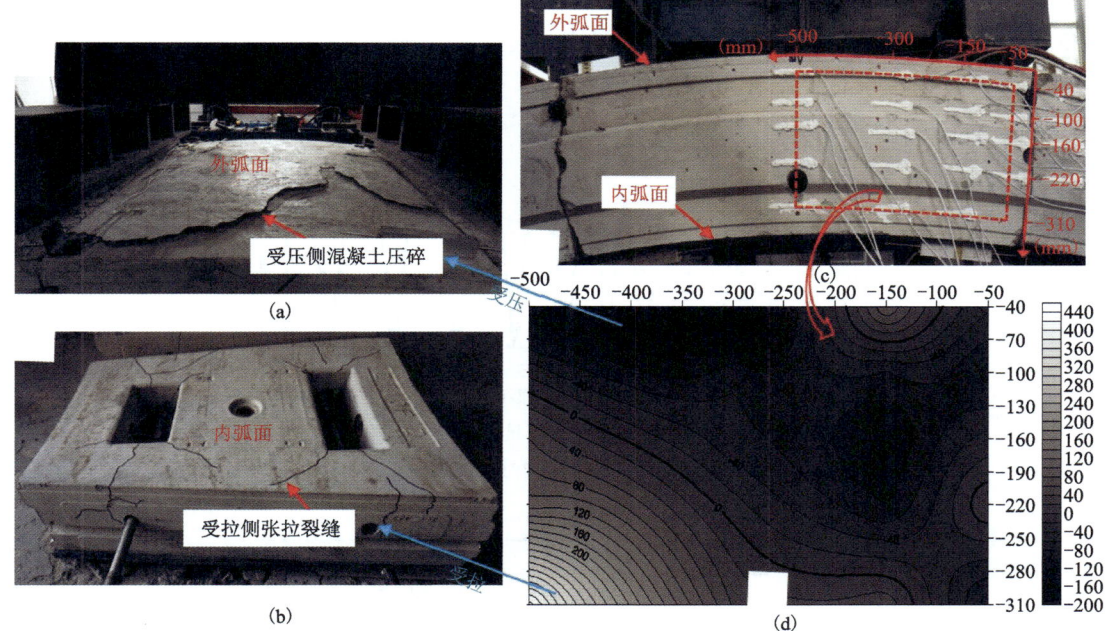

图 4.32 极限状态接头破坏情况及管片侧面混凝土应变分布
(a)外弧面混凝土受压破碎;(b)内弧面受拉出现张拉裂缝;(c)管片侧面混凝土应变测点布置;
(d)极限破坏状态下管片侧面混凝土应变等值线分布

4.4.3.2 拱腰接头

图 4.33 显示了工况 XI 中拱腰接头在循环加卸载过程中的变形发展变化,接缝张开增量随着递增循环加卸载路径上下波动且在总体上保持增大趋势。其他变形指标,包括接头转角、跨中挠度和螺栓应变呈现出与接缝张开增量相同的变化规律。类似拱顶接头试件的试验结果,每个超载-卸载循环中接头张开增量峰值和卸载后的剩余张开增量都随着超载水平的增加而增大。当试件达到 206kN·m 的极限抗弯承载力时,受压区的局部混凝土被压碎,接头张开出现跳跃激增。

从能量分析的角度来看,图 4.34 显示了拱腰接头在各加卸载循环过程的滞回曲线,加载路径用实线表示,卸载路径用虚线表示。滞回曲线,又称恢复力曲线,是在力循环往复作用下,得到结构的荷载-变形曲线,反映结构在反复受力过程中的变形特征、刚度退化及能量消耗。图 4.34 中各加卸载过程的滞回曲线的形状较为饱满,反映出拱腰纵缝接头的塑性变形能力较强,能较好地吸收外部荷载能量。通过式(4.5)计算得到每个加卸载循环的滞回耗散能量,如图 4.35(a)所示。总体上,滞回耗散能量随着荷载水平的增加而增大。图 4.35(b)显示了试验进程中累积滞回耗散能量的增长情况。在循环加卸载试验中,滞回耗散能量的积累影响结构的损伤容限,滞回耗散能量越大,结构的损伤破坏程度就会越严重。

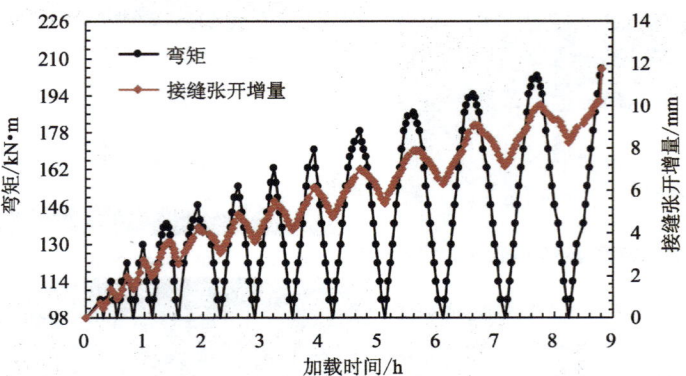

图 4.33 工况 Ⅺ 中拱腰接头在循环超载-
卸载过程中接缝张开增量的变化

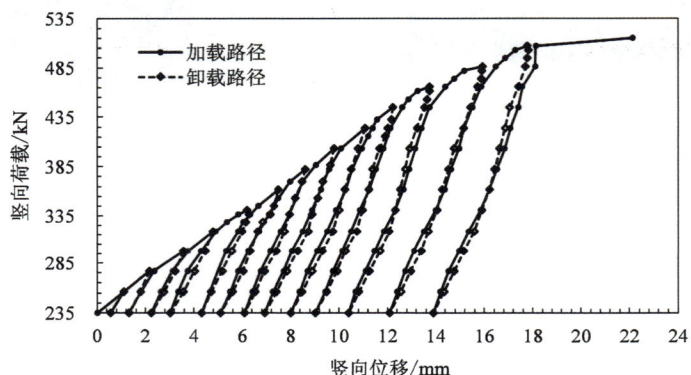

图 4.34 工况 Ⅺ 中拱腰接头在递增循环超载-
卸载过程中的滞回曲线

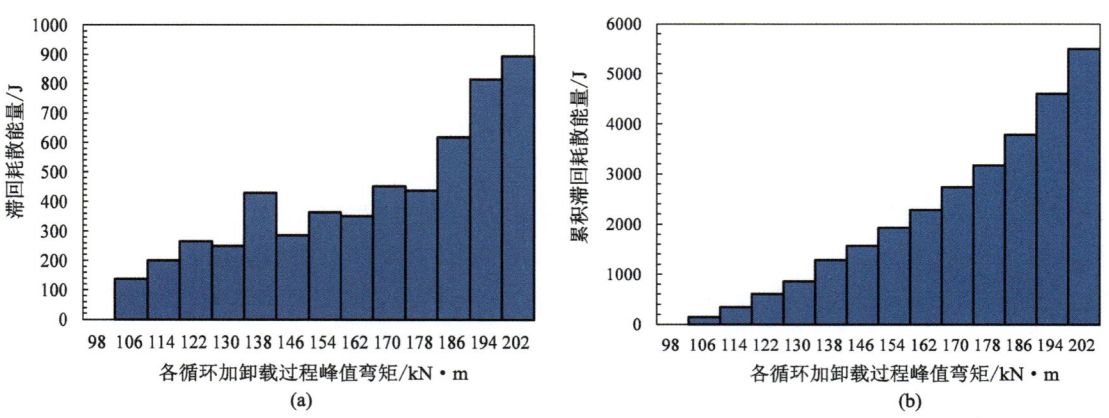

图 4.35 工况 Ⅺ 中拱腰接头在循环加卸载过程中的滞回耗散能量计算
(a)各循环加卸载过程滞回耗散能量;(b)累积滞回耗散能量

4.4.3.3 拱顶和拱腰接头试验结果对比分析

图 4.36 比较了拱顶接头和拱腰接头在各加卸载循环峰值弯矩加载下以及卸载后的接缝张开增量。如图 4.37 所示,对于两种类型的纵向接缝,试验所得卸载变形恢复百分比均随超载引起的变形水平的增加而降低。对于拱顶接头,当卸载前接缝张开增量小于 4.2mm 时,恢复百分比从 90% 近似线性下降至 50%;当卸载前接缝张开增量在 4.2~9.2mm 范围内时,恢复率从 50% 缓降至 41%;当接头破坏时,接缝张开增量达到 10.2mm,变形恢复能力完全丧失。对于拱腰接头,当卸载前接缝张开增量从 0.7mm 增加到 9.9mm 时,恢复率从 33% 下降到 16%;当接缝张开增量达到 11.7mm 时,接头破坏并失去其变形恢复能力。总体上,拱腰接头在超载下的变形比拱顶接头更为显著,且拱腰接头卸载后的变形恢复率低于拱顶接头。

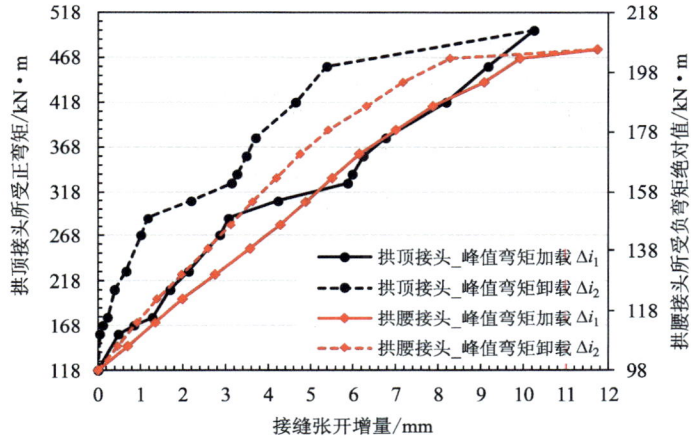

图 4.36 拱顶接头和拱腰接头在各加卸载循环峰值弯矩加载下以及卸载后的接缝张开增量

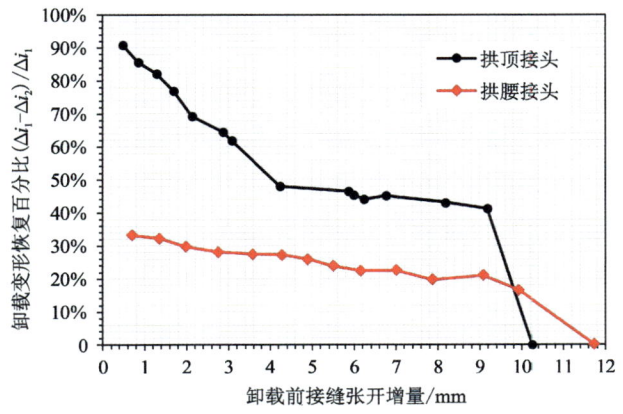

图 4.37 拱顶接头和拱腰接头的卸载恢复百分比随卸载前变形程度的变化

转动刚度用来描述隧道接头在弯矩作用下抵抗转动变形的能力,它是装配式衬砌结构设计中的一个重要参数,也是表征隧道纵向接缝性能的关键指标。转动刚度定义为接头产生单

位转角所需的弯矩。为了获得超载下拱顶接头试件的弯矩和接头转角之间的关系,从图4.30(a)中提取每个加载-卸载循环的峰值弯矩和相应的接头转角,如图4.38中的圆点所示。同样地,菱形点表示拱腰接头试件的循环加卸载过程峰值弯矩和接头转角试验结果。进一步对试验数据进行拟合,得到拱顶接头正弯矩(M^+)和拱腰接头负弯矩的绝对值($|M^-|$)与接头转角(θ)之间的关系曲线,分别由式(4.7)和式(4.8)表示。

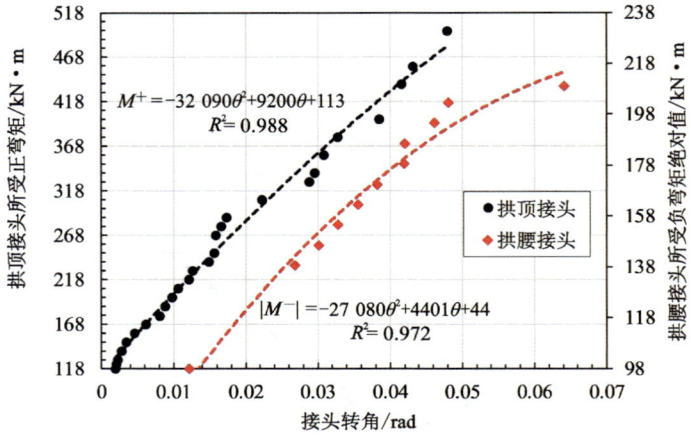

图4.38 拱顶接头和拱腰接头弯矩-转角关系曲线

$$M^+ = -32\,090\theta^2 + 9200\theta + 113 \tag{4.7}$$

$$|M^-| = -27\,080\theta^2 + 4401\theta + 44 \tag{4.8}$$

$$K_\theta^+ = \frac{\mathrm{d}M^+}{\mathrm{d}\theta} = -64\,180\theta + 9200 \tag{4.9}$$

$$K_\theta^- = \frac{\mathrm{d}|M^-|}{\mathrm{d}\theta} = -54\,160\theta + 4401 \tag{4.10}$$

根据转动刚度的定义,由式(4.9)和式(4.10)分别计算得到拱顶和拱腰接头的转动刚度,是接头转角的线性递减函数。表4.10显示了两种类型接头从正常荷载状态到最终破坏状态的接头转角和转动刚度,拱顶接头转动刚度从9082(kN·m)/rad降低到6124(kN·m)/rad,拱腰接头的转动刚度从3742(kN·m)/rad降低到926(kN·m)/rad。试验结果表明,两种接头的转动刚度都随着弯矩的增加而降低,拱顶接头转动刚度高于拱腰接头,在此试验中,在接近极限状态之前,拱腰接头的转动刚度约为拱顶接头的1/3到1/2;拱顶接头的极限抗弯承载力大于拱腰接头,拱腰接头的极限抗弯承载力约为拱顶接头的1/3到1/2。试验分析结果与陈三江(1986)对上海地铁隧道进行的足尺试验研究结果较为一致。楔形封顶块及对应的拱顶接头斜接缝的设计形式在受力角度上增大了顶部接头的抗弯承载力。在隧道上覆荷载作用下,拱腰接头较之拱顶接头要承受较大负弯矩,又因螺栓靠近管片内弧面一侧更不利于受力,因而接头转动较大且易失效,建议在隧道结构设计与改进中应加强拱腰接头部位的材料和结构设计。

表 4.10 拱顶接头和拱腰接头从正常荷载状态到极限破坏状态接头转角和转动刚度的变化

接头类型	接头转角(θ)/rad		转动刚度 (K_θ)/kN·m·rad^{-1}	
	正常荷载状态	极限破坏状态	正常荷载状态	极限破坏状态
拱顶接头	0.001 84	0.047 93	9082	6124
拱腰接头	0.012 16	0.064 16	3742	926

4.5 本章小结

本章节介绍了上海地铁隧道管片衬砌纵向接缝的一系列室内足尺试验结果,特别强调了卸载和土体注浆对超载引起接头变形的可恢复性。足尺试验采用真实斜接缝构造的拱顶接头,考虑接缝处有剪力作用,更准确地反映了接头在外荷载作用下的应力模式。通过单圆盾构隧道的接头分析模型,确定超载、卸载和土体注浆条件下的接头应力状态。试验采集并分析了多个变形指标,包括纵缝接头张开增量、试件跨中挠度、混凝土应变和螺栓应变等。根据模型计算和接头变形发展破坏过程、恢复过程和循环加卸载过程的试验分析结果,可以得出以下结论:

(1)在地面超载作用下,衬砌环发生较大的横向变形,拱顶接头向隧道管片内侧张开,拱腰接头向隧道管片外侧张开,导致渗漏水等隧道病害发生的概率增大。土体注浆恢复隧道衬砌变形的力学效应是对隧道衬砌结构施加侧向压力,导致拱顶接头弯矩减小、轴力增大,而拱腰接头弯矩和轴力均减小。

(2)随着超载水平增加,隧道衬砌接头的抗弯刚度变小,变形发展加快。加载速率对接头变形发展有显著影响。随着加载速率增大,极限抗弯承载力明显降低。在评估外部荷载对隧道结构安全性的影响时,有必要考虑加载速率。

(3)超载引起的变形可以通过卸载和隧道两侧土体注浆得到一定程度的恢复。变形程度越小,恢复效率越高。当减少相同的弯矩时,土体注浆比之卸载能实现更有效的恢复。

(4)在接头的递增循环加卸载试验中,接缝张开增量峰值随着超载峰值的增大而增大,并呈现复杂的非线性行为,接头变形发展主要是由钢螺栓连接的接头的构造决定的。在每个超载-卸载循环中,即使施加的超载完全卸除,接头变形也不能完全恢复到正常荷载水平,随着超载水平增加,卸载后接头剩余变形增大,变形恢复率降低。当接头失效时,其变形恢复能力完全丧失。

(5)对比拱顶和拱腰接头的循环超载-卸载试验结果,在超载作用下拱腰接头的变形更为显著,拱腰接头卸载恢复率更低。两类纵向接头的转动刚度都随着弯矩的增大而减小。由于隧道衬砌环中的所有纵缝接头钢螺栓都靠近管片内侧,拱腰接头抗弯能力较拱顶接头差,转动刚度较小,变形较大,变形恢复效率较低。试验结果表明,拱腰接头的转动刚度和极限抗弯承载力均约为拱顶接头的1/3到1/2。

第 5 章　上海地铁 2 号线突发堆载下隧道变形特征及其恢复效果

5.1　概　　述

围绕盾构隧道结构变形性能的可恢复性,为了刻画突发堆载发生前、中、后期变形性能发展、折损、恢复过程,第 2 章基于实测变形收敛数据获得了正常荷载环境下隧道结构变形性能的概率密度演化曲线,第 3 章采用离散元数值模拟方法分析了超载作用下隧道结构横向变形发展规律以及土体力学性质的影响机理,第 4 章通过管片接头足尺试验研究了超载、卸载、土体注浆过程隧道结构受力变形特征及变形恢复效果。在以上研究内容的基础上,本章节旨在结合工程实例对隧道结构的变形可恢复性进行分析验证。

2010 年 5 月,上海地铁 2 号线东延伸段上行线创新中路—华夏东路区间隧道上方地表发现大面积堆土,最大堆土高度达到 7m。堆载区隧道结构出现密集的渗漏水和严重的大变形,部分衬砌环甚至出现了顶部混凝土块状掉落以及螺栓断裂等结构损伤病害,严重威胁结构及运营安全。对该范围隧道通过粘贴芳纶布和钢圈支护进行了补强修复加固防止该区域隧道变形进一步加剧,并采用微扰动注浆技术对收敛变形较大区段进行了治理,变形得到了一定程度的恢复和控制。本书全面介绍并总结了该地铁隧道工程在突发堆载作用下隧道结构变形发展情况和治理措施及其恢复效果,为类似产生较大收敛变形的盾构隧道的工程治理提供可借鉴的解决方案。基于第 3 章中所建立的离散元数值模型,采用"注浆单元体积膨胀法"重点研究了隧道双侧微扰动注浆作用下隧道收敛变形的恢复效果,并根据工程案例中实施注浆后隧道横向收敛恢复的实际情况对数值模拟结果进行了对比验证。

5.2　工程背景

5.2.1　隧道结构和工程地质概况

发生堆载的区间隧道与第 2 章 2.4.2 节中所述的获取横向收敛监测数据的区间隧道同属上海地铁 2 号线东延伸段,二者隧道结构和工程地质概况相同,在此不再赘述。堆载区间平面位置如图 5.1 所示,地层剖面见图 5.2。本段上行线区间隧道中心标高为 $-15\sim-16$m,地面标高约为 4m,得到堆载区域隧道覆土厚度约为 16.5m。根据盾构区间工程地质资料,盾构掘进主要穿越淤泥质黏土和淤泥质粉质黏土地层(第③、第④、第⑤层)。如图5.2所示，堆载段隧道基本下卧第⑤$_{1-1}$层，顶部为第④层土。

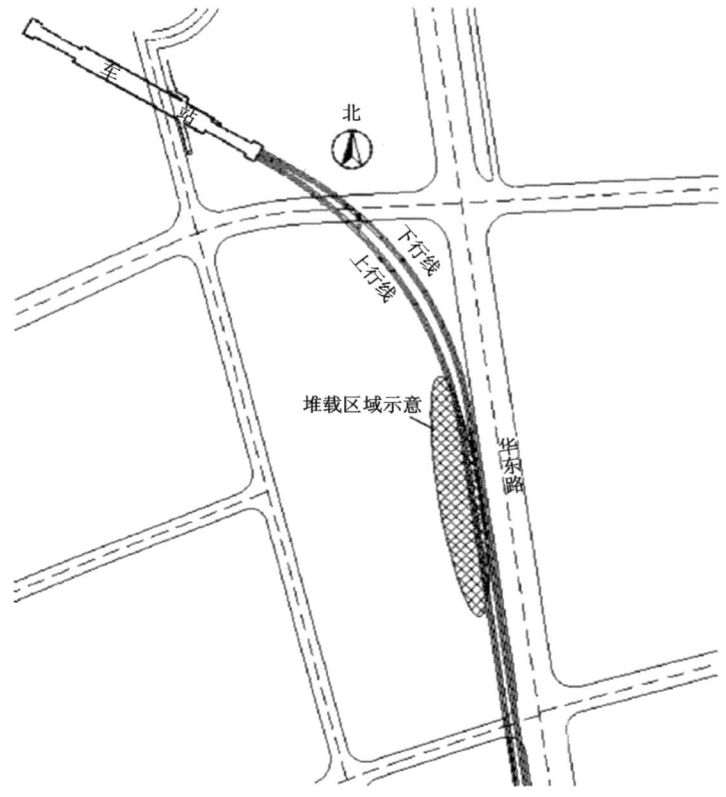

图 5.1 堆载平面示意图

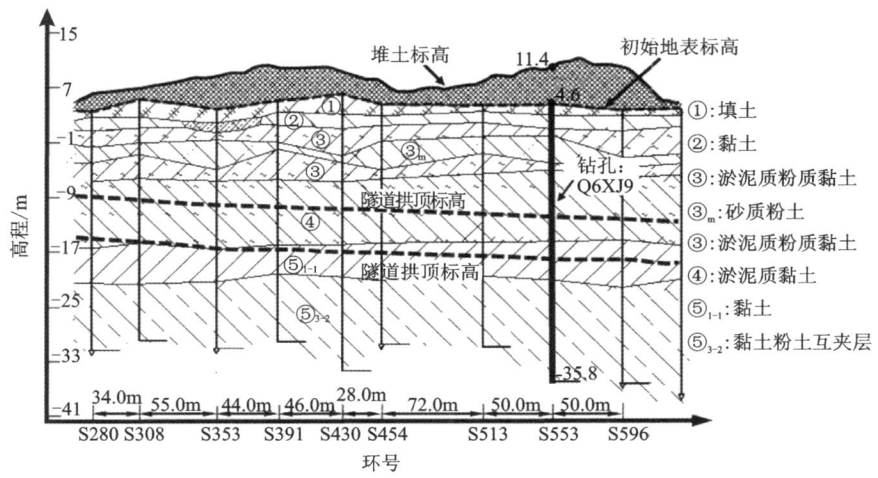

图 5.2 堆载区段地层剖面图(邵华等，2016)

5.2.2 地面超载及隧道受损情况

根据相关资料,2008年12月,在上行隧道贯通后,创新中路—华夏东路段300m左右范围内S280环至S620环间隧道段正上方堆土平均高度约4m,S570环上方堆高最大达7m,堆高与超载前顶覆土厚度比值达0.43,超载幅度较大。在过量超载作用下,上行隧道结构出现了各类型病害现象,如图5.3所示。S540~S600衬砌环结构受损最为严重,平均横向收敛达179.8mm,最大为221.4mm,隧道拱顶接缝明显张开,其中S571环大块混凝土开裂脱落,S581环甚至出现螺栓断裂现象。伴随着横向大变形,堆土区域隧道结构出现了成片渗漏水,特别是拱腰接头位置渗漏水现象严重,部分区段甚至渗漏泥砂,结构及运营安全存在严重隐患。

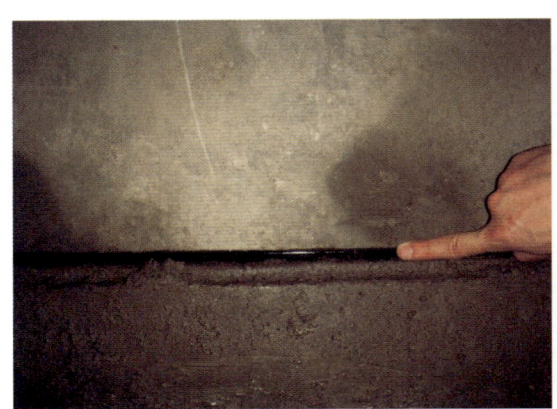

图5.3 受损隧道照片(邵华等,2016)

5.2.3 整治修复措施

5.2.3.1 治理概况

应对突发堆载引起的隧道大变形,相关部门立即采取了一系列整治修复措施,分为4个阶段。第1阶段:地表堆土卸载。第2阶段:对受损区混凝土进行修补,同时先后采用聚氨酯和环氧树脂对渗漏水严重位置管片进行堵漏、止水。第3阶段:实施隧道内结构加固,对区段纵缝张开量较大的管片粘贴芳纶布加固,对受损严重的S560~S600环进行隧道内整环的钢板加固(邵华等,2016)。第4阶段:针对收敛值较大的S353~S442环区域进行土体微扰动双液注浆加固,以保证地铁的安全运营。各阶段整治措施实施时间表如图5.4所示。

5.2.3.2 堵漏

1)聚氨酯堵漏

接缝渗漏水是现场隧道渗漏的主要表现形式,现场先通过壁后水溶性聚氨酯注浆方式进行堵漏。如图5.5所示,水溶性聚氨酯遇水膨胀发泡,从而在管片外壁形成隔水膜,阻止水通过接缝进入管片,或大幅增加渗漏路径,从而减缓渗漏水病害。

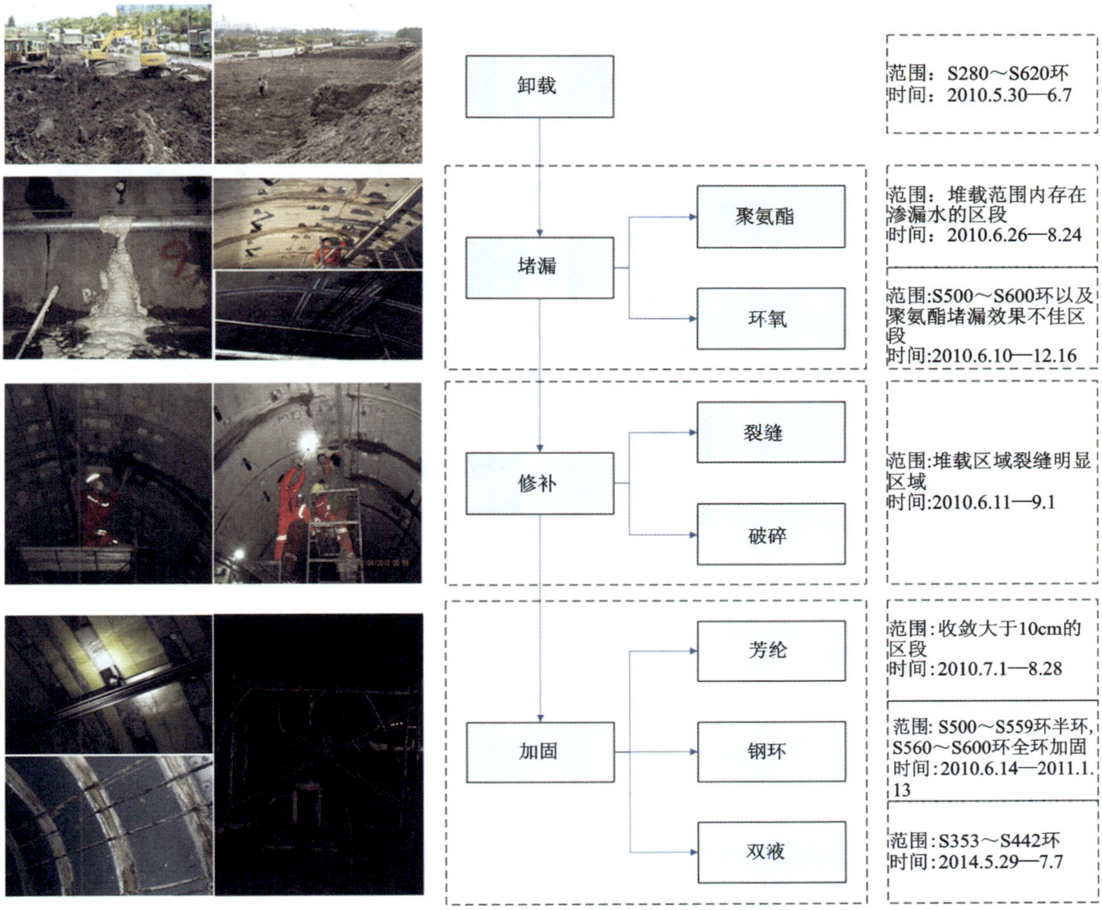

图 5.4　各阶段整治措施实施时间表(邵华等,2016)

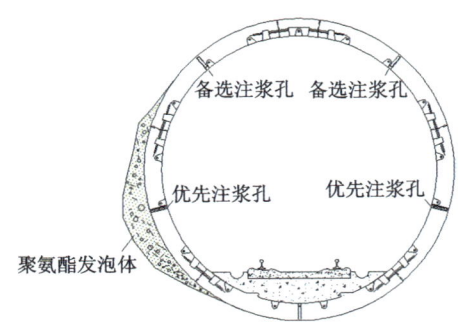

图 5.5　聚氨酯堵漏效果示意图

2) 环氧树脂堵漏

针对渗漏水严重位置管片进行封堵处理,采用 Denepox 40 和 Tam 440 弹性环氧两种环氧树脂相结合方式来压注。对封顶块两侧纵缝进行灌注 Denepox 40 刚性环氧,增加管片接触面,改善不良受力。在管片其他纵缝和环缝填充好 Tam 440 弹性环氧止渗堵漏,如图 5.6

所示,以双环缝或多环缝为单位进行隔断密封灌浆。

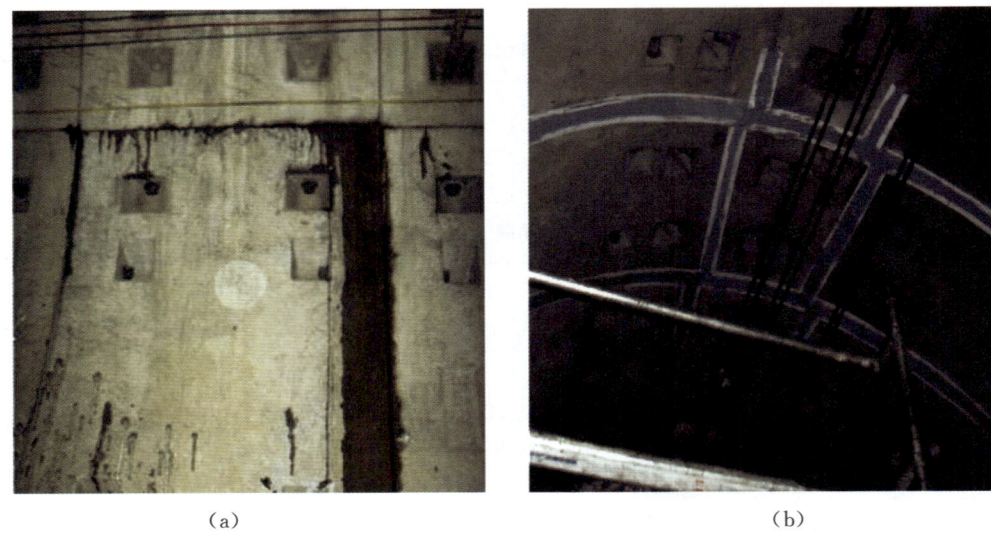

(a)   (b)

图 5.6   管片纵缝和环缝填充 Tam 440 弹性环氧堵漏整治前后照片
(a)处理前环缝及纵缝渗漏照片;(b)止渗堵漏后现场照片

5.2.3.3 加固

1)粘贴芳纶布

对纵缝张开量较大的管片粘贴芳纶纤维布,其主要起到临时补强隧道结构作用。实施范围为拱顶约 62°范围,加固环向弧长约为 2.8m,纵缝贯通。粘贴位置有 3 处,中间部分为手孔之间空当,宽度为 54cm,管片两侧靠近环缝位置各粘贴一条,宽度为 15cm。粘贴芳纶布施工步骤见图 5.7。

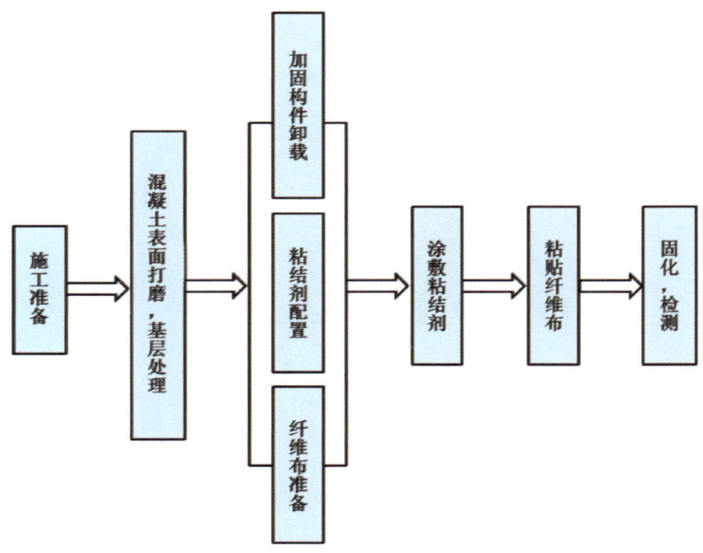

图 5.7   粘贴芳纶布施工工艺流程

2) 钢圈支撑加固

对上行线 S560~S600 环变形比较严重、纵缝张开大于 20mm 的 41 环管片环实施钢圈支撑加固，施工步骤如图 5.8 所示。首先是施工范围内的管片清理工作，保证管片弧度平整、无渗漏水，再安装牛腿支架，接着先后安装环形钢板和道床上钢板支撑，再将支撑之间进行整体焊接，保证内部支撑形成一个良好的受力整体，起到对隧道加固支撑的作用。钢圈支撑成环后，用槽钢将间临两环钢圈进行环环连接，采用 SPUR（喷涂型聚脲弹性体）涂层做防腐蚀处理。环形钢圈安装完成后在环形钢板与管片之间用 Denepox 40 环氧树脂压注填充。

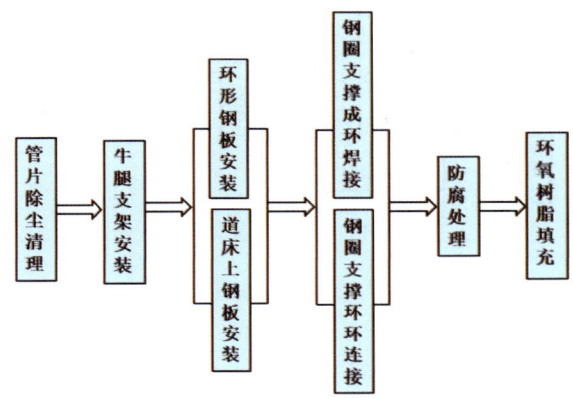

图 5.8　隧道内部钢圈支撑施工步骤

5.2.3.4　管片修复

对先期环氧堵漏处理之外剩余的渗漏管片采用壁后压注聚氨酯方法堵漏。考虑混凝土管片的渗漏主要是由于地面堆土导致隧道"横鸭蛋"变形而产生的隧道腰部大面积渗水漏泥情况，主要施工技术采用壁后注浆的方式加固和改良壁后土体，起到隔水、堵漏的效果。混凝土管片的裂缝可以产生渗漏，对管片结构的耐久性造成不利影响，需采用低压灌注 DP40 环氧树脂处理。同时，对出现混凝土爆裂破损的管片进行修补，如图 5.9 所示。

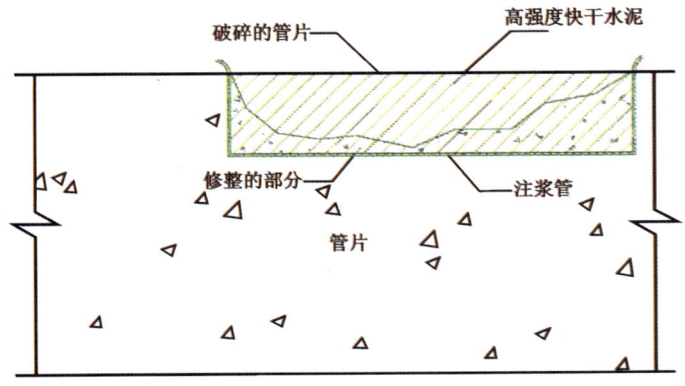

图 5.9　管片修补示意图

5.2.3.5 微扰动注浆加固

隧道外土体注浆加固能提高侧边土体约束力。单孔注浆工艺如图 5.10 所示。在隧道外土层打设注浆管至设计要求的深度,用拌浆系统按水灰比 0.7 拌制水泥浆,采用双泵双液注浆方法进行"微扰动"注浆加固。利用专用拔管设备边注浆边拔管,由下而上缓慢连续均匀地进行,拔管速度要与注浆流量、注浆单节高度、注浆量相匹配,约为每 30s 拔 5cm。

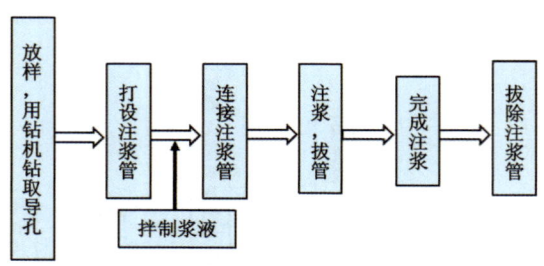

图 5.10 单孔工艺流程图

对收敛值大于 13cm 的区域进行注浆加固,注浆孔位剖面图见图 5.11。注浆范围为隧道底部以上 5m 范围内。平面上注浆孔在 S353～S442 环区域平行于隧道轴线布置。先进行上行中心线外侧 6.7m 排注浆孔及上下行隧道中间排进行施工;再进行上行中心线外侧 6.1m 和 6.8m 两排注浆。注浆孔孔距为 1.2m。

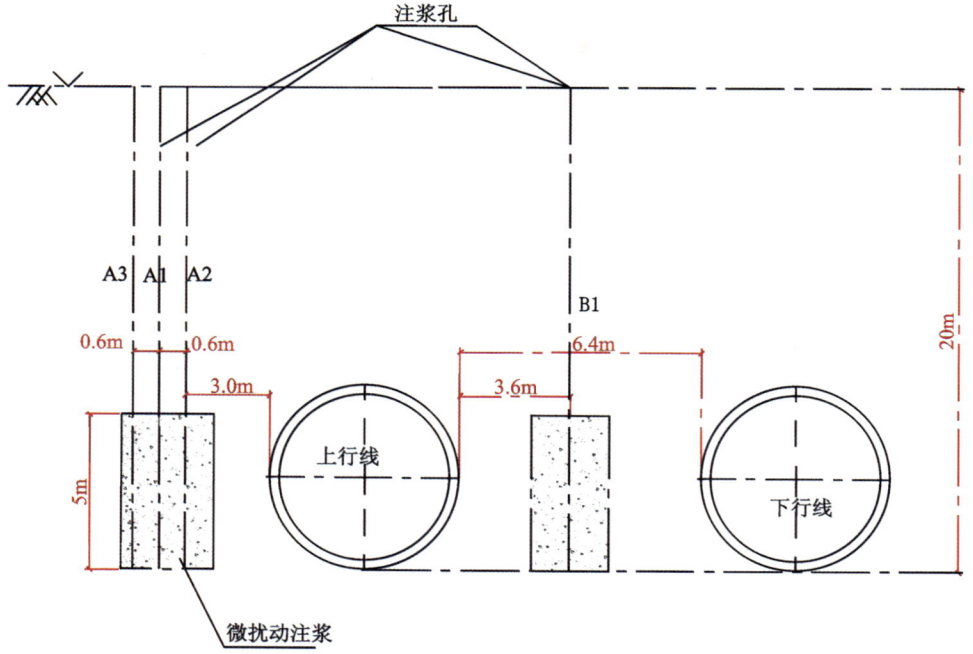

图 5.11 隧道注浆孔位剖面图

5.3 隧道结构变形分析

5.3.1 堆载后变形分析

除去堆载区域隧道段,2 号线东延伸段单圆通缝隧道 2010 年 2 月所测得的水平收敛均值为 3.2cm。而超载范围内上行隧道各环横断面均呈现不同程度的"横鸭蛋"变形,S280 环至 S620 环平均水平收敛值达到 14.5cm,远高于线路均值,并形成以 S407 环和 S576 环为中心的收敛变形明显区域。其中 S576 环水平收敛量达 21.4cm,与隧道设计外径比值达 34.6‰。如图 5.12 所示的水平收敛监测结果表明,水平收敛与堆载幅度基本保持一致,二者呈良好的线性拟合关系(图 5.13),说明堆载越高的区域,收敛变形越大。

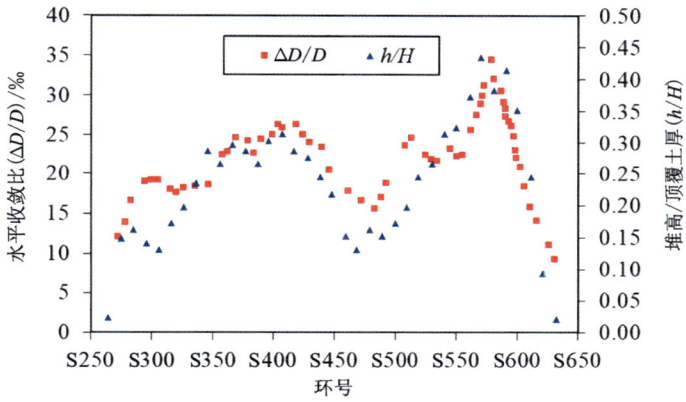

图 5.12 堆载区间各环水平收敛比与堆高/顶覆土厚比值分布情况

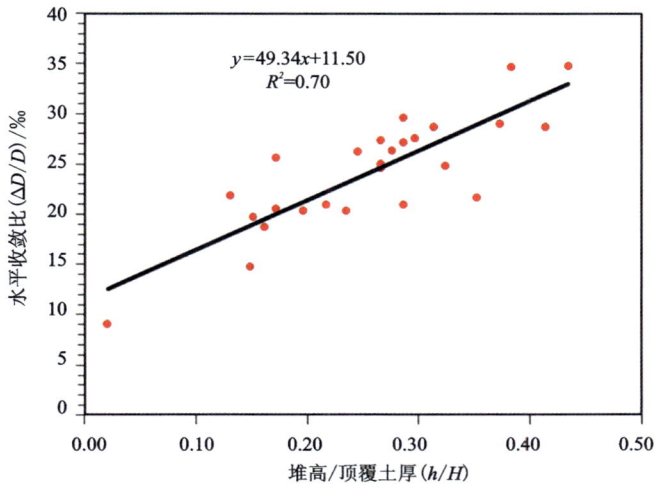

图 5.13 水平收敛比与堆高/顶覆土厚比值关系

接头张开是反映隧道结构变形状态的另一个重要指标,同时与隧道渗漏水病害密切相关。根据监测结果,由于靠近下行隧道侧,隧道顶部超载相比侧向约束更为明显,单环内靠近下行隧道的邻接块(L_1)转动幅度最大,而靠近堆载侧的标准块(B_2)转动幅度最小。因此在超载作用下,靠近下行隧道的邻接块(L_1)与标准块(B_1)之间接缝夹角变化最为明显,而超载侧标准块(B_2)与落地块(D)之间接缝夹角变化相对不明显。图 5.14 显示了堆载区内 S407 环和 S574 环在超载作用下各接头张开角度的变化。

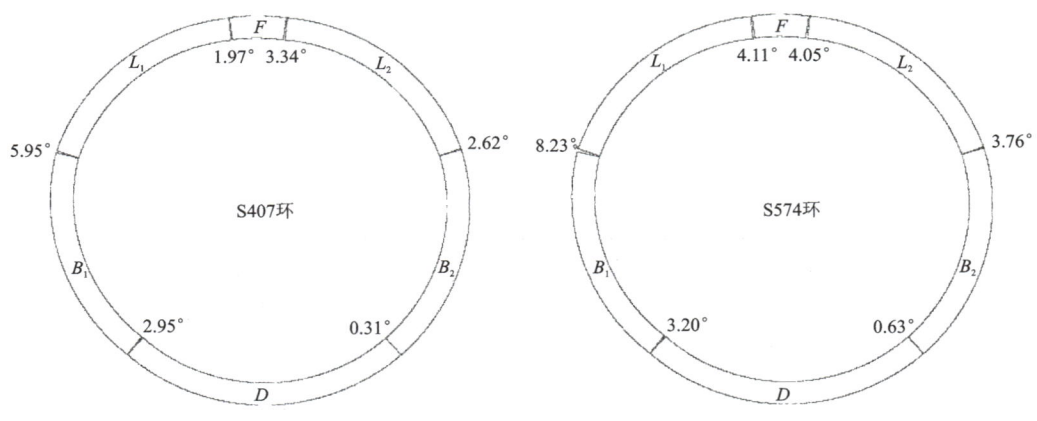

图 5.14　S407 环和 S574 环接头张开量

实测顶部接头张开量与水平收敛成双折线关系,如图 5.15 所示。第一段,当 $\Delta D \leqslant 14 \text{cm}$ 时,二者呈正相关;第二段,当 $\Delta D > 14 \text{cm}$ 时,保持水平,实测顶部接头张开量随着水平收敛的进一步增大而不再变大,基本维持在 16.5cm 左右。当水平收敛发展到一定程度顶部接头张开不再扩大的原因与隧道管片接头拼装形式有关。由于预制混凝土管片本身的刚度远大于接头部位的抗弯刚度,因而管片水平收敛主要是管片绕环向接头转动产生的。由于各接头部位连接螺栓均靠近衬砌环内弧面一侧,当衬砌环产生"横鸭蛋"变形时,顶部接头在内弧面一侧向隧道内张开,而腰部接头在外弧面一侧向隧道外张开。当隧道变形较小时,顶部接头张开量会随着水平收敛线性增大;当变形程度较大时,螺栓在顶部接头部位对接头张开的约束效应明显大于腰部,此时水平收敛的增大主要由腰部接头张开来贡献,顶部接头张开不再显著增加。

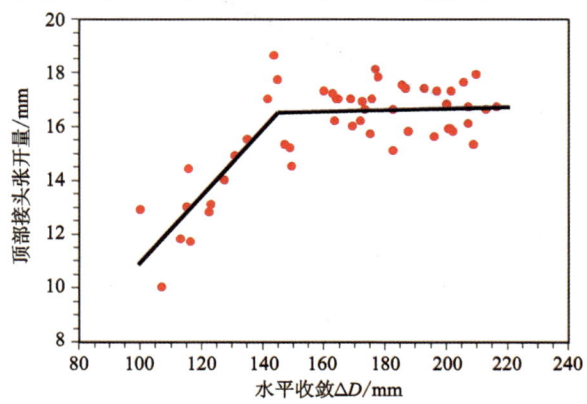

图 5.15　实测顶部接头张开与横向收敛的关系

5.3.2 变形整治恢复效果分析

发现堆土事故后,先后采取卸土和注浆等手段进行变形恢复。邵华等(2016)对此工程案例的分析结果表明,先后实施堵漏及碎裂修补、芳纶布及钢环结构补强加固的整治措施对改善横向收敛的效果非常有限(图5.16),本书不再赘述。

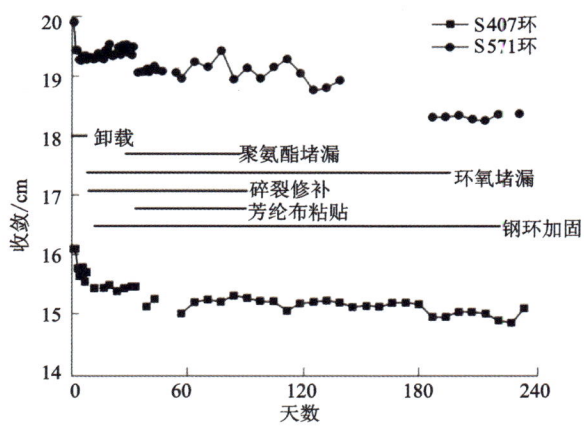

图5.16 实施卸土、堵漏、碎裂修补、芳纶布及钢环加固的结构整治措施过程中隧道水平收敛变化

根据对注浆范围内(S353~S442环)13个环衬砌水平收敛的长期跟踪监测数据,作者重点对比分析了卸载和注浆这两种手段对隧道收敛变形的恢复效果。图5.17显示了13个环衬砌在卸载前、卸载后及注浆后的水平收敛值,三阶段均值分别为151.5mm、138.7mm和103.9mm,即卸土后收敛值恢复了12.8mm,注浆之后收敛量又恢复了34.8mm。图5.18给出了各环变形恢复百分比,可见采取恢复措施后相对于堆载后最大变形平均恢复了31.5%,其中卸土与注浆恢复百分比分别为8.5%和23.0%。由此可知,堆土产生的附加荷载造成了隧道结构不可逆转的变形和损伤,卸载的恢复效果微弱,尽管采取注浆后水平收敛明显减小,但恢复效果仍然十分有限,总恢复量不及堆载产生变形总量的1/3。横向大变形的发展和恢复过程是隧道结构、荷载环境与土体-结构相互作用的综合结果。

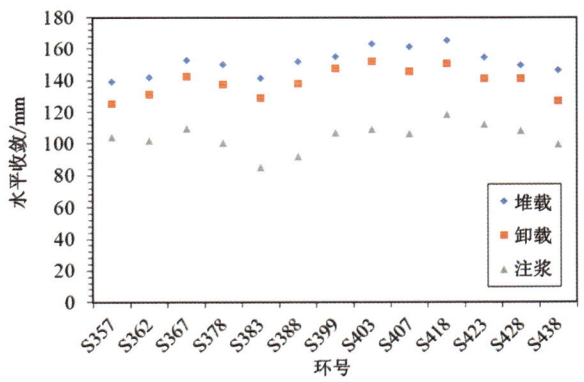

图5.17 卸载前、卸载后及注浆后水平收敛值对比

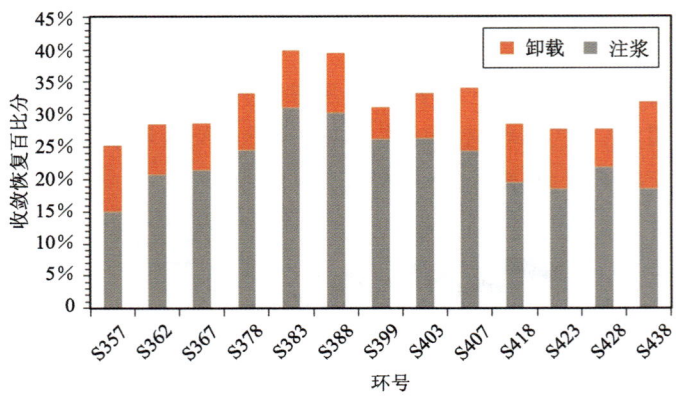

图 5.18　卸载及注浆后水平收敛恢复百分比

根据以上工程案例中接头张开、收敛变形及两者之间关系的实测分析结果,以堆载区内 S407 环为例与第 4 章中管片接头加卸载试验中接头张开试验结果进行对比分析验证,如表 5.1 所示。S407 环上方地表堆土高约为 5.5m,相当于 0.10MPa 的附加超载,堆载前后水平收敛比 $\Delta D/D$ 从 11.5‰ 增大到 25.0‰,卸载后的水平收敛量较卸载前恢复了 10%。由图 5.14 可知其在超载作用下拱顶和拱腰处接头张开量分别约为 13.1mm 和 21.4mm。根据接头张开与水平收敛的近似线性关系,堆载导致 S407 环拱顶和拱腰处接头产生的张开增量分别约为 6.5mm 和 10.7mm,卸载后两处接头的张开增量分别下降到 5.8mm 和 7.4mm。

表 5.1　隧道上方加载及卸载后接缝张开增量的试验和实测对比结果

	加载		卸载		恢复百分比	
	拱顶接头	拱腰接头	拱顶接头	拱腰接头	拱顶接头	拱腰接头
试验值	4.2mm	8.0mm	2.2mm	6.4mm	48%	20%
实测值	6.5mm	10.7mm	5.8mm	7.4mm	10%	10%

根据图 4.8 中接头内力与隧道上方超载关系曲线,得到在 0.10MPa 超载作用下,拱顶和拱腰接头处弯矩分别为 280kN·m 和 −185kN·m,进而求得在管片接头加卸载试验中相应弯矩下拱顶接头在卸载前后的接缝张开增量分别为 4.2mm 和 2.2mm,拱腰接头在卸载前后的接缝张开增量分别为 8.0mm 和 6.4mm。计算得到卸载后拱顶和拱腰处接缝张开增量分别恢复了 48% 和 20%。

对比试验和实测结果,两处接头因超载产生变形的试验结果略小于实测值。然而,通过试验获得卸载后的接缝张开恢复量较大,接头变形恢复百分比明显大于 S407 环的实测结果。究其原因,盾构隧道是由周围土体和支护结构两者共同组成的并相互作用的结构体系,作者虽然通过采用考虑接头非线性刚度的盾构隧道衬砌分析模型获得了试验工况下的接头内力,但通过室内加载系统对单一的管片接头构件进行加卸载试验难以准确还原隧道周围土体对结构变形的限制作用以及纵向上相邻衬砌环的相互约束作用。由此导致试验中卸载后试件变形回弹显著,所得卸载变形恢复百分比较实际情况大。

为了考察隧道两侧土体注浆对隧道横向变形的治理效果,进一步对注浆前后水平收敛的实测数据进行对比分析,见图 5.19。结果表明,采取注浆恢复措施后,15%~35% 的收敛变形能够得以恢复。以 S388 环为例,注浆前(即卸载后)水平收敛为 137.58mm,注浆后 91.78mm,恢复了 33.3%,即注浆前变形量的 1/3。由图 5.17 可知,所研究的衬砌环在实施注浆前的变形量介于 125~155mm,在此既有变形范围内,相同的注浆工艺和注浆压力下的变形恢复程度并不随之发生规律性变化。后文将通过离散元法模拟研究隧道双侧微扰动注浆作用下隧道收敛变形的恢复效果。

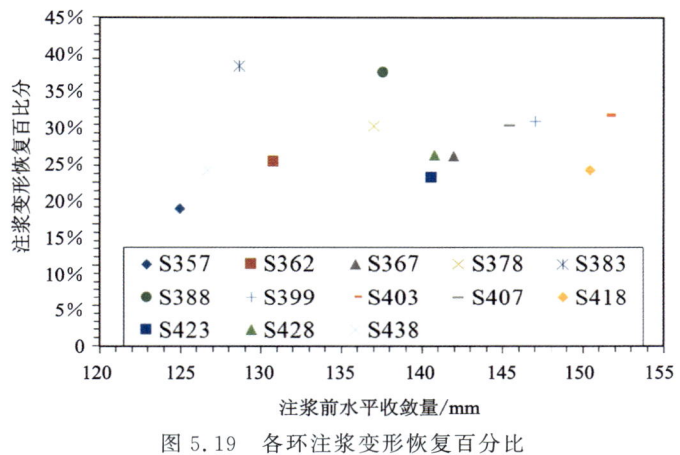

图 5.19 各环注浆变形恢复百分比

5.4 基于注浆单元体积膨胀法的土体注浆离散元数值模拟

5.4.1 注浆单元体积膨胀数值模拟方法

针对软土盾构隧道横向大变形结构病害,工程实践表明土体注浆加固是较为有效的治理方法。微扰动注浆工艺在上海地铁隧道收敛整治中的应用成效显著。通过采用双液微扰动工法对隧道两侧进行微扰动注浆加固,浆液在压力作用下对加固土体的填充、挤压作用,一方面让土体变得更加密实,增加土体强度和侧向抗力从而改善土体的物理力学性质,另一方面通过挤压土体对隧道管片产生横向作用力,后者是注浆技术能够实现主动恢复隧道横向收敛变形的直接原因。

作者采用"注浆单元体积膨胀法"来模拟隧道双侧微扰动注浆加固效果。该方法模拟的是注浆过程使加固区域土体产生体积膨胀的宏观效果。注浆单元即模型注浆加固区内的土体单元,根据注浆量计算土体体积膨胀量,基于此对注浆单元施加相应的体积应变,然后计算至平衡得到隧道横向变形恢复效果。采用该方法模拟注浆,需要根据实际工况设定土体加固区域以及注浆量,再通过下式计算单元体积膨胀率,即

$$\Delta\varepsilon_v^t = \frac{V_t}{V_0} \tag{5.1}$$

式中:$\Delta\varepsilon_v^i$ 为注浆单元体积膨胀率;V_t 为单孔注浆量;V_0 为单孔注浆加固区域的初始体积。

5.4.2 土体注浆离散元模型

在第 3 章中所述土体-隧道体系离散元基本模型的基础上(见图 3.3),设置注浆加固区域为隧道中心两侧 6.7m 处直径 1.2m、高度为 5m 的范围,如图 5.20 所示。在单孔注浆量约为 1.0m³ 的条件下,可得到注浆单元体积膨胀率为 17.8%(刘梓圣,2017),即注浆单元的粒径增大为初始粒径的 1.056 倍。

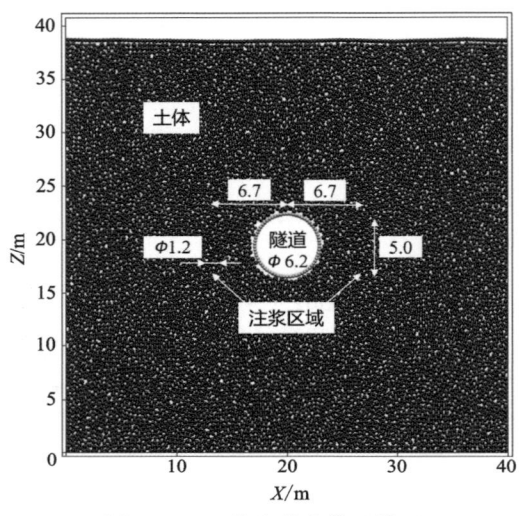

图 5.20 土体注浆离散元模型

5.4.3 模拟结果分析

在 0.10MPa 超载水平下模拟隧道横向变形(见图 3.5)的基础上,进一步模拟在 1.0m³ 单孔注浆量的条件下隧道双侧微扰动注浆对隧道横向收敛的主动恢复效果。对比图 3.5,从图 5.21(a)土体颗粒水平位移云图中可以看出,隧道双侧注浆后对超载后的水平位移场影响显著,隧道左侧注浆孔与隧道之间土体的向左位移以及隧道右侧注浆孔与隧道之间土体的向右位移均有所减小。图 5.21(c)中隧道两侧出现了密集的横向力链表明了注浆作用下土体运移对隧道管片的双侧横向挤压作用。在此直接作用下,隧道横向收敛得到一定程度的恢复,缓解了隧道结构"横鸭蛋"式大变形的病害状况。图 5.21(d)中较之图 3.5 在注浆区域竖向力链增强,源于注浆区域土体颗粒膨胀使之更多地承担竖向应力的传递作用。

作者模拟分析了不同超载水平下、注浆单元体积膨胀率为 17.8%(即 1.0m³ 单孔注浆量)条件下的隧道横向收敛恢复效果,以及膨胀率分别增大 20%、增大 10%、减小 10%、减小 20%(对应体积膨胀率分别为 21.5%、19.6%、15.9%、14.1%,对应单孔注浆量分别为 1.2m³、1.1m³、0.9m³、0.8m³)情况下的横向收敛变化。以上不同工况下所得注浆后隧道收敛大小和恢复百分比计算结果见表 5.2 和表 5.3。同时,图 5.22 和图 5.23 分别展示了不同超载水平下土体注浆后隧道的横向收敛量和横向收敛恢复百分比变化曲线。结合图表可知随着超载水平增大,隧道横向收敛越大,同一注浆量下土体注浆后隧道横向收敛恢复百分比非线性减小。在 1.0m³ 单孔注浆量条件下,收敛恢复百分比从 0.06MPa 时的 68% 降至 0.16MPa 下的 6%。表明隧道横向变形程度越小,采用注浆治理的效果越好,当横向收敛超过 20cm 时,收敛恢复百分比低于 20%。仅从注浆区土体膨胀挤密对隧道结构产生横向作用力这一角度而言,注浆量越大隧道变形恢复效率越高,应结合工程实际需要和注浆技术的特点及其适用性选取合理的材料、参数和工艺流程。

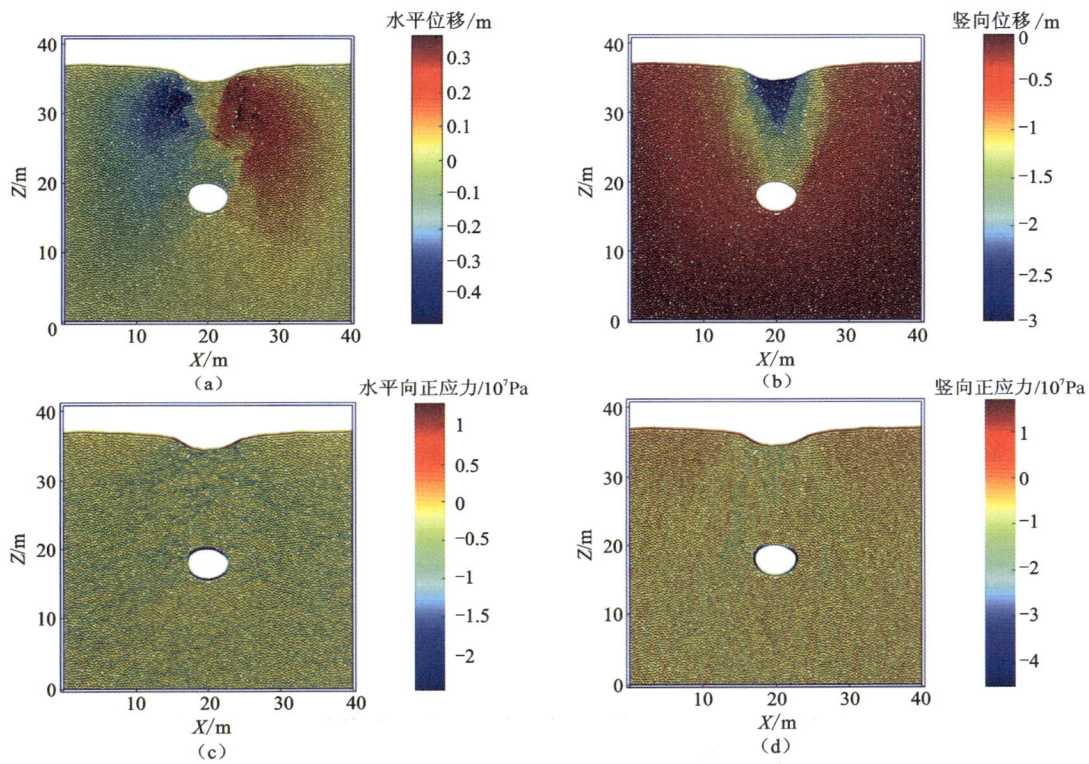

图 5.21 模拟土体注浆下的模型受力变形状态
(a)颗粒水平位移;(b)颗粒竖向位移;(c)水平向正应力;(c)竖向正应力

表 5.2 不同工况下注浆后的隧道收敛值

超载水平/MPa	超载作用下收敛水平/m	注浆单元体积膨胀率				
		初始值	增大 20%	增大 10%	减小 10%	减小 20%
		17.8%	21.5%	19.6%	15.9%	14.1%
0.06	0.072 3	0.022 8	0.011 9	0.017 7	0.028 7	0.033 8
0.08	0.120 1	0.074 1	0.063 7	0.069 1	0.079 7	0.084 4
0.10	0.216 2	0.173 9	0.161 4	0.167 9	0.179 4	0.185 2

续表 5.2

超载水平/MPa	超载作用下收敛水平/m	注浆单元体积膨胀率				
		初始值	增大 20%	增大 10%	减小 10%	减小 20%
		17.8%	21.5%	19.6%	15.9%	14.1%
0.12	0.297 8	0.251 7	0.239	0.245 4	0.257 6	0.263 7
0.14	0.352 2	0.314 8	0.303 7	0.309 3	0.320 2	0.325 9
0.16	0.414 8	0.389 9	0.377 2	0.383 5	0.396 1	0.402 1

表 5.3 不同工况下注浆后的隧道收敛恢复百分比

超载水平/MPa	超载作用下收敛水平/m	注浆单元体积膨胀率				
		初始值	增大 20%	增大 10%	减小 10%	减小 20%
		17.8%	21.5%	19.6%	15.9%	14.1%
0.06	0.072 3	68%	84%	76%	60%	53%
0.08	0.120 1	38%	47%	42%	34%	30%
0.10	0.216 2	20%	25%	22%	17%	14%
0.12	0.297 8	15%	20%	18%	13%	11%
0.14	0.352 2	11%	14%	12%	9%	7%
0.16	0.414 8	6%	9%	8%	5%	3%

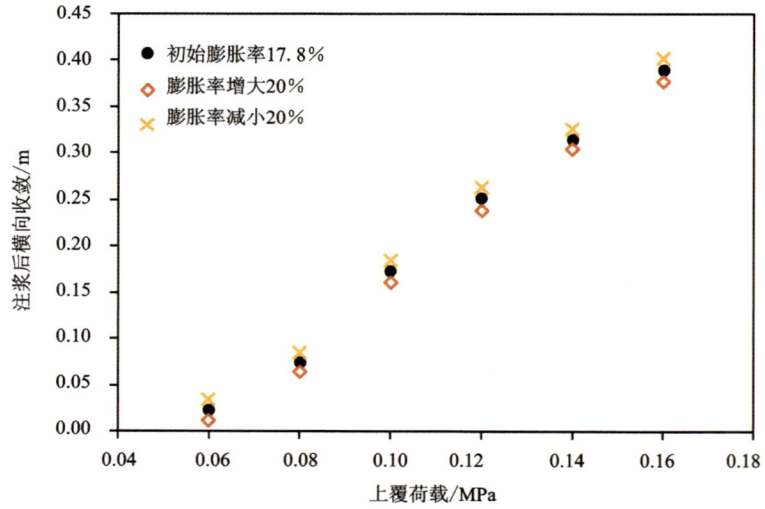

图 5.22 不同超载水平下土体注浆后隧道的横向收敛量

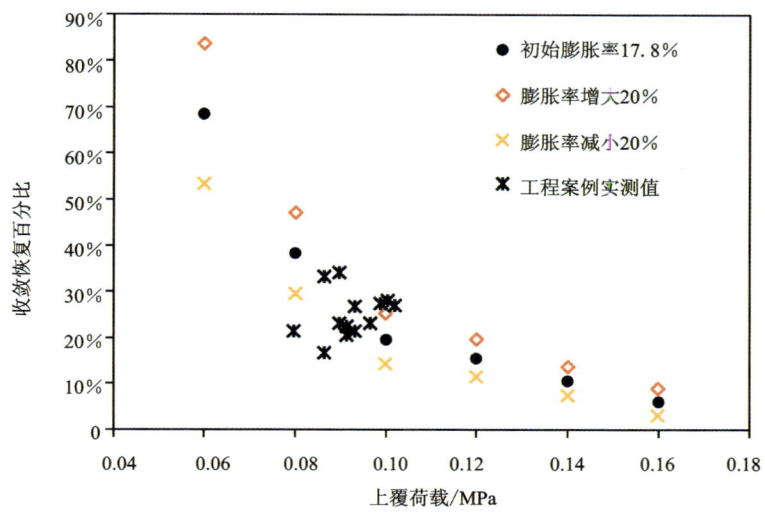

图 5.23　不同超载水平下土体注浆后隧道的横向收敛恢复百分比

将注浆数值模拟结果与前文所述上海地铁 2 号线隧道工程案例的实测数据进行比较分析，来验证在 MatDEM 离散元软件中采用"注浆单元体积膨胀法"模拟注浆恢复隧道变形的合理性。在注浆区域内 S353 环至 S442 环区间隧道因地表堆载产生的上覆荷载水平为 0.08~0.10MPa，将该区间隧道内 13 环的上覆荷载大小（根据图 5.12 中堆高/顶覆土厚比值换算得到）与注浆横向收敛恢复百分比（图 5.19）对应数据点绘制于图 5.23 中，这些数据点紧密分布在单孔注浆量为 1.0m³ 时的收敛恢复百分比-上覆荷载关系趋势线附近。可见根据实际工况注浆前后监测数据计算所得的收敛恢复百分比大小与数值模拟结果较为吻合。

5.5　基于流固耦合方法的土体注浆离散元数值模拟

5.5.1　流固耦合数值模拟方法

为实现固体离散元模型的流固耦合模拟，现引入离散元孔隙密度流法。该方法的基本思想为：通过识别离散单元堆积的固体骨架，构建孔隙流域与孔隙网络，将固体离散单元与孔隙流域进行耦合，进而计算单元位移、流体渗流与两者间的相互作用。具体流程见图 5.24。

在获得如图 5.25(a)所示离散单元堆积体之后，计算颗粒单元表面间距。当其距离小于一定值时，颗粒间形成连接，并认为颗粒之间构成孔喉，孔喉方向与连接相互垂直。通过颗粒间的连接在堆积模型中划分出一系列流体域，形成孔隙网络，如图 5.25(b)所示。最后得到孔隙流体网络—固体颗粒骨架模型，如图 5.25(c)所示。

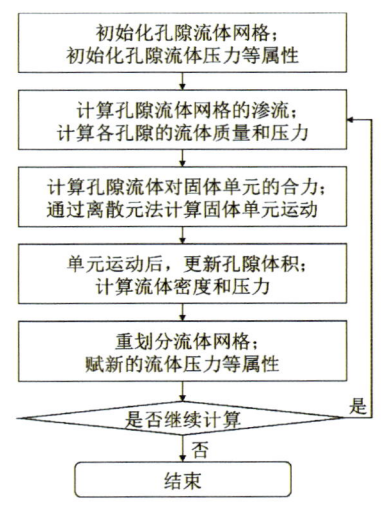

图 5.24　孔隙密度流法计算流程图

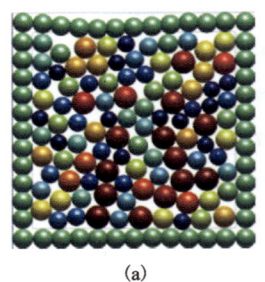 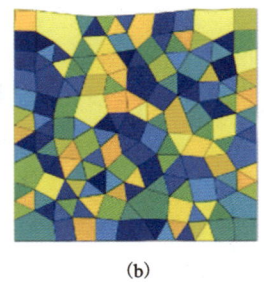 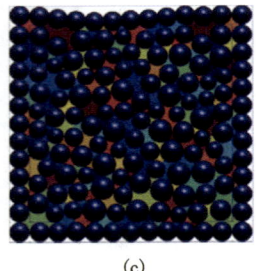

图 5.25 单元堆积体与孔隙网络

(a)固体离散元模型;(b)孔隙流体域;(c)颗粒与孔隙系统

该方法假定孔隙均为饱和状态。初始化模型时,可以对孔隙流体压力赋值,通常情况下孔隙流体压力 P 可以由孔隙流体密度 ρ 和温度 T 来确定,即

$$P = f(\rho, T) \tag{5.2}$$

如图 5.26 所示,当两相邻孔隙间存在压力差时,流体将通过二者间的孔喉通道发生渗流,渗流量可通过类似达西定律的方法来计算。孔隙密度流法中,单位时间内通过孔喉的流量 q 定义为

$$q = kA \times \mathrm{d}P/l \tag{5.3}$$

式中:k 为孔喉的渗透系数;A 为孔喉通道面积,对于二维问题孔喉面积即为孔喉直径 d_w(式 5.5);$\mathrm{d}P$ 为孔喉间压力差;l 为孔喉长度。

孔喉长度 l 定义为较小的单元半径,R_1、R_2 分别为两单元半径,即

$$l = \min(R_1, R_2) \tag{5.4}$$

二维单元堆积通常会封闭孔喉,从而使孔喉直径为零,导致无法发生渗流[图 5.26(b)]。因此,在进行二维模型渗流计算时,需要给每个单元定义小于颗粒半径 R 的渗流半径 R_w,从而保证一定的孔喉直径,使流体能够通过孔喉运移[图 5.26(a)]。孔喉直径 d_w 定义为

$$d_w = L - (R_{w1} + R_{w2}) \tag{5.5}$$

式中:L 为两单元中心的距离;R_{w1} 和 R_{w2} 分别为两单元的渗流半径。

当流体在孔隙压力差作用下发生渗流后,孔隙流体密度发生变化,通过式(5.2)获得新的孔隙流体压力 P,计算孔隙流体对固体单元的合力 F_w,通过牛顿力学定律与离散元法计算固体单元的位移。

例如,图 5.26(a)中某离散单元 B0,其周围共有 P2~P5 4 个孔隙。计算周围孔隙对其的压力,其获得流体对单元的合力 F_w。在常规的离散元计算中,将 F_w 合并到单元的受力计算中,并获得单元速度和位移。当单元运动后,需重新计算每个孔隙新的体积。例如,当孔隙 P2 和 P5 的流体压力较大时,流体对单元 B0 的合力的为 F_w[图 5.26(a)],推动颗粒 B0 向左下方运动[图 5.26(b)]。

颗粒运动后,重新计算每个孔隙的体积,根据式(5.2)更新孔隙流体的密度和压力。例如图 5.26(a)中,当单元 B0 向左下方发生微小移动后,P3 孔隙的体积减小,孔隙流体密度增加,压力增大;相应的,孔隙 P2、P5 的流体压力则减小。

当固体单元发生运动后,由于单元间的距离发生变化,需重新定义孔喉,并划分流体网格。此时,由于部分旧的孔喉消失,而新的孔喉出现,使得原有流体网格发生分割与合并。例如,图 5.26(a)中的孔隙 P3 被分割为图 5.26(b)中的孔隙 P3′和 P4′。而孔隙 P2 和 P5 被合并为孔隙 P2′。当孔隙被分割时,两个子孔隙的密度和压力不变,并根据孔隙体积计算其质量。当两孔隙合并时,新孔隙的密度 ρ' 由 2 个原孔隙的密度和体积定义,即

$$\rho' = (\rho_1 \cdot V_1 + \rho_2 \cdot V_2)/(V_1 + V_2) \tag{5.6}$$

式中:ρ_1、ρ_2、V_1、V_2 分别为 2 个原孔隙的密度和体积。

流体网格重新划分后,根据循环条件判断是否需要继续计算流体合力 F_w 与固体颗粒位移,直至完成平衡迭代。

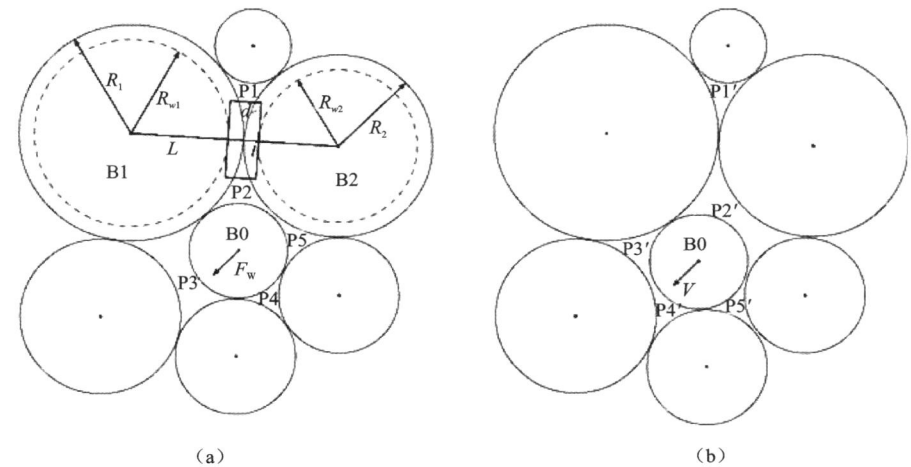

图 5.26 孔隙微观渗流和流固耦合示意图

工程实践表明隧道双侧微扰动注浆加固是针对软土盾构隧道横向变形的有效治理手段。现有数值模拟方法多采用"注浆单元体积膨胀法",使加固区土体产生虚拟体积膨胀以模拟浆液对土体的挤压作用。但是该方法较难从流固耦合的角度实现对浆液、土体、隧道之间的应力、位移场的刻画,也无法实现对浆液扩散性状与劈裂压密作用的描述。

因此本书采用一种使用 MatDEM 离散元模拟系统并结合"离散元孔隙密度流法"的流固耦合隧道注浆数值模拟方法。该方法首先建立传统固体离散元土体-隧道模型,运用"离散元孔隙密度流法",识别土体-隧道模型固体骨架构建孔隙流域,对注浆区域孔隙赋予相应的注浆参数(注浆压力 P、浆液密度 ρ)后进行 i 次迭代平衡,完成注浆数值模拟。迭代中主要计算步骤为

$$d_w = d_w' + \Delta d \tag{5.7}$$

$$K = d_w \times k./l \tag{5.8}$$

式中:d_w' 为连接对应孔喉的真实宽度;Δd 为连接对应孔喉附加宽度,由于二维颗粒堆积通常会封闭孔喉,需增加一定的孔喉直径,以保证流体运移;K 为孔喉渗透系数;k 为土体渗透系数;l 为孔喉长度。

在初始化孔隙流域时,记录单孔注浆区域初始孔隙面积 SUM(1),迭代平衡过程中记录

当前循环次数 i 下单孔注浆区域孔隙总面积 SUM(i),直至 SUM(i)-SUM(1)>V,注浆完成。需要注意的是,本模型为二维离散元模型,因此 V 为单孔注浆量在二维平面上的投影面积。计算流程图如图 5.27 所示。

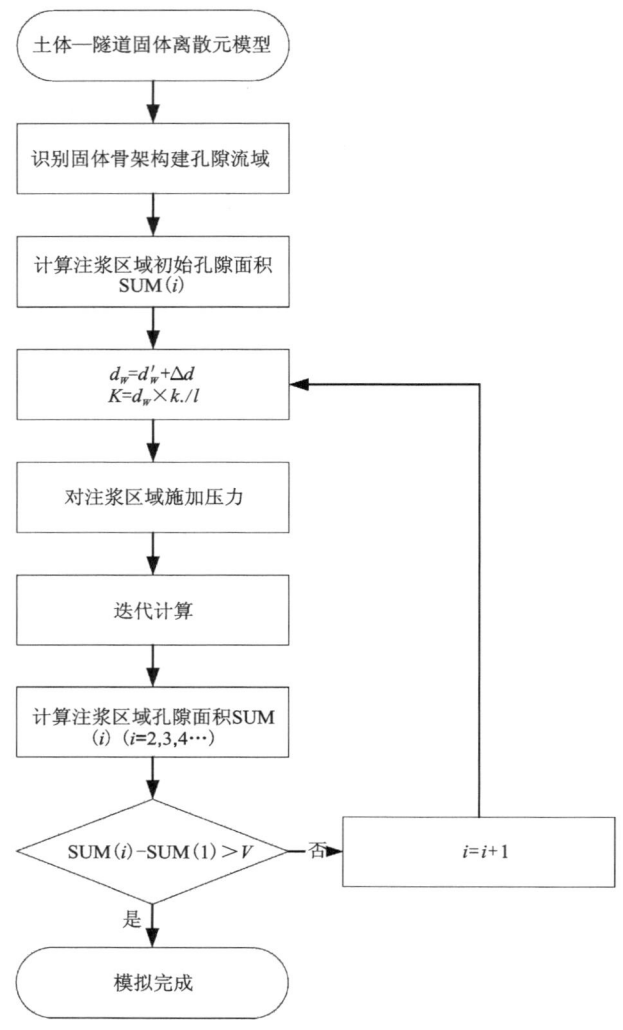

图 5.27 注浆数值模拟计算流程

5.5.2 注浆的流固耦合数值模拟实现

在使用孔隙密度流法建立流固耦合的浆液-土体-隧道离散元模型前,通过 MatDEM 模拟系统建立二维土体-隧道离散元模型。具体步骤如下:

(1)建立 40m×30m 的长方形模型箱,在模型箱中随机生成半径为 0.17～0.24m 的颗粒单元。对颗粒施加随机速度,使颗粒获得随机空间分布。

(2)对颗粒单元施加重力进行迭代平衡,以模拟土体的重力沉积并完成原始地层的构建。使用压力板施加压力使颗粒分布更加紧密。图 5.28 为重力沉积后的土体-隧道几何模型,其中颗粒总数为 7500,图中显示了颗粒粒径分布和空间随机排列状况。

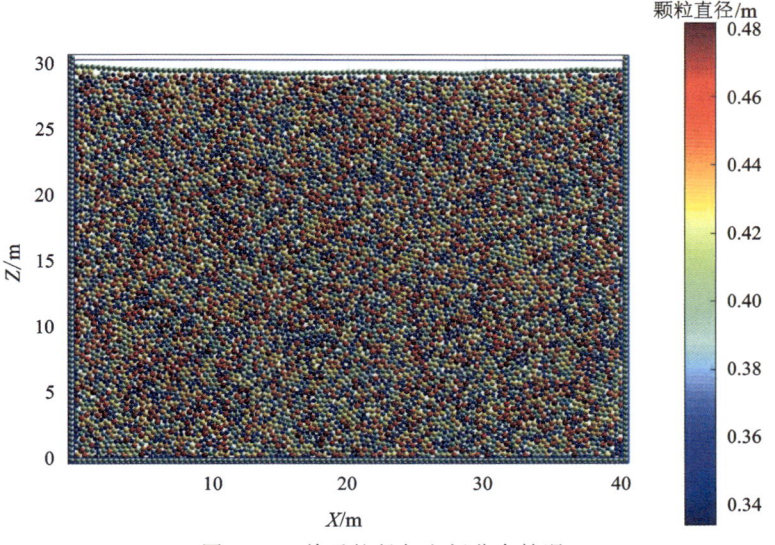

图 5.28 单元粒径与空间分布情况

(3)使用双层颗粒模拟直径为 6.2m 的盾构隧道管片。删除土体中部圆形区域范围内的颗粒单元,将隧道模型导入圆形区域,隧道中心坐标 $X=20$m,$Z=15$m,并通过重力沉积完成隧道与土体的紧密贴合(图 5.29)。土体单元与颗粒单元的材料参数见表 5.4。

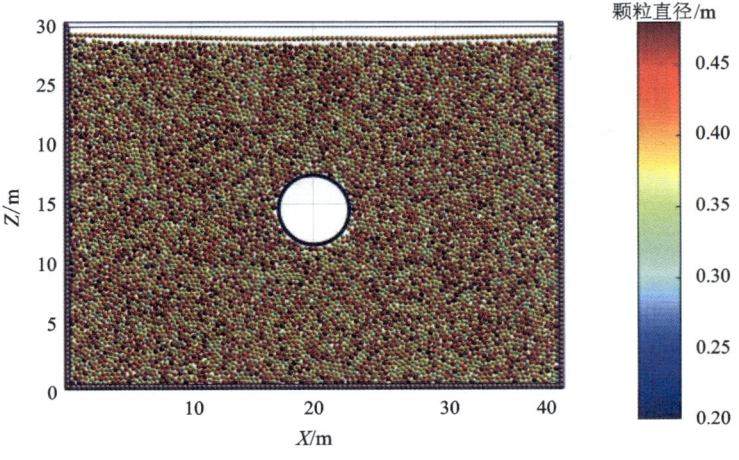

图 5.29 土体-隧道离散元模型

表 5.4 模拟采用的土体与管片单元的力学参数

力学参数	土体	管片
杨氏模量/Pa	8.3×10^6	2.31×10^9
泊松比	0.3	0.167
单轴抗拉强度/Pa	8×10^3	1.96×10^6

续表 5.4

力学参数	土体	管片
单轴抗压强度/Pa	2.5×10^4	2.53×10^7
内摩擦系数	0.67	0.80
密度/kg·m^{-3}	2000	2500

(4) 改变上压力板选中区域单元的受力条件,模拟盾构隧道上覆超载工况。为模拟隧道上方 0.1MPa 荷载,经过换算对地表 $16m < X < 24m$ 范围的压力板单元施加 2×10^4N 向下体力。图 5.30 显示了 0.1MPa 上覆荷载的位移场,与正常工况下的初始状态相比,在上覆荷载的作用下,隧道上方土体向隧道两侧挤压运移,且隧道上方土体出现明显下沉,地表的下沉最为明显。隧道水平直径由设计值 6.2m 增加为 6.354m,横向变形 $\Delta D = 15.43$cm。隧道结构竖向压缩,横向扩张,呈现"横鸭蛋"变形。

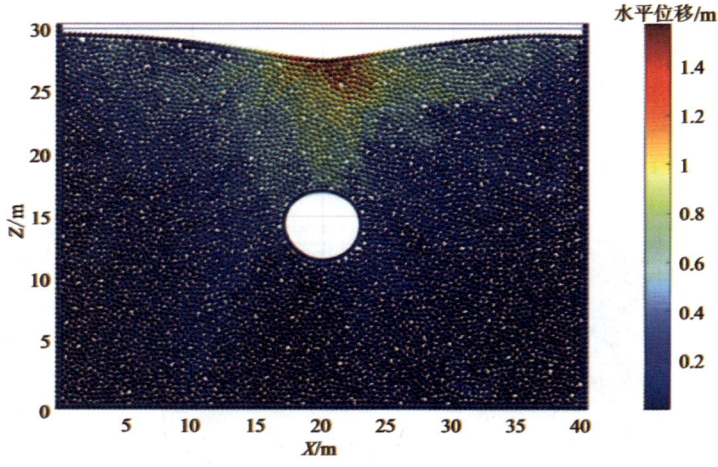

图 5.30 堆载后系统位移场

图 5.31 为加载前后土体竖向应力场分布情况,在应力场中受力较大的颗粒构成力链,力链的发展与变化对模型的位移场产生影响。与未施加荷载前相比,隧道上方土体竖向应力明显增加并构成力链,力链以堆载处地表为中心,向下发展的同时向两侧发展并最终作用于隧道上方,使隧道竖向荷载与隧道水平侧荷载的比值提升,进而引发结构变形。

(5) 使用离散元孔隙密度流法识别固体单元并建立孔隙网络,根据实际注浆工程注浆范围与隧道的相对空间位置,获得相应孔隙网络的孔隙编号,模型中的注浆区域示意如图 5.32 所示。工程中水灰比 $k = 0.6$,石灰密度 $\rho_{lime} = 3.1$g/cm^3,根据浆液密度计算公式(式 5.9),注浆区域孔隙密度 ρ 设为 1.7g/cm^3。根据上海地铁 2 号线常用注浆施工参数,注浆区域孔隙压力 P 设为 0.5MPa。

$$\rho = \frac{m_{lime} + k \cdot m_{lime}}{\frac{m_{lime}}{\rho_{lime}} + \frac{k \cdot m_{lime}}{\rho_{water}}} \tag{5.9}$$

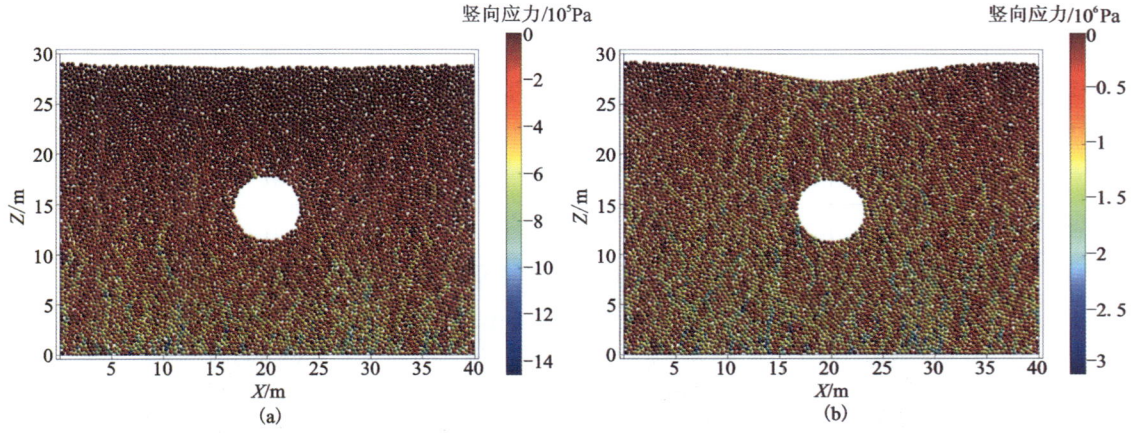

图 5.31 加载前后土体竖向应力场

(a)加载前土体竖向应力场;(b)加载后土体竖向应力场

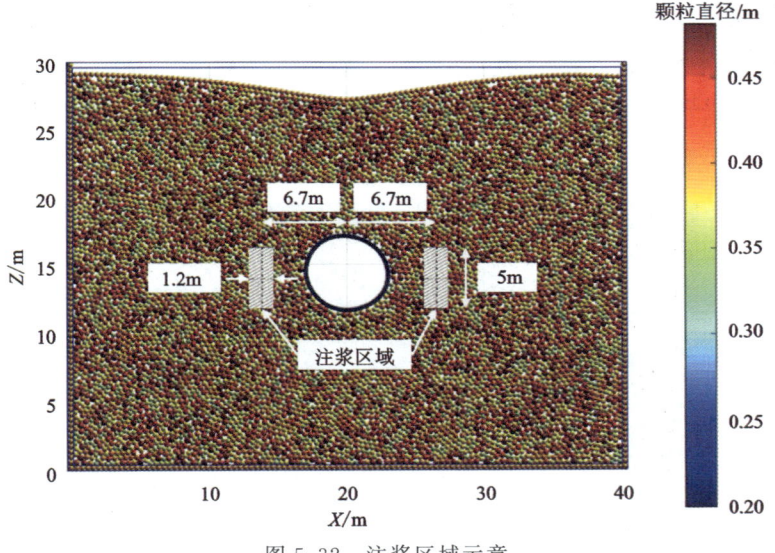

图 5.32 注浆区域示意

(6)迭代计算。记录注浆区域初始孔隙总面积 SUM(1),循环迭代至注浆区域孔隙总面积 SUM(i)与 SUM(1)的差值大于浆液总体积在二维平面的投影面积 V,注浆结束。注浆结束后隧道直径 D 由 6.354 3m 恢复为 6.305 6m,横向变形恢复值 $\Delta D'=4.87$cm,横向收敛相对恢复率 $\Delta D'/\Delta D=31.5\%$,与实际恢复效果吻合。

5.5.3 计算结果分析

5.5.3.1 浆液的扩散性状与劈裂压密作用

在 MatDEM 模拟系统中,孔隙网格映射现实中的孔隙。随着注入浆液体积的增加,孔隙网格逐渐发展。当多个孔隙网格连通时,认为该处构成裂隙。图 5.33 显示了裂隙随注浆体积(单孔注浆体积)的发展趋势,当注浆体积由 $0.25m^3$ 增加为 $0.50m^3$ 时,孔隙网格面积增加,即注浆区域孔隙增大,并未生成明显的裂隙。浆液体积增加为 $0.75m^3$ 时,浆液对土体产生劈裂作用,浆液逐渐向水平方向扩散,土体生成竖直方向生长的裂隙。浆液体积 $V=1m^3$ 时,注浆结束,土体内产生大量裂隙,图 5.34 注浆结束时裂隙分布范围尺寸,裂隙生长范围宽度 $d_{max}=1.92m$,长度 $l_{max}=5.5m$,大于注浆区域范围 $1.2m×5m$,此时浆液向水平方向扩散的同时也向竖直方向扩散。

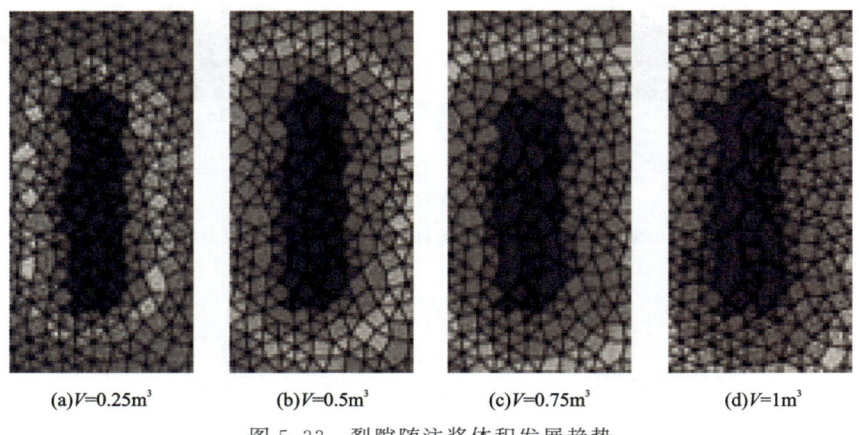

(a)$V=0.25m^3$　　(b)$V=0.5m^3$　　(c)$V=0.75m^3$　　(d)$V=1m^3$

图 5.33　裂隙随注浆体积发展趋势

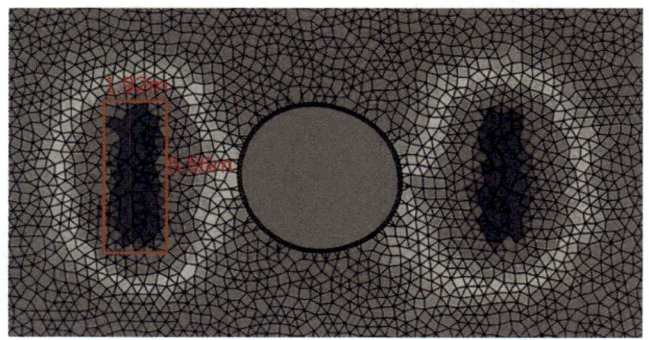

图 5.34　注浆结束时裂隙分布形态

本书中,浆液对土体的压密效果通过孔隙变化率 μ 衡量,孔隙变化率 μ 的定义为

$$\mu = \frac{S_0 - S_1}{S_0} \tag{5.10}$$

式中:S_0 为隧道周边选定区域初始孔隙总面积;S_1 为注浆结束后该区域孔隙总面积。

图 5.35 为周边特定区域示意图。在该模型中,周边区域初始孔隙面积 $S_0=4.93m^2$,注浆后周边区域孔隙面积 $S_1=4.72m^2$,孔隙面积变化率 $\mu=4.2\%$。即浆液对注浆区域周边土体产生的压密作用使选取区域内的土体孔隙面积相对减少了 4.2%,压密作用明显,而浆液对土体的劈裂压密作用正是隧道横向变形恢复的根本原因。

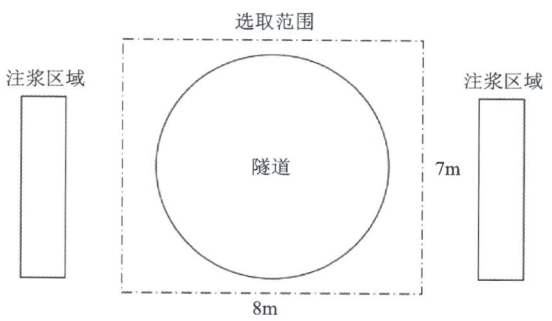

图 5.35 选定计算区域示意图

5.5.3.2 注浆前后土体—隧道应力场与位移场的变化

注浆前后土体应力场如图 5.36 所示，注浆后 7m＜Z＜22m 的土体水平应力增加明显，力链以注浆区域为中心，向水平方向扩散，且力链呈现漏斗状分布，收束于隧道水平长轴。隧道两侧出现的密集应力链对隧道两侧产生了挤压作用，注浆前后管片两侧水平向应力分别为 1.68MPa 与 2.01MPa，提升明显如图 5.37(a)、(b)所示。根据前文所述，隧道横向大变形的原因为隧道上部荷载与隧道侧向荷载相对比值的增加。注浆提高了隧道侧向荷载，在此作用下，隧道横向变形得到了一定程度的改善。

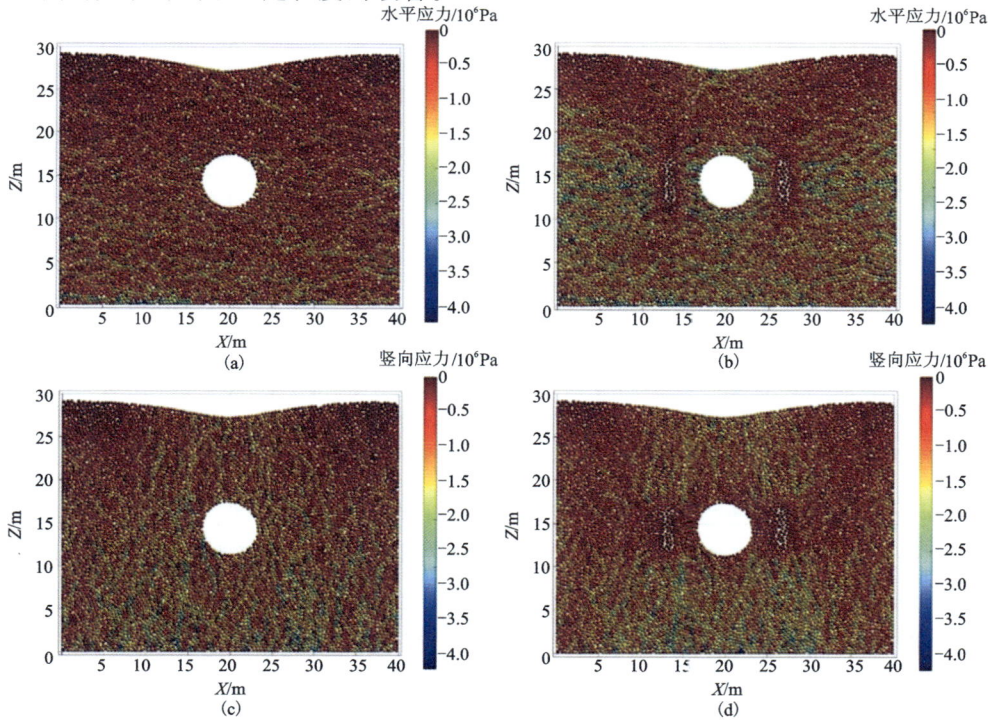

图 5.36 注浆前后土体应力场分布
(a)注浆前土体水平应力场；(b)注浆后土体水平应力场；
(c)注浆前土体竖直应力场；(d)注浆后土体竖向应力场

与此同时,隧道上方下方土体竖向应力增加,对注浆区域上方土体,竖向应力场对其产生抬升作用,力链发展至地表,宏观表现为地表抬升。因此在竖向应力场的作用下,隧道上覆荷载减小,注浆前后隧道顶部应力分别为 1.62MPa 与 1.58MPa,略有下降[图 5.37(c)、(d)]。浆液对土体的抬升作用使隧道上覆应力减小,结合浆液对隧道水平侧的挤压作用,强化了隧道的恢复效果。

根据注浆前后土体—隧道应力场分析得出,注浆对隧道横向变形的恢复效果是浆液对隧道上侧土体的抬升作用与浆液对隧道两侧土体的挤压作用的综合结果。对隧道而言,隧道两侧水平应力增加,顶部竖向应力降低。

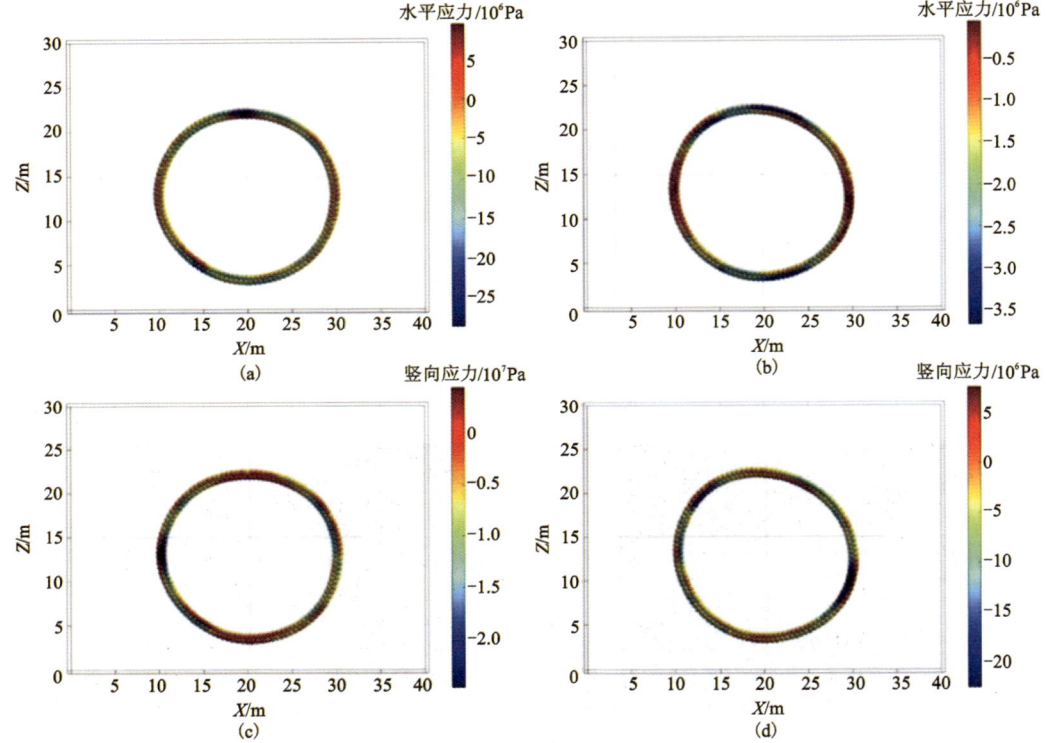

图 5.37 隧道应力场

(a)注浆前隧道水平应力分布;(b)注浆后隧道水平应力分布;
(c)注浆前隧道竖向应力分布;(d)注浆后隧道竖向应力分布

注浆后土体-隧道位移场如图 5.38 所示,在浆液作用下,注浆区域两侧土体产生远离注浆区域的水平向位移,上下方土体几乎未产生水平向位移,仅产生竖直向位移,同时注浆区域下端土体竖向位移场的分布范围与大小均大于上端土体,这是由于地表出现堆载后,注浆区域上端土体被压密,已产生较大位移(图 5.30),同时隧道水平直径由堆载前的 6.2m 增加为堆载后的 6.35m。

综合上述注浆作用下土体-隧道力学响应与位移场变化,从位移场中分析出的土体运移规律与从应力场分析得到的管片应力云图相互呼应,揭示了注浆恢复隧道横向变形的效应和机理。

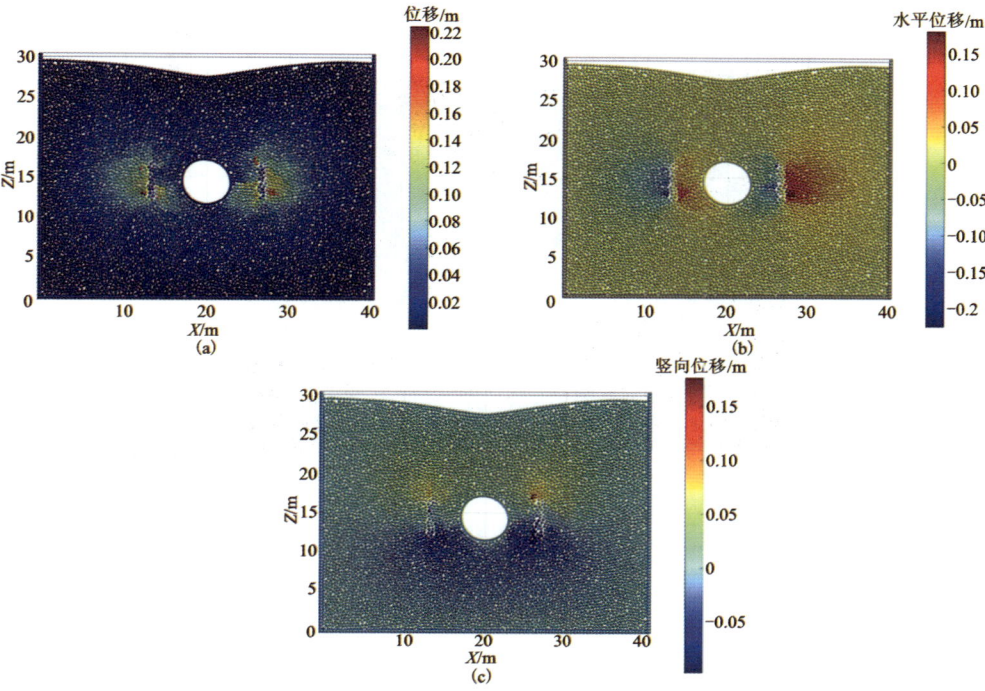

图 5.38 注浆后土体-隧道位移场

(a)注浆后土体-隧道位移场;(b)注浆后土体-隧道水平向位移场;(c)注浆后土体-隧道竖向位移场

5.5.3.3 注浆过程中的能量分析

注浆过程中存在着各种能量转化,如颗粒在浆液压力下获得动能,而动能在颗粒间摩擦力的作用下转化为热量。运用 MatDEM 软件中的能量检测模块,可对模型中的能量变化进行计算、分析和统计。

模型中的热量 Q 是阻尼热(Q_v)、断裂热(Q_b)和摩擦热(Q_f)的总和,表示为

$$Q = Q_v + Q_b + Q_f \tag{5.11}$$

$$Q_v = \Delta l \cdot f \tag{5.12}$$

式中:Δl 为颗粒间相对位移;f 为颗粒间摩擦力。

本模型阻尼热(Q_v)较小,并且根据模型相关设置,断裂热(Q_b)大小可忽略不计,因此系统中摩擦热 Q_v 即为系统热量 Q。

图 5.39 为注浆结束时系统热量 Q 的分布示意图。注浆区域周边土体热量明显提升,这是由于浆液对土体的劈裂压密作用使土体产生位移获得动能,进而转化为颗粒间的相对位移,从而产生热量。土体热量分布规律与土体位移场分布规律相似(图 5.38),也证明了该观点。

图 5.40 为注浆过程中的能量变化,注浆过程中系统弹性势能、热量、机械能均随注浆时间的增加而上升。这是由于注浆过程中,浆液对土体的持续挤压作用使系统弹性势能与机械能不断提高,浆液的流动扩散与土体颗粒间的相对位移使系统热量增加。系统动能在阶段 1

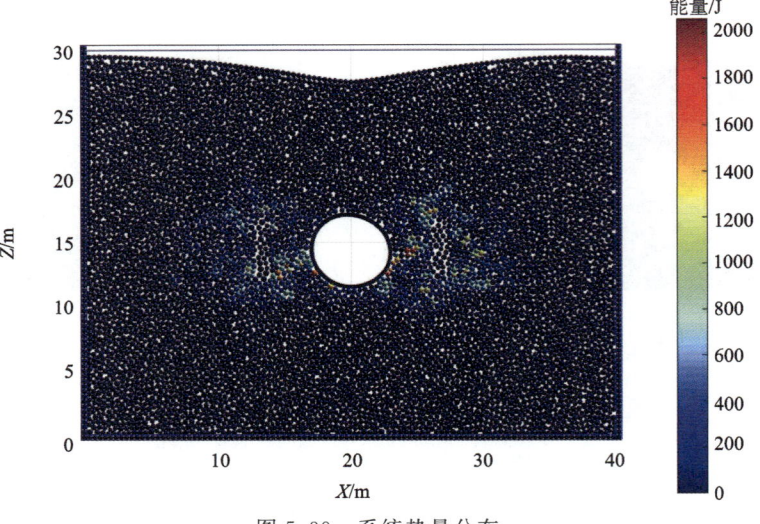

图 5.39 系统热量分布

前随时间变化增加明显;阶段 2 动能缓慢上升直至稳定;阶段 3 动能达到最大值后逐渐减小。这是由于土体在阶段 1 孔隙面积大,浆液的挤压作用使颗粒单元获得较大运移速度;在阶段 2,土体逐渐被压密,即使注浆体积继续增加,颗粒运移速度增加缓慢;而在阶段 3,土体已被充分压密,即使继续注入浆液,土体运移速度也不再增加,反而下降,表现为系统总体动能降低。因此系统动能曲线也可从侧面描述浆液对土体的压密作用有随时间而变化的趋势。

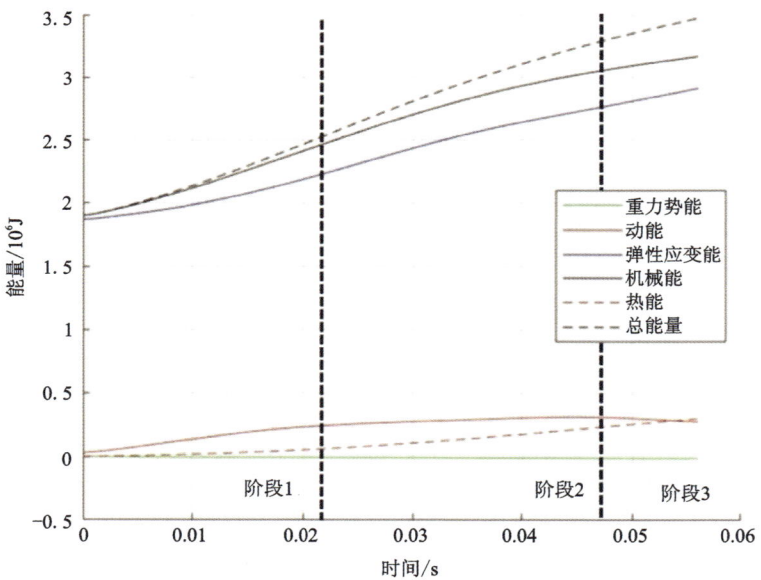

图 5.40 注浆过程能量变化

5.5.3.4 注浆孔至隧道结构迎土面间的应力传递规律

为研究注浆孔至隧道迎土面的应力传递规律,选取 3 组水平切面,3 组竖直切面(图 5.41)。特别地,本节研究的土体应力为注浆引起的附加应力,即注浆后应力的增量。3 组水平切面与隧道中心的竖直距离 H' 为 $H'_1=0$,$H'_2=1\mathrm{m}$,$H'_3=2\mathrm{m}$。提取切面①、②、③上土体附加应力(图 5.42)。同一水平切面上的土体,远离注浆区域,附加应力越小,以切面①为例,距注浆区域右边界 0.5m、1m、1.5m 时,附加应力分别 0.40MPa、0.32MPa、0.25MPa,即压力脱离注浆区域后在水平方向逐渐消散。当土体位于同一条竖直线上时,切面③附加应力小于切面①、②,说明 H' 越小,附加应力越大。尽管 $H'_1<H'_2$,切面①与切面②附加应力大小与分布规律相似,这是由于当 H' 逐渐减小时,附加应力对 H' 不敏感。此外根据图 5.42 (d),当土体靠近注浆区域右边界时,3 条发展曲线逐渐交会,这是由于注浆区域附加应力恒为 0.5MPa,即注浆压力 P。

提取切面④、⑤、⑥上土体附加应力(图 5.43)。3 组切面与注浆区域右边缘水平距离 D' 为 $D'_1=1\mathrm{m}$,$D'_2=2\mathrm{m}$,$D'_3=3\mathrm{m}$。同一切面上的土体,附加应力与高度的发展曲线存在拐点,拐点-0.5m,即注浆区域中心的高度。当土体高度大于或小于拐点时,附加应力均减小,说明压力脱离注浆区域后以注浆区域中心水平高度为分界线向竖直方向逐渐消散。此外,同一水平线上,各切面附加应力:切面④>切面⑤>切面⑥,如位于隧道中心水平高度时,切面④、⑤、⑥上附加应力分别为 0.35MPa、0.21MPa、0.15MPa,也印证了前文的结论,即压力脱离注浆区域后在水平方向逐渐消散。

综上所述,注浆后附加应力呈"波纹"状分布,在传递过程中逐渐消散。

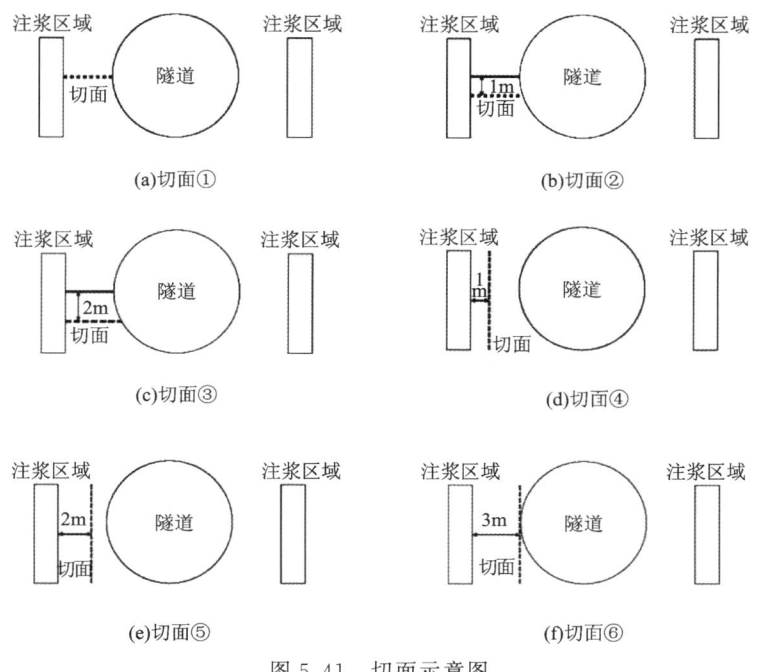

图 5.41 切面示意图

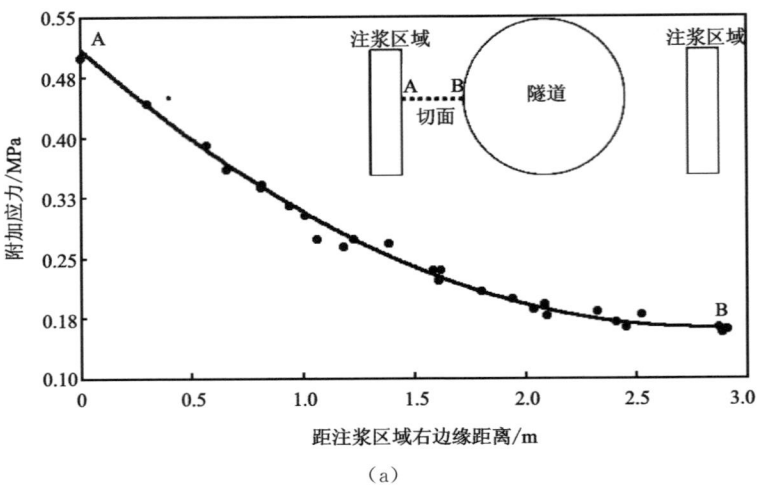

(a)

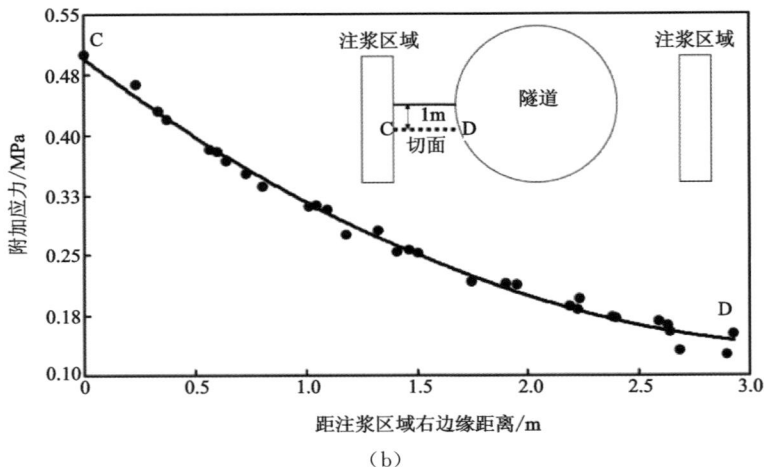

(b)

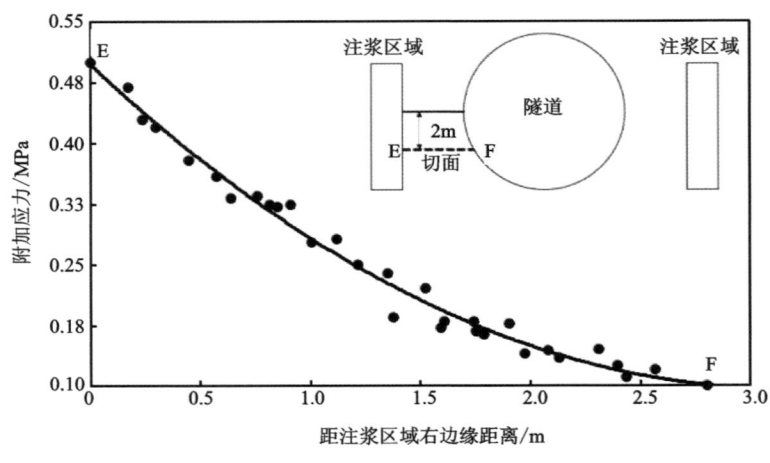

(c)

第 5 章 上海地铁 2 号线突发堆载下隧道变形特征及其恢复效果

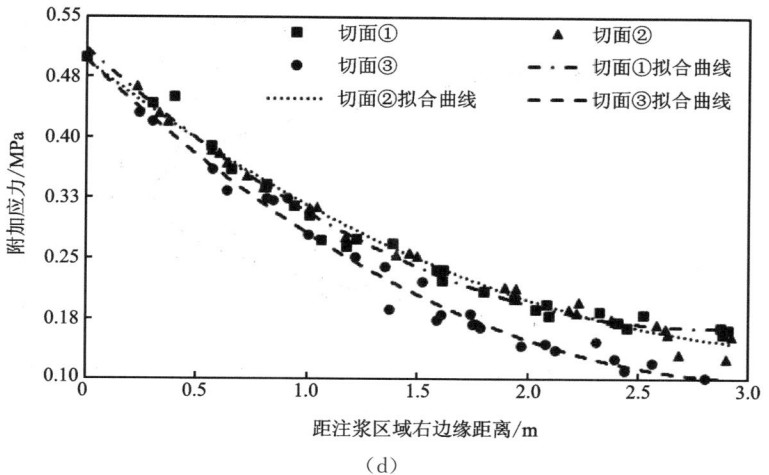

(d)

图 5.42 切面①、②、③附加应力分布趋势

(a)切面①土体附加应力发展趋势;(b)切面②土体附加应力发展趋势;
(c)切面③土体附加应力发展趋势;(d)各切面土体附加应力发展趋势

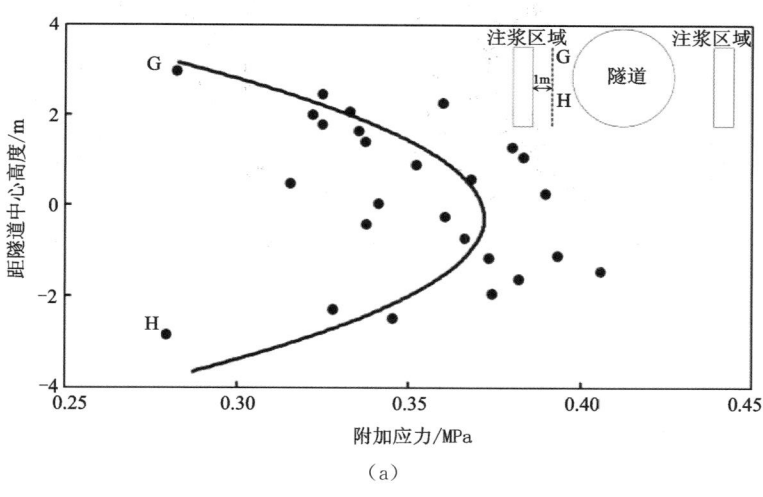

(a)

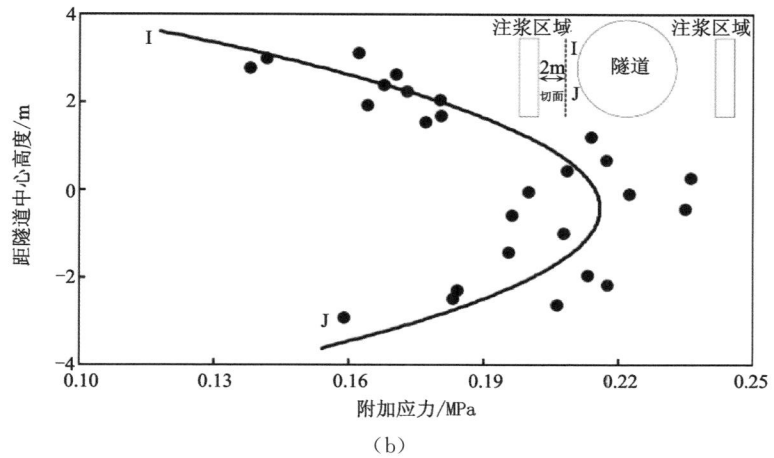

(b)

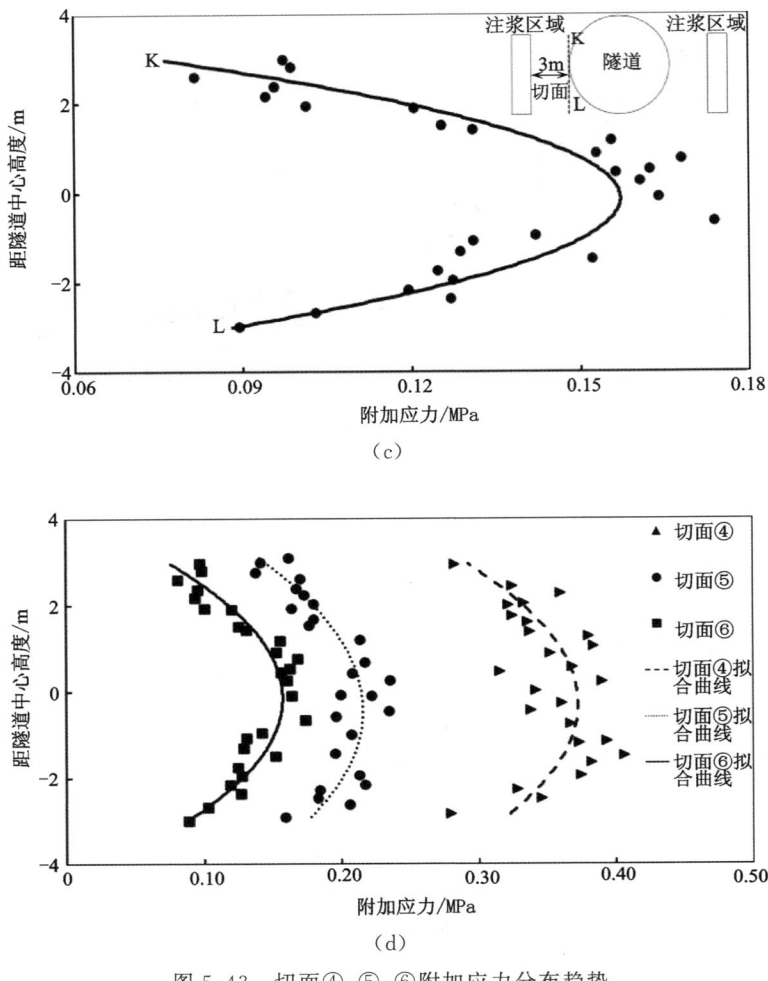

图 5.43 切面④、⑤、⑥附加应力分布趋势

(a)切面④土体附加应力发展趋势;(b)切面⑤土体附加应力发展趋势;
(c)切面⑥土体附加应力发展趋势;(d)各切面土体附加应力发展趋势

5.5.4 注浆参数对隧道变形恢复的影响分析

采用注浆技术整治隧道横向变形的方法已在多地得到了应用并取得了一定的效果,目前针对注浆治理盾构隧道横向变形的参数影响机理的研究依然十分缺乏,施工过程中的工程参数主要取决于现场施工人员的经验,注浆工程设计也多依赖于工程经验。但是注浆参数对隧道横向变形恢复效果甚至成功与否有着决定性意义。

本章的参数分析研究基于第 3 章中的上海地铁 2 号线东延伸段注浆工程案例数值模型,着重分析注浆压力 P、注浆距离 d 与注浆高度 h 等重要参数对横向变形恢复效果的影响,并据此给出优化建议,进而为工程实践提供指导,优化注浆治理过程,以供日后工程参考。

5.5.4.1 注浆压力对横向变形恢复效果影响分析

在实际注浆工程中,不同的注浆压力将对最终恢复效果产生较大影响,这是在注浆材料体积不变的条件下,不同的注浆压力,将导致土体产生不同的劈裂、压密效果,从而影响加固效果。本节中,仅改变注浆压力 P,注浆高度 h、注浆距离 d 等参数不变。

更改数值模型中注浆压力 P,取值分别为 0.44MPa、0.46MPa、0.48MPa、0.5MPa、0.54MPa、0.57MPa、0.61MPa、0.65MPa、0.69MPa。各注浆压力对应工况如表 5.5 所示。

表 5.5 注浆压力与隧道变形恢复工况表

工况	A1	A2	A3	A4	A5	A6	A7	A8	A9
注浆压力 P/MPa	0.44	0.46	0.48	0.5	0.54	0.57	0.61	0.65	0.69
注浆距离 d/m	3.6	3.6	3.6	3.6	3.6	3.6	3.6	3.6	3.6
注浆高度 h/m	5	5	5	5	5	5	5	5	5
单孔注浆量 V/m³	1	1	1	1	1	1	1	1	1
横向变形恢复/cm	3.05	3.17	3.82	4.87	6.46	7.61	8.43	8.88	9.04
恢复百分比/%	19.8	20.5	24.8	31.5	41.9	49.3	54.6	57.6	58.6

根据图 5.44,总的来说,在其他注浆参数不变的条件下,隧道横向变形恢复效果随着注浆压力的增加而提升。当注浆压力为 0.5~0.6MPa 时,注浆压力的提升能显著提高隧道横向变形的恢复效果。而当注浆压力为 0.6~0.69MPa 时,随着注浆压力的升高,隧道横向变形恢复量变化并不显著。为了进一步分析该现象的机理,图 5.45 展示了不同注浆压力下土体-隧道位移场。

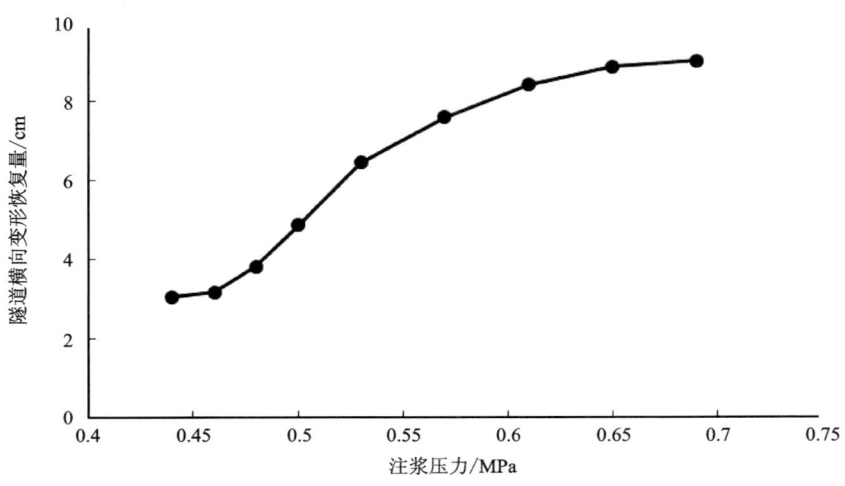

图 5.44 注浆压力对隧道横向变形恢复量的影响

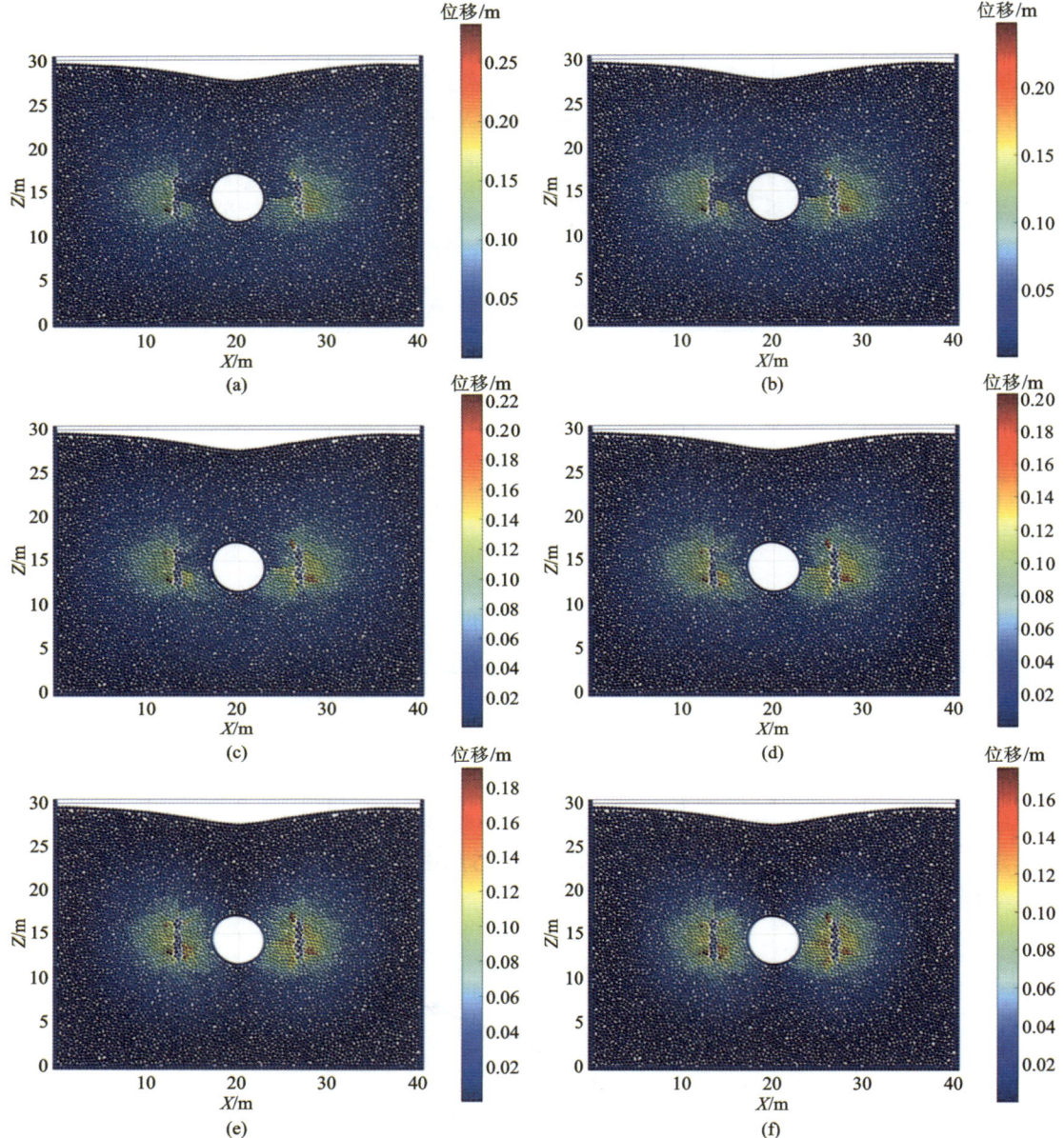

图 5.45 不同注浆压力下土体-隧道位移场
(a)注浆压力 0.44MPa；(b)注浆压力 0.48MPa；(c)注浆压力 0.5MPa；
(d)注浆压力 0.54MPa；(e)注浆压力 0.65MPa；(f)注浆压力 0.69MPa

  当注浆压力由 0.44MPa 提升至 0.48MPa，土体位移增加不显著，位移的增加部分分布于注浆区域外侧与注浆区域上下方。这是由于当注浆压力较低时，浆液在克服水平地应力的前提下，隧道刚度较大，很难让隧道以及隧道周边土体产生位移，提高注浆压力后，浆液主要使远离隧道侧土体产生位移。因此当注浆压力较低时，隧道变形恢复量变化并不显著。
  当注浆压力由 0.5MPa 提升至 0.54MPa，隧道周边土体位移增加显著。这是由于当注浆压力大于特定值时,注浆压力充分克服水平地应力,当注浆压力继续增加,注浆压力的增量足够使隧道与隧道周边土体产生位移。因此注浆压力为 0.5~0.6MPa 时,隧道横向变形恢复效果显著。

当注浆压力由 0.65MPa 提升至 0.69MPa 时,提高注浆压力对土体-隧道位移场影响较小,这是由于注浆压力超过某一值后,注浆区域与隧道间土体已充分压密,在注入浆液体积无法增加的情况下,隧道横向收敛恢复值达到最优。

总的来说,注浆压力越高,隧道横向变形恢复效果越显著,然而在实际工程中,注浆压力往往受到注浆设备、工程预算、地层情况等诸多方面的限制,不能无条件提高注浆压力,对于上海地铁 2 号线的地层情况及隧道结构而言,注浆压力取 0.55MPa 是兼顾注浆效率与加固效果的选择。

5.5.4.2 注浆距离对隧道横向变形恢复效果影响分析

本书中注浆距离 d 定义为注浆管与隧道管片边缘之间的距离,如图 5.46 所示。显然注浆距离将影响隧道横向变形恢复效果,然而目前注浆距离对隧道盾构隧道加固效果的影响机理尚未有较为明确的认识,本书将隧道横向收敛恢复值作为评价指标,在注浆压力 P、注浆高度 h、单孔注浆量 V 不变的条件下,模拟不同注浆距离 d 对盾构隧道加固效果的影响。不同注浆距离对应工况下的隧道横向收敛恢复情况如表 5.6、图 5.47 所示。

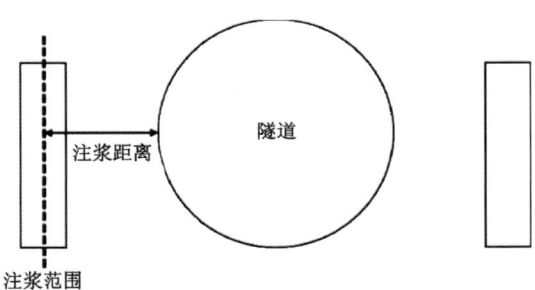

图 5.46 注浆距离几何示意图

表 5.6 注浆距离与隧道变形恢复工况表

工况	B1	B2	B3	B4	B5
注浆距离 d/m	1.4	1.9	2.9	3.6	4.9
注浆压力 P/MPa	0.5	0.5	0.5	0.5	0.5
注浆高度 h/m	5	5	5	5	5
单孔注浆量 V/m³	1	1	1	1	1
横向变形恢复/cm	7.56	7.18	5.82	4.87	4.03
恢复百分比/%	49.0	46.5	37.7	31.5	26.1

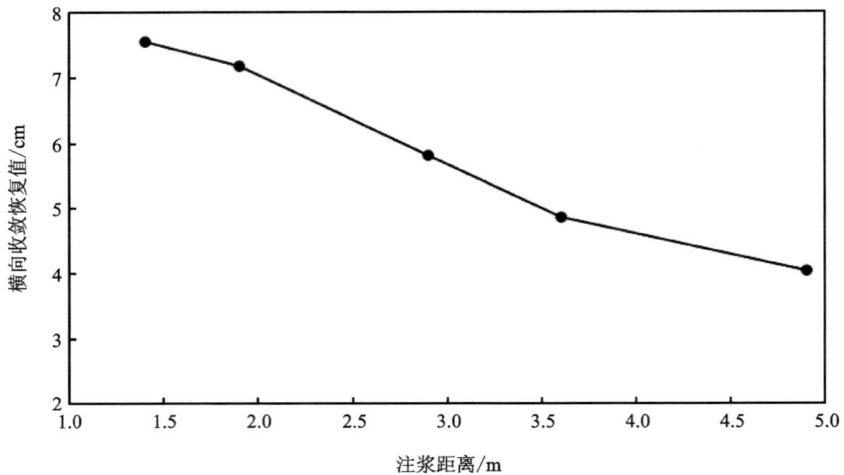

图 5.47 不同注浆距离下隧道横向收敛恢复值

总的来说,随着注浆距离 d 的减小,横向收敛恢复值 $\Delta D'$ 逐渐增加,隧道加固效果提升明显。当注浆距离 d 为 1.4m 时,横向变形恢复率 $\Delta D'/\Delta D$ 为 49.0%,近一半的隧道横向变形得到恢复。当注浆距离为 4.9m 时,加固后横向变形恢复率 $\Delta D'/\Delta D$ 为 26.1%,约 1/4 的隧道横向变形得到了恢复。根据图 5.47 发展曲线,注浆距离 d 与隧道横向变形恢复值 $\Delta D'$ 呈现非线性的发展趋势,曲线在注浆距离 $d=3.6$m 处存在拐点。当注浆距离大于 3.6m 时,隧道横向变形恢复值对注浆距离不敏感;当注浆距离小于 3.6m 时,隧道加固效果受注浆距离的影响明显增强。

上述分析显示,减小注浆距离 d 将有效提升隧道管片加固效果,然而在实际施工中,由于施工设备、操作空间等限制,实际注浆距离 d 往往大于 3m;另外,处于保护隧道的原则,注浆距离 d 也不宜过小。因此注浆距离 d 处于 3～3.6m 之间时,既兼顾了加固效率,又不失对隧道结构的保护,是注浆距离的合理取值范围。

5.5.4.3 注浆高度对隧道横向变形恢复效果影响分析

隧道注浆加固工程中,水泥浆与水玻璃浆充分混合后通过注浆口压注进入隧道侧方土体指定标高处,利用拔管设备由下而上缓慢连续地边注浆边拔管,最终形成均匀圆柱形注浆加固区,加固区高度即为注浆高度 h,如图 5.48 所示。在上海地铁 2 号线注浆施工中,由于单次注浆时间、设备浆液存储量的限制,并考虑到隧道管片变形情况,对于外径约为 6m 的隧道,注浆高度取值往往介于 5～6m 之间。本节以隧道横向收敛恢复值 $\Delta D'$ 为评价指标,通过模拟不同注浆高度工况下的隧道加固效果,分析不同注浆高度 h 对隧道加固效果的影响及影响机理。本节共计算 7 个不同工况,各工况下横向变形恢复值 $\Delta D'$ 随注浆高度 h 的发展曲线如表 5.7、图 5.49 所示。

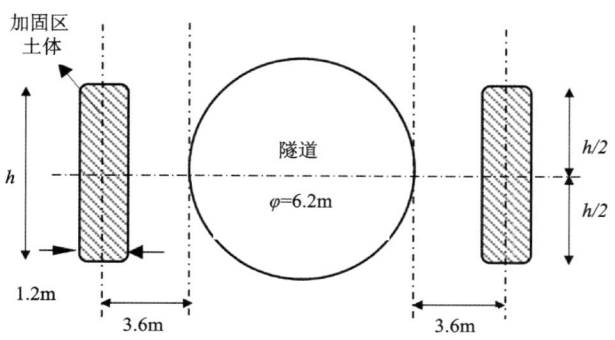

图 5.48 注浆高度几何示意图

表 5.7 注浆高度工况表

工况	C1	C2	C3	C4	C5	C6	C7
注浆高度 h /m	4	5	6	7	8	9	10
注浆距离 d /m	3.6	3.6	3.6	3.6	3.6	3.6	3.6
注浆压力 P /MPa	0.5	0.5	0.5	0.5	0.5	0.5	0.5
单孔注浆量 V /m³	1	1	1	1	1	1	1
横向变形恢复/cm	3.88	4.87	6.09	7.51	7.69	7.32	7.11
恢复百分比/%	25.3	31.7	39.7	49.0	50.1	47.7	46.3

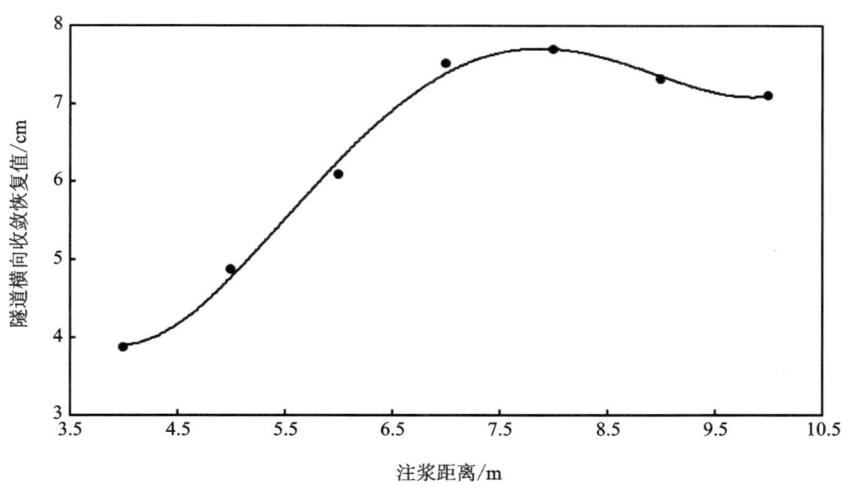

图 5.49 横向变形恢复值 $\Delta D'$ 随注浆高度 h 的发展曲线

根据图 5.49，随着注浆高度的提高，隧道横向变形恢复值呈现先增大后减小的趋势。当注浆高度 $h=4$m 时，隧道横向变形恢复率 $\Delta D'/\Delta D=25.1\%$，仅 1/4 的横向变形得到了恢复,治理效果不佳。随着注浆高度的增加,隧道横向变形恢复值逐渐增加,当注浆高度增加为 7m 左右时,横向收敛的恢复效果达到峰值,隧道横向变形恢复率 $\Delta D'/\Delta D = 52.5\%$,近一半的隧道横向收敛变形得到了恢复。随后继续增大注浆高度,隧道横向变形恢复值反而下降,当注浆高度为 10m 时,隧道横向变形恢复率下降为 46.3%。

盾构隧道横向大变形的本质可归结为隧道上部荷载与隧道侧向荷载相对比值的增加,而注浆修复的原理主要通过对隧道两侧施加额外荷载,从而减小隧道上方竖向荷载与隧道侧向水平向荷载的比值。发展曲线的转折点在 7m 处,这是由于当注浆高度超过管片外径后,隧道上方与底部土体同样受到浆液的挤压作用,对管片产生了额外的竖向应力,最终导致隧道加固效果随注浆高度的提升逐渐恶化的现象。

该现象可通过注浆后土体竖向应力分布状态加以验证。图 5.50 为不同注浆高度下土体竖向应力场示意图。根据图 5.50,注浆后隧道上方土体竖向应力增加,并且随着注浆高度的增加,该区域竖向应力力链逐渐向下发展。例如,在注浆高度 $h = 6m$ 时,竖向应力链并未发展至管片,且浆液对隧道上方土体产生抬升作用,此时隧道顶部竖向应力为 1.53MPa;当注浆高度 $h = 7m$ 时,竖向应力链发展至管片,此时隧道顶部竖向应力为 1.84MPa,不仅大于 $h = 6m$ 时的应力 1.53MPa,甚至超过了注浆前隧道顶部竖向应力 1.62MPa。可以看出,注浆高度 $h > 7m$ 时浆液对隧道上方土体产生向下的挤压作用,使隧道上覆应力增加,出现注浆高度提升而隧道变形恢复效果反而变差的情况。因此,为了达到最佳加固效果,注浆高度宜与隧道直径相同或略大于隧道直径,从而达到最优的治理效果。最终给出注浆高度的取值范围为 6.2~7m。

本章基于流固耦合离散元注浆模型,采用对注浆压力 P、注浆距离 d 与注浆高度 h 等重要参数对横向变形恢复效果的影响进行了分析,描述了不同参数对隧道横向变形恢复效果的影响规律,并根据分析结果对以上参数选取提供优化设置建议,可得到以下几点结论:

(1)总的来说,注浆对隧道横向变形的恢复作用主要通过对管片产生侧向挤压或减小管片整体竖向应力来实现。提高注浆压力、减小注浆距离能提高浆液对土体的挤压效应从而提升管片横向变形恢复效果。出于对隧道结构的保护以及现场条件的限制,不能无条件提高注浆压力 P、减小注浆距离 d。

(2)由于土体地应力的存在,当注浆压力过低时,隧道横向变形恢复量对注浆压力不敏感。而当注浆压力较高时,土体被充分压密,在注入浆液体积不变的条件下,隧道恢复效果达到上限。

(3)盾构隧道横向大变形的本质可归结为隧道上部荷载与隧道侧向荷载相对比值的增加。过大的注浆高度反而会提升隧道上部荷载,反而弱化隧道加固效果。注浆高度略大于或等于管片直径是较优的选择。

(4)考虑到注浆设备、工程预算、地层情况、对隧道结构的保护等诸多方面的限制,对上海地铁 2 号线的地层情况及隧道结构,各注浆参数设置推荐如表 5.8 所示。

第 5 章　上海地铁 2 号线突发堆载下隧道变形特征及其恢复效果

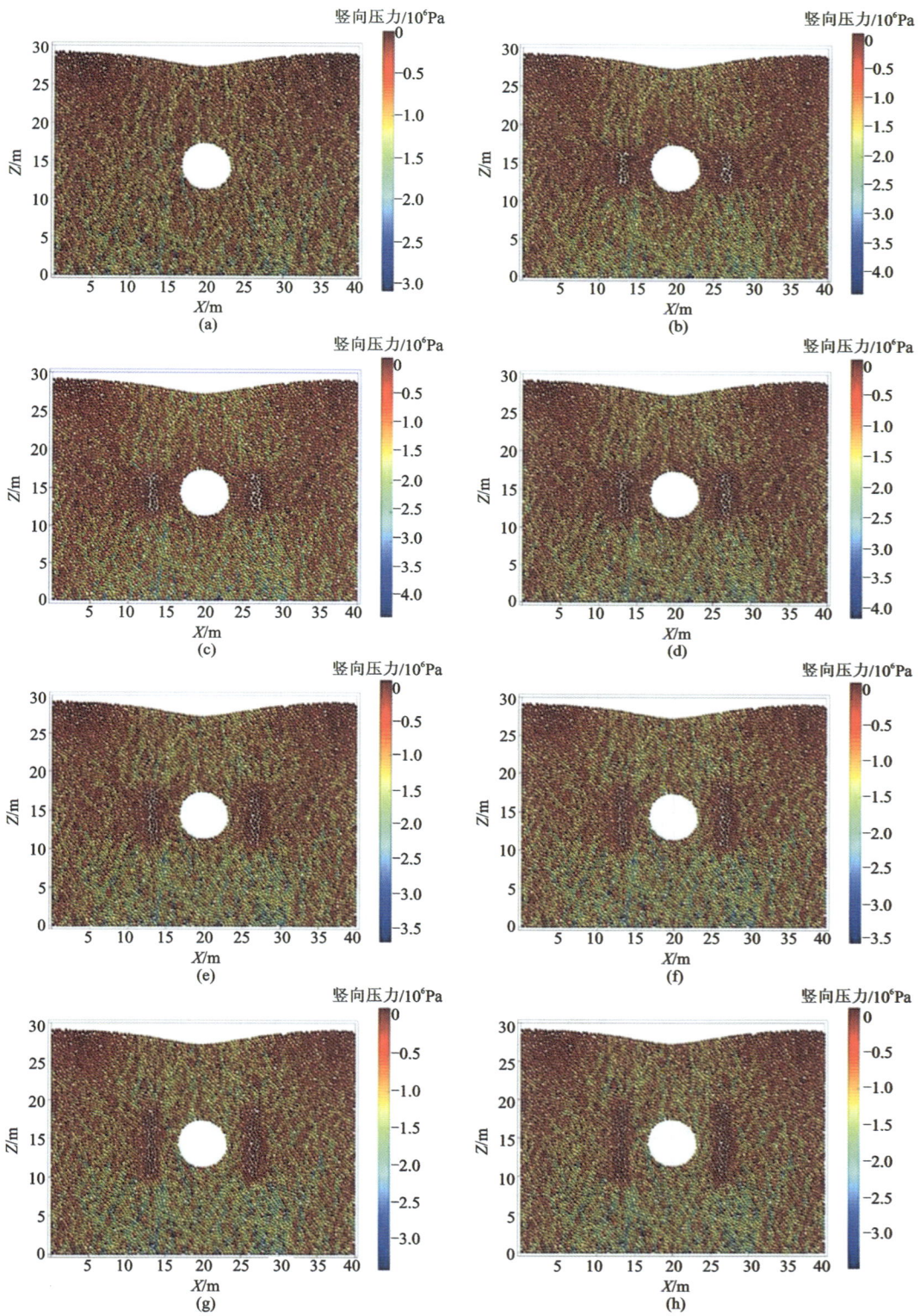

图 5.50　不同工况下土体竖直方向应力分布

(a)初始状态;(b) $h=4\mathrm{m}$;(c) $h=5\mathrm{m}$;(d) $h=6\mathrm{m}$;(e) $h=7\mathrm{m}$;(f) $h=8\mathrm{m}$;(g) $h=9\mathrm{m}$;(h) $h=10\mathrm{m}$

表 5.8　各参数推荐值

参数	注浆压力/MPa	注浆距离/m	注浆高度/m
推荐值	0.55	3～3.6	6.2～7

5.6　地铁 2 号线区间隧道故障对地铁网络的影响

上述上海地铁 2 号线突发堆载事故严重威胁隧道结构安全,降低结构使用性能,而一旦堆载区域区间隧道(创新中路—华夏东路段)因结构安全问题发生阻断,将直接导致 2 号线东延伸段(广兰路—浦东国际机场)停运,造成该线路途经的 8 个站点与地铁网络其他站点失去连接。

图 5.51 显示了 2015 年上海地铁网络版图,图中标识为浅绿色的上海地铁 2 号线(包含主线段和东延伸段)穿越浦东新区、黄浦区、静安区、长宁区、闵行区、青浦区,横贯上海市区浦江两岸,除 5 号线和 8 号线外,可直接与其他 11 条地铁线路直接交叉换乘。上海地铁 2 号线连接着上海的两大飞机场(浦东国际机场、虹桥机场)和一个最大的火车站(虹桥火车站)。2 号线横贯东西、途经区域广、交叉换乘线路多且连接重要交通枢纽,在上海地铁全网客流的输送和联通中发挥着重要的作用。若突发故障导致整条 2 号线路瘫痪,将显著影响上海地铁网络正常运营和乘客出行,降低地铁网络的运营效率。多条线路与 2 号线之间的交叉换乘功能缺失将导致多对地铁站点之间的最短路径变大,举例说明,如图 5.51 所示,从港城路站至虹桥火车站原本只需一次换乘,若 2 号线路停运需要至少两次换乘,增加了乘客出行距离和时间。此外,失去地铁 2 号线的客流分流作用也增大了地铁网络局部路段发生拥堵滞客的风险。

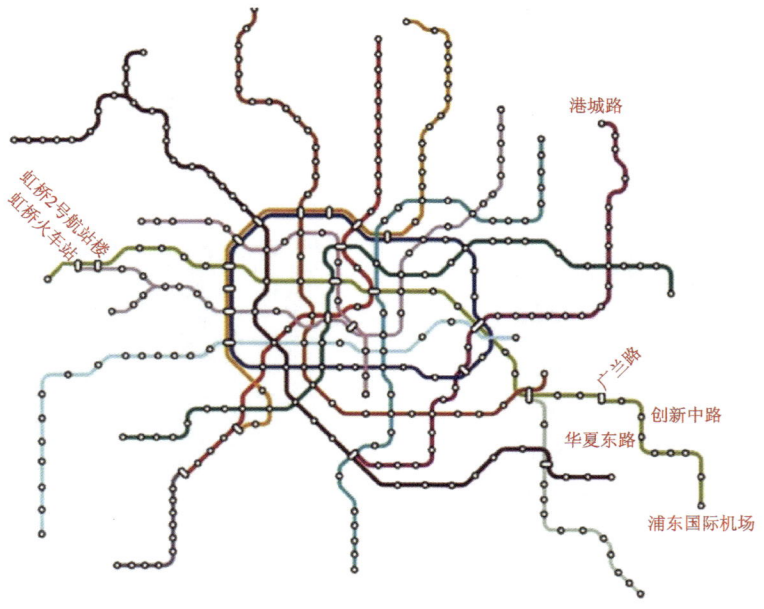

图 5.51　上海地铁网络示意图(2015 年版)

在本书第 6 章中将对外界扰动所导致的节点故障、区间故障、线路故障等不同情况下地铁网络拓扑结构和运营效率的易损性进行全面和深入的分析。

5.7 本章小结

通过上海地铁 2 号线工程实例分析得到过量超载对盾构隧道结构破损特别是变形的影响特点及相应整治策略的适用性。堆载作用下隧道产生较大收敛，呈现明显"横鸭蛋"式变形，各类结构病害特征明显，严重影响隧道运营及结构安全。利用监测数据分析对整治效果进行评价，重点分析了卸载和土体注浆条件下隧道结构横向收敛变形的恢复效果，主要结论如下：

（1）卸载及后续堵漏、修补及芳纶布、钢圈加固不能有效地控制并恢复径向收敛变形，但后续整治措施尤其是粘贴芳纶布及钢圈加固能够起到维持隧道整体性以及承载能力的作用。

（2）土体微扰动注浆通过向隧道两侧施加挤压作用力，能够明显改善隧道结构收敛变形状况，监测数据表明实施注浆后隧道变形恢复达 15%～35%。

（3）微扰动注浆施工设备简单，工艺简便高效，对环境影响小，适合软土地区运营期地铁盾构隧道的收敛变形恢复治理。采用"注浆单元体积膨胀法"模拟了隧道双侧微扰动注浆加固效果，模拟结果表明隧道横向收敛恢复百分比随超载水平增大呈现出非线性减小，数值模拟结果与实测数据较为吻合。隧道横向变形程度越小，采用注浆治理的效果越好，应结合结构健康监测检测系统对隧道变形进行实时监测，采取科学有效的措施及时"止损"。

（4）通过建立基于流固耦合的浆液-土体-隧道离散元模型，合理阐释了注浆对隧道横向大变形的修复机理以及注浆参数对隧道修复效果的影响规律。减小注浆距离 d 或提高注浆压力 P 均能提高管片加固效果，出于实际注浆条件的限制与提高横向变形恢复效率的考虑，合理选择注浆距离 d 与注浆压力 P 能在工程投入固定的情况下取得更佳变形整治效果。隧道注浆高度 h 与隧道横向变形恢复趋势图存在某个拐点，当注浆高度 $h>7m$ 时，隧道恢复效果反而变差，这是由于增加注浆高度将会使隧道上覆应力增加，从而恶化隧道变形程度。

（5）本章展示了过量超载情况下的地铁盾构隧道大变形情况和治理措施及其效果，为类似外部荷载作用下断面收敛严重的受损盾构隧道开展结构整治工作提供了很好的参考。

（6）保障盾构隧道结构安全的根本目标是维持地铁网络正常运营秩序。在外界扰动下，任一区间隧道中一环或若干环衬砌结构破损就可能导致一条或多条线路停运，影响地铁网络的完整性和连通性，直接波及整个地铁网络的正常运营。因此，进一步开展单一隧道结构发生故障对地铁网络全局运营效率易损性的影响，研究以及讨论外界扰动下地铁网络的可恢复性研究十分必要。

第 6 章　地铁隧道网络易损性和可恢复性分析

6.1　概　述

近年来城市地铁安全保障技术日趋完善,但是国内外地铁隧道因邻近工程扰动发生严重病害甚至结构安全事故的案例并不鲜见,而暴雨洪涝等自然灾害也时有发生,雨水倒灌入地铁车站和隧道内,造成了财产受损、车次延误等。随着地铁网络化建设发展,任一结构安全事故的影响不再局限于单一节点而往往对整个地铁网络造成重大影响。北京、上海、广州地铁多线交叉换乘站点已超总体车站数量的20%~35%,地铁系统已呈现大规模网络化。地下区间隧道是城市轨道交通的命脉,我国城市轨道交通在网络化、立体化的发展趋势下,地铁隧道安全风险仍然面临严峻挑战,并由节点向面向立体发展,成为城市公共安全亟须解决的重大难题。

因此,分析地铁运营系统在突发人为因素和自然因素外界扰动下的易损性,对于制定事故预防相关对策以及突发事故或灾害后的救援措施,改善地铁运营的安全现状,防御事故发生和降低事故损失都具有十分重要的意义。目前,国内外针对地铁隧道结构安全风险的控制基本以单点为主,但对于人为和自然等外界扰动因素,网络化地铁隧道结构安全风险机理不明,控制效果不佳。本章节以网络化地铁隧道结构安全风险动态控制为目标,基于复杂网络理论提出改进的网络化地铁隧道易损性定量评估模型,并应用于上海地铁系统;基于可恢复性原理创建网络化地铁隧道结构安全风险可恢复性控制技术,为实现城市网络化地铁隧道结构安全风险的可恢复性控制提供理论基础,增强适应性、可持续性、可恢复性,保障地铁高效安全运营。

本章首先介绍了复杂网络理论,以上海地铁系统为例,分析了地铁网络的拓扑结构及其主要特征指标;随之详细阐述了双权重(即区间长度加权和客流量加权)网络效率评价模型;根据双权重网络模型,针对地铁网络在节点失效、链路失效和线路失效等不同故障场景进行了系统的易损性分析;具体分析了上海地铁2号线突发堆载段区间隧道若因横向大变形等结构病害发生阻断时地铁全网运营效率的损失情况。特别地,对全球气候变化、海平面上升背景下地铁网络的淹没风险易损性进行了评估。最后应用可恢复性分析模型制定了多个区间隧道同时发生故障时的最优恢复策略,以确保地铁网络运营的最大效益。

6.2 上海地铁隧道网络特性分析

6.2.1 网络拓扑结构构建

城市轨道交通系统可以看作是由大量相互连接的站点和区间为基本单元组成的复杂网络系统。通过将地铁系统映射成拓扑图,可以基于复杂网络理论探索其特点和性能。复杂网络理论是研究现实网络系统结构和动力学特征的有用工具。Watts 和 Strogatz(1998)发现小世界效应是许多复杂网络的重要特征,它不仅像规则网络一样具有高度的凝聚性,而且像随机网络一样具有短的特征路径长度。Barabasi 和 Albert(1999)提出了复杂网络的另一个重要特征,即无标度现象,指节点度遵循指数分布。复杂网络理论已被广泛应用于城市关键基础设施网络研究,如电网网络(Albert et al.,2004;Wang and Rong,2009;Winkler et al.,2010)、管道网络(Ouyang et al.,2008;Carvalho et al.,2009)、运输网络等(Wu et al.,2007;Zhang et al.,2010)。

拓扑分析是研究网络特性和功能的基础。根据复杂网络理论(Ferber et al.,2009),构建地铁系统拓扑结构有 4 种主要方法,即 L 空间、B 空间、P 空间和 C 空间,每种方法拓扑图中节点和链路的含义见表 6.1。

表 6.1 地铁网络拓扑结构的构建方法

拓扑构建	节点	链路
L 空间	站点	相邻节点之间的链路代表两个站点直接相连
B 空间	站点和链路	代表站点隶属于某条链路
P 空间	站点	代表站点之间无须换乘
C 空间	链路	代表两条链路之间可直接换乘

在上述 4 种拓扑映射方法中,从节点和链路的意义以及它们之间的连接关系来看,L 空间建模对于一个地铁网络到相应拓扑结构的映射相对更加直观。因此,在本书中,将地铁网络映射到 L 空间中的无向网络,其中节点表示地铁站,链路表示区间隧道。地铁网络拓扑映射后,可以定量识别其网络特征。在 L 空间中,复杂网络结构的典型特征指标包括节点数、链路数、节点度、路径长度、聚类系数和网络直径等。

(1)节点度(k):一个节点的度数为连接到它的链路数或与其直接相连的节点数目。

平均节点度($k*$)是所有节点度的平均值,即

$$k^* = \frac{\sum_{i=1}^{N} k_i}{N} \tag{6.1}$$

式中：N 代表网络中的节点总数。

(2) 路径长度（d_{ij}）是指节点 i 和节点 j 之间的最短距离（$i \neq j$）。

(3) 特征路径长度（L）定义为任意两个节点之间最短路径的平均值，即

$$L = \frac{\sum_{i \neq j} d_{ij}}{N(N-1)} \tag{6.2}$$

(4) 网络直径（D）等于任意两个节点之间最短路径的最大值，即

$$D = \max(d_{ij}) \tag{6.3}$$

(5) 聚类系数衡量一个节点的两个相邻节点也直接相连的平均概率。在复杂网络中，节点 i 的聚类系数（C_i）是它与其 k_i 个相邻节点之间的实际链路数（E_i）与总潜在链路数 $k_i(k_i-1)/2$ 之比，即

$$Ci = \frac{2E_i}{k_i(k_i-1)} \tag{6.4}$$

网络聚类系数（C）则是节点聚类系数的平均值，即

$$C = \frac{\sum_{i=1}^{N} C_i}{N} \tag{6.5}$$

6.2.2 上海地铁网络特征指标

上海地铁始建于 1993 年，随后迅猛发展，尤其是在 2010 年上海世博会前几年进入建设高潮，地铁网络至今仍在快速扩张（图 6.1）。表 6.2 总结了 1993 年、2000 年、2006 年、2010 年和 2015 年的上海地铁的拓扑特征指标。

表 6.2 上海地铁网络的特征指标变化

特征指标	1993 年	2000 年	2006 年	2010 年	2015 年
地铁线路数量	1	3	5	11	14
地铁站数量（N）	4	44	88	246	303
区间数量	3	45	91	270	350
平均节点度（k^*）	1.50	2.05	2.07	2.20	2.31
网络聚类系数（C）	0	0	0	0.004 1	0.008 2
特征路径长度极限值（$\ln N / \ln k^*$）	3.42	5.29	6.16	7.00	6.82
网络聚类系数极限值（k^*/N）	0.375 0	0.046 5	0.023 5	0.008 9	0.007 6

第 6 章 地铁隧道网络易损性和可恢复性分析

截至 2015 年底,上海地铁共开通了 14 条线路,包含 303 个地铁站点,已经形成了网络化运营。Zhang 等(2018a)研究表明,2015 年上海地铁系统已经发展成为一个具有无标度网络和小世界网络特性的复杂网络。2015 年上海地铁的网络拓扑结构如图 6.2 所示。在拓扑图中,链路长度与对应的两个相邻站点之间的实际距离成正比,节点大小与进入相应车站的乘客数量成正比。区间长度分布如图 6.3 所示。乘客数量取自上海地铁网络各地铁站在 2015 年某同一时段的客流量,将客流数据进行归一化处理后如图 6.4 所示。由图可知,上海地铁区间长度分布和客流分布都表现出幂律分布特征。

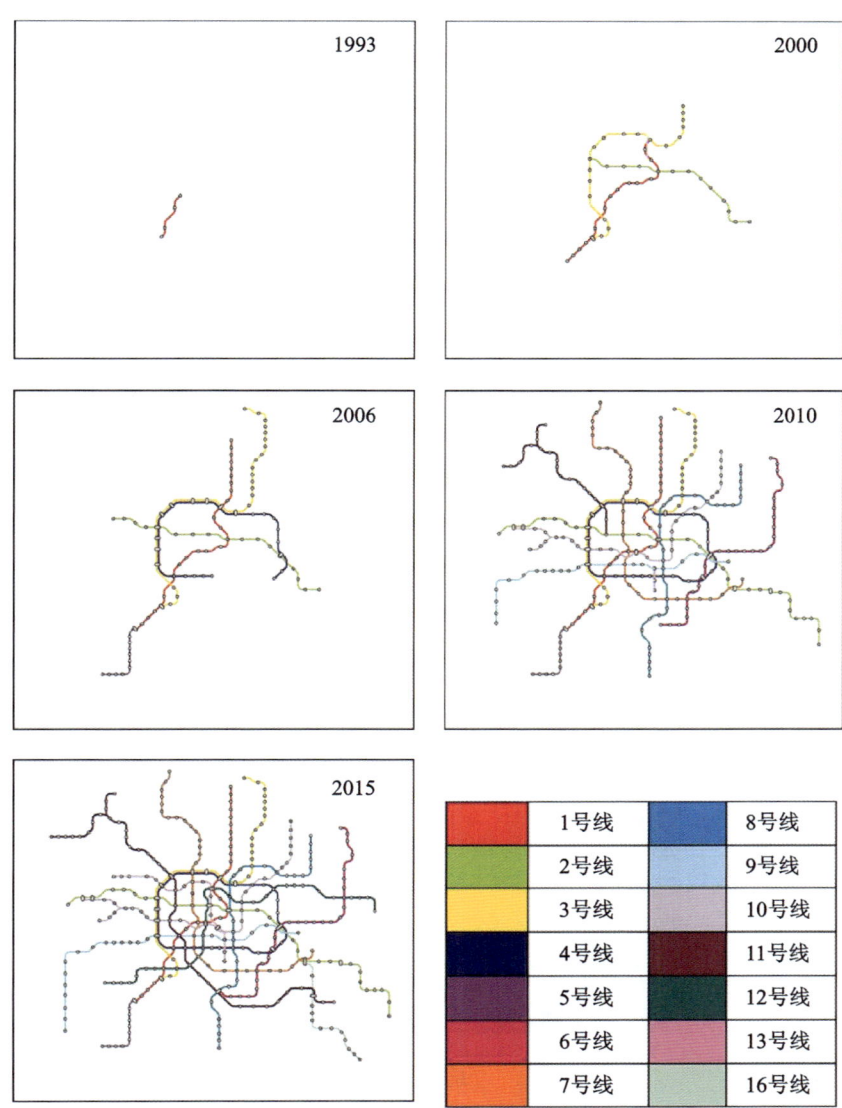

图 6.1　1993 年至 2015 年上海地铁网络图

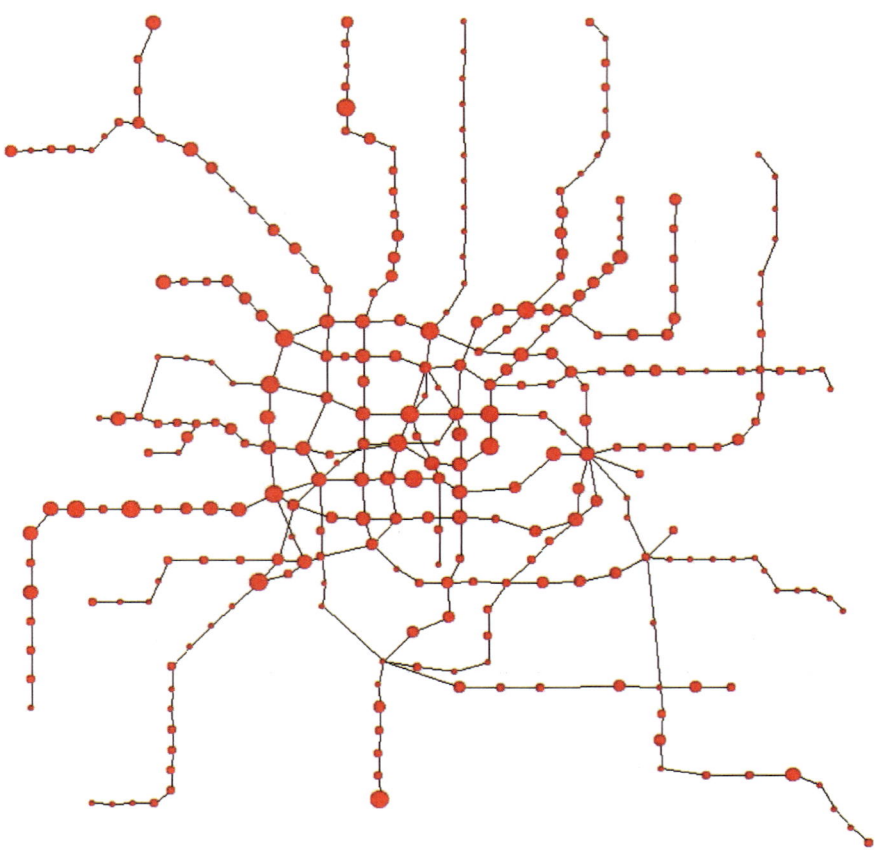

图 6.2 2015年上海地铁网络拓扑结构(链路长度正比于站间实际距离;节点大小正比于站点客流量)

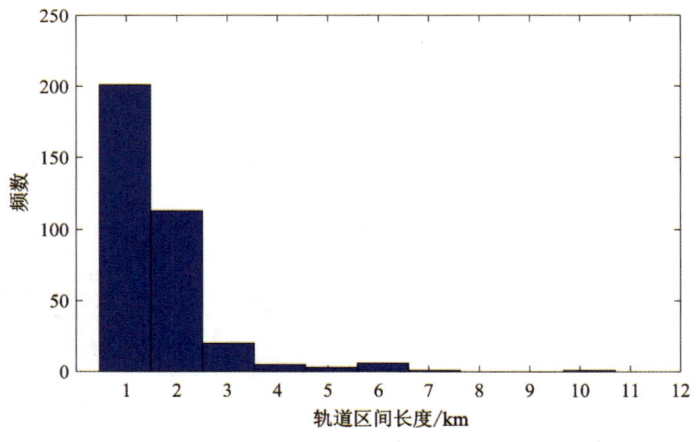

图 6.3 上海地铁区间长度分布

第 6 章 地铁隧道网络易损性和可恢复性分析

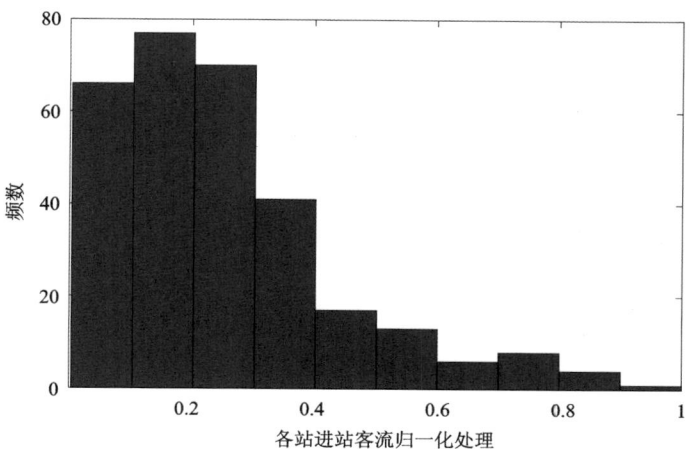

图 6.4 某同一时段上海各地铁站客流量归一化处理后的分布状态

6.3 上海地铁隧道网络易损性分析

6.3.1 双重加权网络效率计算模型

在拓扑分析的基础上,本节详细阐述地铁网络双权重易损性评价模型中的两个关键部分,即以区间长度对链路加权所得的邻接矩阵和以客流量对节点加权所得的网络效率,通过一个简单的网络算例进行说明如下。

6.3.1.1 链路加权邻接矩阵

在复杂网络理论中,邻接矩阵是用来表达有限网络节点之间连接关系的矩阵。由于网络是无向的,邻接矩阵是对称的,对角线上元素为零。一个有 N 个节点的未加权网络由一个包含以下元素的 $N \times N$ 邻接矩阵表示:

$$\boldsymbol{A}_{ij} = \begin{cases} 0 & \text{如果 } i = j \\ 1 & \text{如果节点 } i \text{ 和 } j \text{ 之间存在直接连接} \\ \infty & \text{其他} \end{cases} \quad (6.6)$$

在本书提出的加权网络模型中,链路加权网络邻接矩阵中的元素等于链路上的权重,即对应区间的长度,表示如下:

$$\boldsymbol{A}_{ij} = \begin{cases} 0 & \text{如果 } i = j \\ l_{ij} & \text{连接节点 } i \text{ 和 } j \text{ 的链路所映射区间的实际长度} \\ \infty & \text{其他} \end{cases} \quad (6.7)$$

在地铁网络中,分配给链路的权重是两个相邻地铁站之间相应路段的实际长度。以图 6.5 中四节点网络为例,根据式(6.6)和式(6.7)得到链路加权网络所得邻接矩阵和不加权邻接矩阵,二者对比如图 6.5 所示。

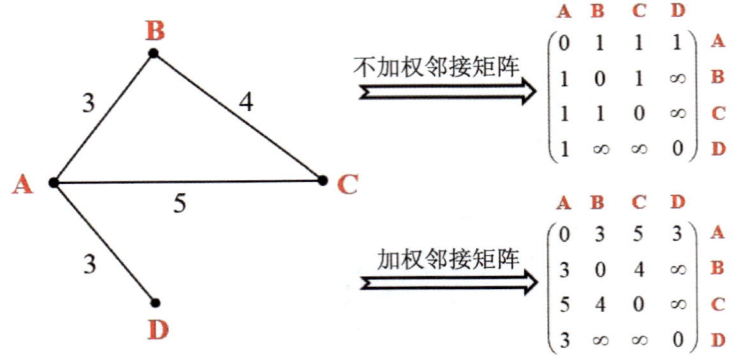

图 6.5 加权网络邻接矩阵示例

6.3.1.2 节点加权网络效率

网络效率是衡量网络性能的标准。Latora 和 Marchiori(2001)将全局网络效率定义为

$$E_f = \frac{1}{N(N-1)} \sum_{i \neq j} \frac{1}{d_{ij}} \tag{6.8}$$

式中：N 表示节点总数；d_{ij} 表示节点 i 和 j 之间的最短路径长度，即连接两节点的最少的链路数量，可以通过 Floyd 算法从邻接矩阵中得到(Cormen et al.,1990;Rosen,2003)。

由此定义知，全局网络效率等于全网任意两节点之间最短路径的均值，侧重于网络节点的连通性。

考虑路径长度和客流分布是地铁网络的两个重要参量，本书提出一个改进的网络效率计算公式为

$$E_f = \frac{1}{N(N-1)} \sum_{i \neq j} \frac{w_{ij}}{d_{ij}} \tag{6.9}$$

式中：d_{ij} 为最短路径上所有区间的实际长度之和，代替式(6.8)中最短路径上区间的数量；w_{ij} 是节点权重因子，由节点 i 和节点 j 之间的乘客流通量表示，来量化两节点间的连接强度。

因此，节点加权网络效率(以下简称网络效率)是衡量网络连通性和输送客流能力的更全面的指标。路径长度越短，客流量越大，网络效率越高，更加准确合理地反映了地铁网络的性能。

地铁网络故障事件可以通过将相应部分节点和链路从网络中移除进行模拟，从而从两个方面导致网络效率下降。一方面，一些站点之间失去连接和相关的客流，从公式上看是失去连接的节点对的路径长度 d_{ij} 变为无穷大，w_{ij} 变为零；另一方面，部分站点之间的最短路径变长，从公式上看若干节点对的 d_{ij} 变大。故障事件对网络性能的影响可通过相对网络效率(rE_f)进行评估，定义为故障后网络效率(E_f')与初始网络效率(E_f^0)之比

$$rE_f = \frac{E_f'}{E_f^0} \tag{6.10}$$

已知各地铁站的客流数量,需要建立一个模型来近似估算任意两站点之间的客流通量。假设站间客流通量与两个站点的客流量之和成正比,则 w_{ij} 的计算公式为

$$w_{ij} = \frac{R_{(i,j)}}{\max(R_{(k,s)}, k=1\sim N, s=1\sim N, k\neq s)} \tag{6.11}$$

$$R_{(i,j)} = R_{j\rightarrow i} + R_{i\rightarrow j} = P_i \frac{P_j}{\sum_{k\neq i} P_k} + P_j \frac{P_i}{\sum_{k\neq j} P_k} \tag{6.12}$$

式中:$R_{(i,j)}$ 代表两个车站 i 和 j 之间的客流通量,即 i 至 j 和 j 至 i 两个方向上的乘客量之和;w_{ij} 作归一化处理,等于 $R_{(i,j)}$ 与最大站间客流通量之比;P_i 和 P_j 分别表示车站 i 和车站 j 的客流数量。

在图 6.6 中的网络示例中,节点 A 和节点 B 之间的客流通量可以根据式(6.13)计算得到。

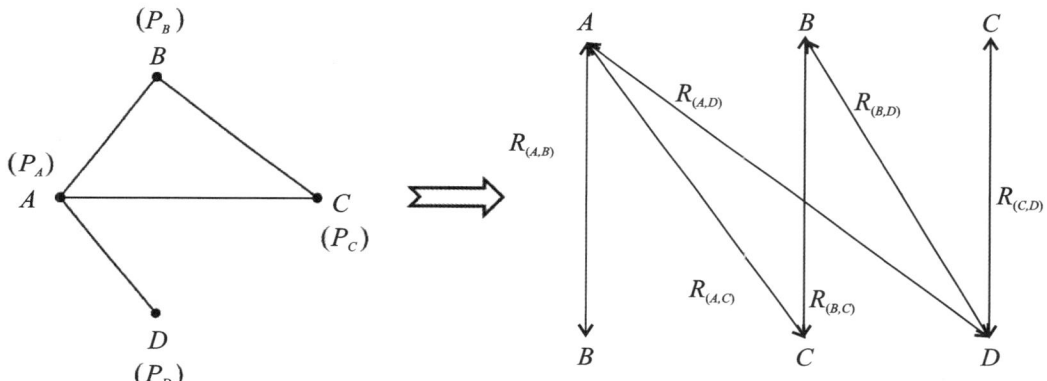

图 6.6 站间客流通量计算网络示例

$$R_{(A,B)} = R_{B\rightarrow A} + R_{A\rightarrow B} = P_A \frac{P_B}{P_B + P_C + P_D} + P_B \frac{P_A}{P_A + P_C + P_D} \tag{6.13}$$

6.3.1.3 易损性评估过程

地铁网络的易损性可以通过故障事件导致的网络效率损失来定量评估。在本书中,假设的故障事件包括节点故障和链路故障两种模式,如图 6.7 所示。图 6.8 展示了双重加权网络易损性评价模型框架。易损性评估过程包括以下 3 个步骤。

步骤 1:基于初始网络拓扑,获取链路加权邻接矩阵,然后应用改进的 Floyd 算法导出初始网络距离矩阵,量化各对站点之间的客流通量,根据式(6.9)计算初始网络效率。

步骤 2:在网络发生故障的情况下,使用节点和/或链路删除方法生成故障后网络拓扑图,然后获取故障后邻接矩阵和关联距离矩阵,最后计算故障后网络效率。

步骤 3:运用式(6.10)计算故障后相对网络效率。

对于图 6.2 所示的上海地铁网络,由于 4 号环线和其他换乘站的存在,上海地铁的 14 条线路都可以直接或间接交叉换乘。换言之,无故障发生时,上海地铁网络中的任何两个站点

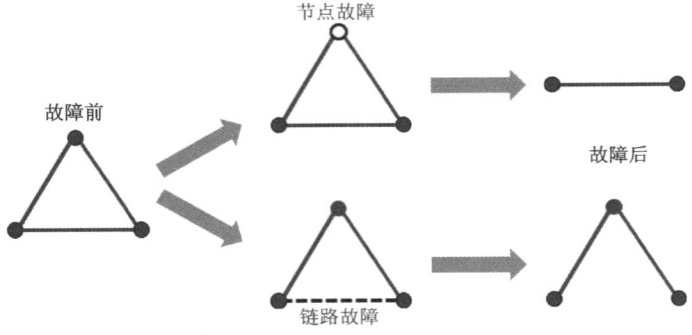

图 6.7 网络两种故障模式

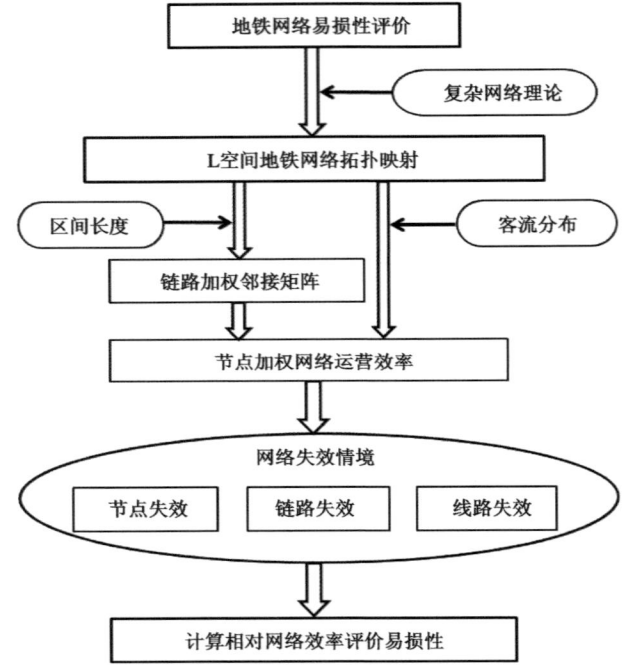

图 6.8 双重加权网络易损性评价模型框架

都是相互通达的。作者运用双重加权网络易损性评价模型,研究了上海地铁在节点故障、链路故障和线路故障等不同情境下的网络运营效率损失。

6.3.2 节点失效易损性分析

作者依次分析了各地铁站发生故障情况下的地铁网络效率,提出了节点连接重要度的概念(node connectivity importance,NCI),以量化每个地铁站对全局网络效率的贡献。NCI 表示为

$$\mathrm{NCI}_i = \frac{E_{f^0} - E_{f',i}}{\sum_{j=1}^{N}(E_{f^0} - E_{f',j})} \tag{6.14a}$$

$$\sum_{i=1}^{N} \text{NCI}_i = 1 \tag{6.14b}$$

式中：E_f^0 是初始全局网络效率；$E_{f',i}$ 是移除节点 i 后的网络效率；二者根据式(6.9)计算得到。

表 6.3 显示了 303 个地铁站中前 10 个连接重要度较高的关键站点，其中 6 个是换乘站，表明节点度高的换乘站和 NCI 大的站点一旦发生故障，整个网络容易受到较大影响。

表 6.3 影响全局网络效率最关键的 10 个站点

NCI 排序	地铁站	所在线路	故障后相对网络效率(rE_f)
1	宜山路站	3、4、9 号线	89.72%
2	四平路站	8、10 号线	91.55%
3	曹杨路站	3、4、11 号线	91.70%
4	镇坪路站	3、4、7 号线	91.96%
5	桂林路站	9 号线	92.35%
6	金沙江站	3、4、13 号线	93.51%
7	虹口足球场站	3、8 号线	93.67%
8	漕河泾开发区站	9 号线	93.70%
9	岚皋路站	7 号线	93.91%
10	枫桥路站	11 号线	94.10%

在以下 5 种不同的故障情况下，评估了多节点连续故障对地铁网络的影响。
- Ⅰ-①：随着节点度的降低，节点相继失效。
- Ⅰ-②：随着节点度的增加，节点相继失效。
- Ⅱ-①：随着 NCI 的降低，节点相继失效。
- Ⅱ-②：随着 NCI 的增加，节点相继失效。
- Ⅲ：节点以随机顺序相继失效。

对于故障Ⅰ-①，假设按照节点度递减的顺序 1%、2%、3%、4%、5%、10%、20%、30%、40%、50%、60%、70%、80%、90% 和 100% 的节点依次出现故障，针对每个故障情况计算相应的全局网络效率。同样地，推导了Ⅰ-②、Ⅱ-①和Ⅱ-②多节点故障引起的全局网络效率的变化。图 6.9 给出了 4 种情况下的相对网络效率。由图可知，当全网中失效节点小于 4% 时，故障Ⅰ-①下的网络效率比故障Ⅱ-①下的降低幅度小；而当失效节点占比大于 4% 且小于 20% 的情况下，呈现出相反的结果。在故障Ⅰ-①情况下，只有 10% 的节点出现故障就会造成相对网络效率下降到 10%；在Ⅱ-①下，约有 20% 的节点出现故障会导致相对网络效率下降到 10%；而在Ⅰ-②和Ⅱ-②情况下需要节点失效占比分别约为 90% 和 80%。可见，影响地铁网络运营效率的因素包括发生故障的地铁站点的数量，也包括站点在全网中的位置所决定的连接重要性和客流量大小。

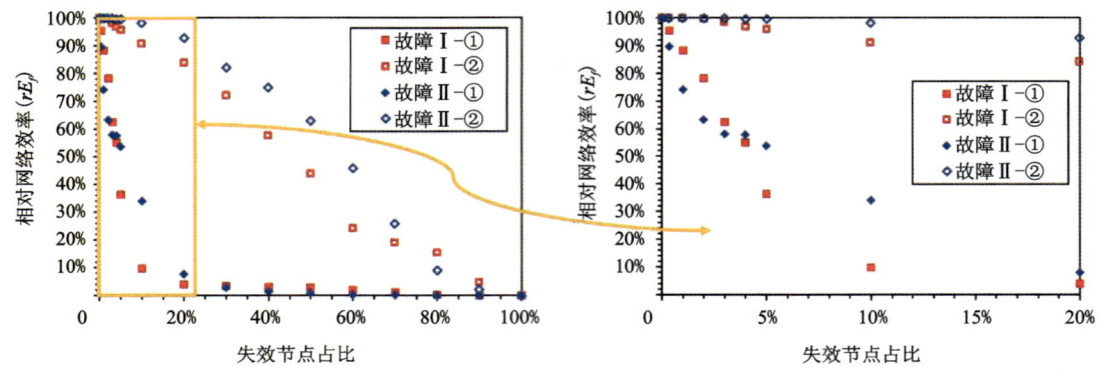

图 6.9 不同节点失效情况下网络效率的比较

从图 6.10 中可以看出,对于Ⅰ-①和Ⅱ-①两种故障情况,10%的节点出现故障将造成地铁网络拓扑结构严重受损。与图 6.2 中的初始网络拓扑结构相比,图 6.10(a)中的拓扑图显示外部节点与内部节点连接断开;而图 6.10(b)不仅呈现出外部节点的断开,密集分布在网络中心的一些节点也被移除或断开。以上结果突出了具有较高节点度或较大 NCI 的站点在全局网络连通性方面的重要性。

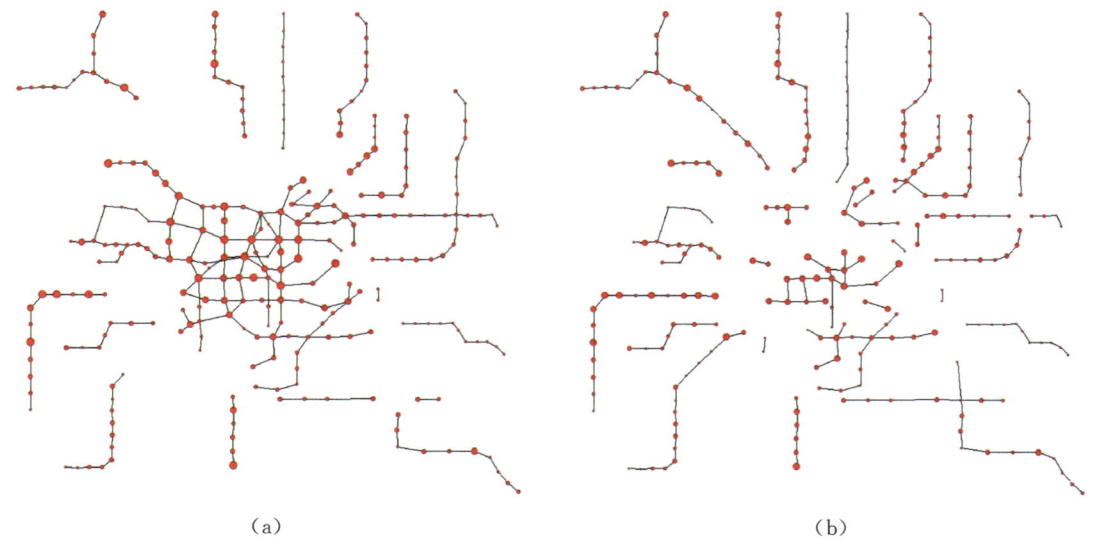

(a) (b)

图 6.10 10%节点失效后的网络拓扑图

(a) Ⅰ-①情况下 10%节点度较高的节点失效;(b) Ⅱ-①情况下 10%的 NCI 较大的节点失效

此外,对故障Ⅲ随着失效节点占比的增加,分别进行了节点按随机序列失效的 100 次随机模拟(图 6.11)。图 6.12 显示了 1%、5%、10%、20%、30%和 50%随机节点失效后的相对网络效率的频率分布直方图,由图可知随着失效节点占比增大,相对网络效率均值迅速减小,变异系数(COV)不断增大。比较图 6.11 与图 6.9 可知,随着失效节点增多,相对网络效率在故障Ⅰ-①和Ⅱ-①情况下的下降速率显著大于故障Ⅲ。因此,上海地铁网络对于随机故障的鲁棒性相对较强,但是面对蓄意攻击却非常脆弱。因为具有更高节点度或更大连接重要度的节点在网络的整体连通性和载客能力中起着重要作用,一旦发生故障将严重损害全网拓扑结构并影响整个地铁网络的运能运力。

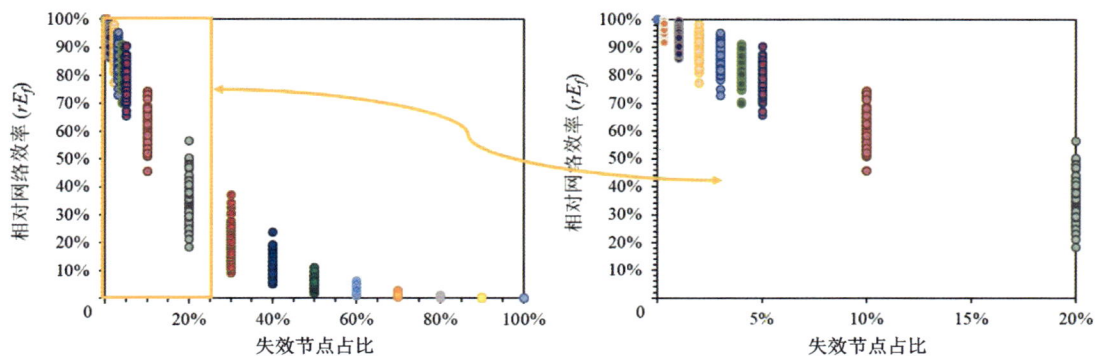

图 6.11　节点随机失效的相对网络效率模拟结果(每个失效节点占比情况下进行 100 次随机模拟)

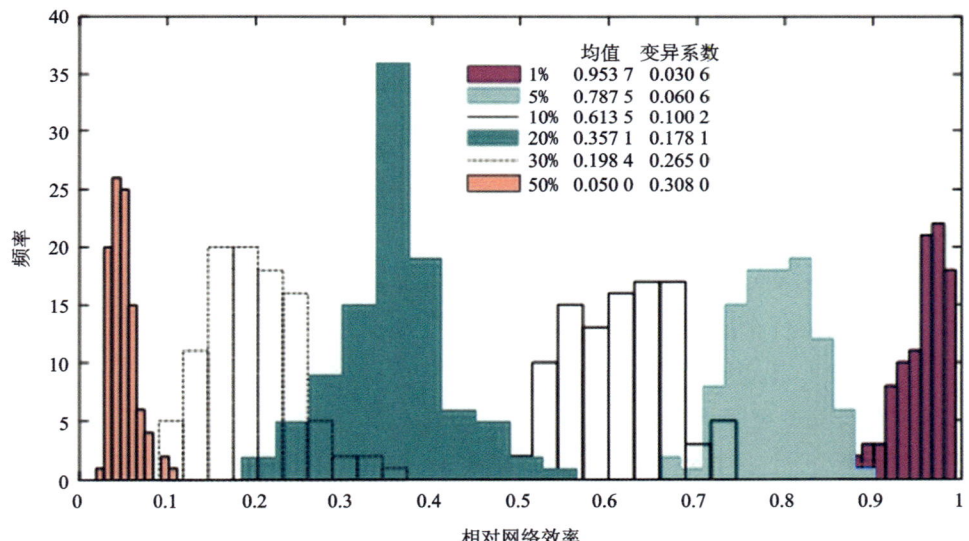

图 6.12　1%、5%、10%、20%、30%、50%的节点失效时 100 次随机模拟得到的相对网络效率的频率分布直方图

6.3.3　链路失效易损性分析

类似地,提出了链路连接重要度(link connectivity importance,LCI)的概念,来衡量每条链路对全局网络效率的贡献,表示为

$$\mathrm{LCI}_i = \frac{E_{f^0} - E'_{f,i}}{\sum_{j=1}^{N}(E_{f^0} - E'_{f,j})} \tag{6.15a}$$

$$\sum_{i=1}^{N} \mathrm{LCI}_i = 1 \tag{6.15b}$$

式中：E_f^0 是初始全局网络效率；$E'_{f,i}$ 是移除链路 i 后的网络效率；二者根据式(6.9)计算得到。

从初始网络拓扑图中依次移除单个链路，并分别根据式(6.15)计算每条链路的 LCI 值。在总共 350 个链路中，确定了 LCI 最大的 10 个关键的链路(表 6.4)，发现 NCI 较大的节点与 LCI 较大的链路高度相关。

表 6.4　影响全局网络效率最大的 10 个关键区间

LCI 排序	所连接的两个地铁站	所在线路	故障后相对网络效率(rE_f)
1	宜山路站—桂林路站	9 号线	92.49%
2	桂林路站—漕河泾开发区站	9 号线	93.85%
3	镇坪路站—岚皋路站	7 号线	93.99%
4	曹杨路站—枫桥路站	11 号线	94.15%
5	岚皋路站—新村路站	7 号线	94.54%
6	漕河泾开发区站—合川路站	9 号线	94.88%
7	枫桥路站—真如站	11 号线	94.90%
8	新村路站—大华三路站	7 号线	95.24%
9	真如站—上海西站	11 号线	95.34%
10	合川路站—星中路站	9 号线	95.52%

在以下 3 种假设的故障情况下，研究了多链路连续故障事件对地铁网络的影响。
- Ⅳ-①：随着 LCI 的减小，链路相继失效。
- Ⅳ-②：随着 LCI 的增加，链路相继失效。
- Ⅴ：链路以随机顺序相继失效。

3 种故障情况下相对网络效率的变化如图 6.13 所示。当全网 20% 的链路被移除时，故障Ⅳ-①情况下的相对网络效率降低到 50%。随着链路故障数量增多，Ⅳ-①下的相对网络效率的下降速率明显大于Ⅳ-②和Ⅴ。

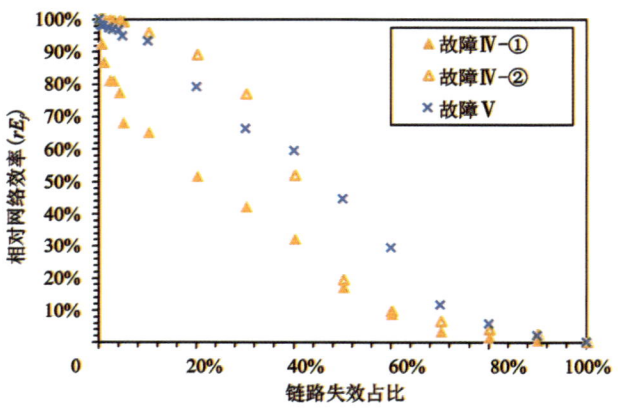

图 6.13　不同链路故障情况下相对网络效率比较

6.3.4 线路失效易损性分析

地铁网络有相互独立的固定地铁线路,乘客可以通过换乘站在地铁线路之间换乘。一个车站或一段区间的故障可能导致整条线路的关闭。因此,有必要分析每条地铁线路故障情况下地铁网络的易损性。2015年的上海地铁运营线路共14条,因客流量分布是本书所考虑的一个重要权重因子,对应于图6.2和6.4,图6.14描绘了同一时段内14条线路上的归一化客流量分布,可见该时段内7~11号线运量较大。

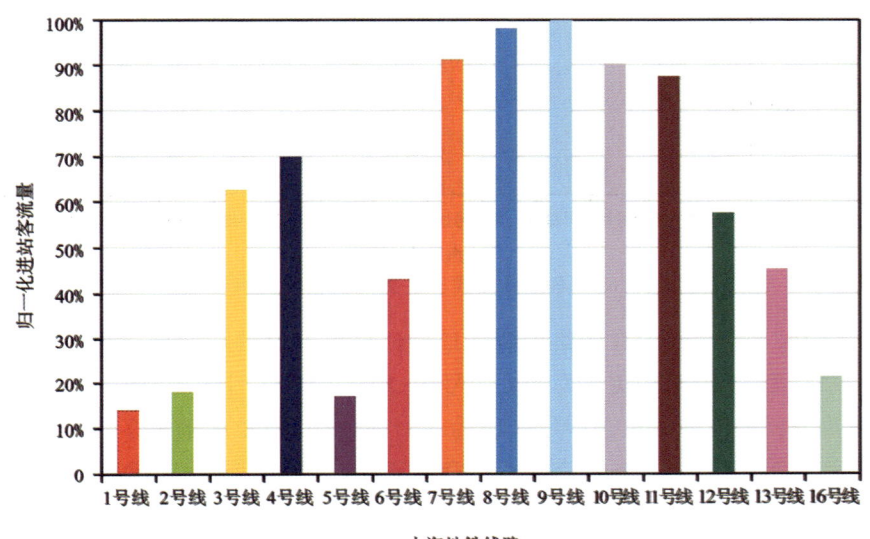

图6.14 某同一时段上海地铁各条线路归一化客流量

假设上海地铁网络中的某条地铁线路关闭或停运,通过计算相对网络效率来分析其对整个网络连通性的重要性。应当注意的是,此处假设停运地铁线上的换乘站在其他线路上仍将正常运行。综合考虑客流量和区间长度两个权重因子,计算出各条地铁线路故障下的相对网络效率,如图6.15所示。在8号线、9号线或10号线暂停的情况下,相对网络效率较低,表明这3条线路对整个地铁网络的运营效率有较大影响,这是因为这3条线路上地铁站数量较多且客流量更大。而5号线和16号线由于位于地铁网络的边缘,载客量较小,因而对全局网络的连通性影响较小。4号线是一条拥有大量客流的环线,但其停运不会导致相对网络效率的大幅下降,原因是4号线和3号线有部分线路重叠,可由3号线进行补偿。

值得注意的是,易损性模拟结果是受客流分布影响的。本书筛选出的易损性较大的关键站点、区间和线路均是基于所截取的某时段客流量得到的。客流分布数据变化则易损性评估结果也会随之变化。

6.3.5 加权网络与不加权网络对比分析

与未加权网络不同,加权网络将路径距离和客流分布作为加权因子建立网络邻接矩阵和网络效率计算公式。为了突出所提出的双加权网络模型相对于传统的未加权网络模型的优越性,比较了两种模型在线路失效和站点失效情况下的易损性评估结果。

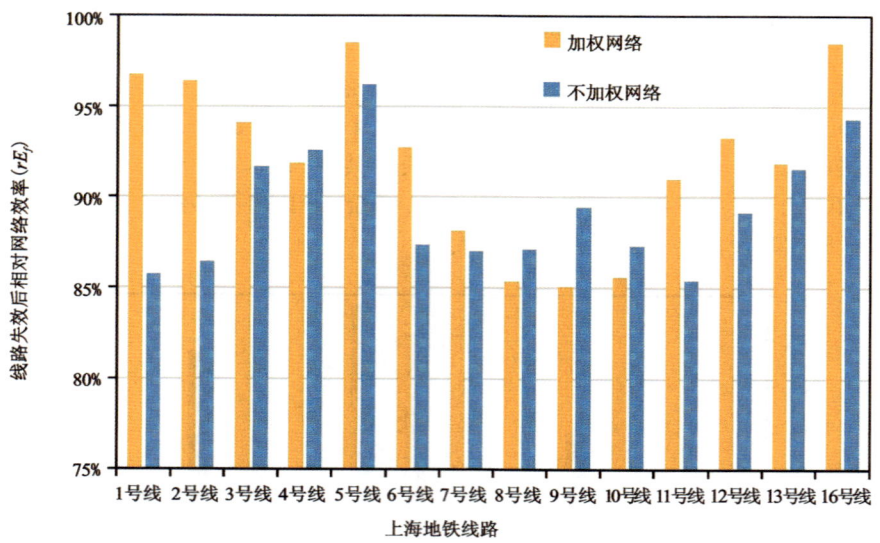

图 6.15　各条地铁线路失效后的相对网络效率

图 6.15 同时显示了未加权网络中每条地铁线路停运时的相对网络效率。可以看出，根据未加权网络模型，上海地铁更容易受到 1 号线、2 号线和 11 号线故障的影响，这不同于由双加权网络模型获得的 8 号线至 10 号线，因为 8 号线至 10 号线承载更多乘客。因此，在地铁系统的易损性分析中，应考虑地铁路径长度和客流分布，全面评估地铁网络运营效率，以得出更加合理的结果。

根据未加权网络模型计算了各地铁站的节点连接重要度（NCI），同样筛选出前 10 个 NCI 值较高的关键站点，如表 6.5 所示，与由加权网络模型得出的表 6.3 中的站点不完全相同，并且同一站点在两表中排序不同。以宜山路站为例，其 NCI 值在加权网络模型中排名第一，但在未加权模型中排名第六；而曹杨路站在加权网络模型中排名第三，但在未加权模型中排名第一。这是由于宜山路的客流量与曹杨路相比较大。此外，对于未加权网络模型，10 个最关键站点发生故障后相对网络效率之间的差异非常小，然而，加权网络模型可以明显区分这些站点的连接重要性。

表 6.5　不加权网络中对全局网络效率影响最大的 10 个站点

NCI 排序	地铁站	所在线路	故障后相对网络效率（rE_f）
1	曹杨路站	3、4、11 号线	91.30%
2	四平路站	8、10 号线	92.39%
3	镇坪路站	3、4、7 号线	92.41%
4	枫桥路站	11 号线	92.45%
5	上海站	1、3、4 号线	92.46%

续表 6.5

NCI 排序	地铁站	所在线路	故障后相对网络效率(rE_f)
6	宜山路站	3、4、9 号线	92.74%
7	龙阳路站	2、7、16 号线	92.90%
8	真如站	11 号线	93.09%
9	世纪大道站	2、4、6、9 号线	93.63%
10	上海西站	11 号线	93.66%

对于故障 Ⅱ-①情况,即站点随着 NCI 的降低而相继失效,对比两种模型的计算结果。由图 6.16 可知,当不超过 10% 的节点失效时,两种模型之间的相对网络效率略有不同。然而,当超过 10% 的节点失效时,加权模型中的相对网络效率下降得更快。

通过上述比较分析,可以得出结论,加权网络模型与不加权网络模型的易损性计算结果差异明显。通过加权建模,结合地铁线路的实际长度和地铁站客流分布状况,能更加系统全面地对地铁网络进行易损性分析。

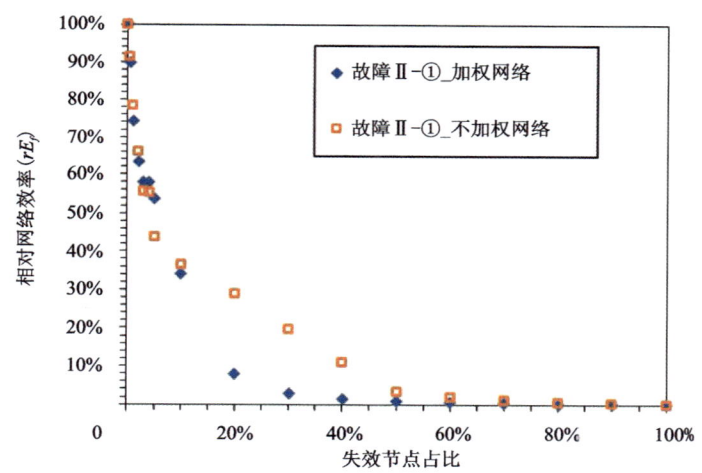

图 6.16 故障 Ⅱ-①情况下加权网络与未加权网络相对网络效率的比较

6.4 地铁 2 号线区间隧道故障对地铁网络易损性的影响

在上一章的最后,基于上海地铁 2 号线创新中路站—华夏东路站区间隧道突发堆载的工程案例,定性地分析了在堆载扰动下部分衬砌环一旦发生结构变形破坏会对整个地铁网络连通性造成的影响,一方面直接导致地铁 2 号线东延伸段所有区间隧道、车站与全网其余部分不能连通;另一方面间接导致全网其余若干区间隧道、车站之间连通的最小路径增大,结果导致部分乘客出行不便,地铁网络整体运营效率下降。利用本章地铁网络易损性分析框架可以定量地计算创新中路站—华夏东路站区间隧道变形破坏造成的网络运营效率的损失。

创新中路站—华夏东路站区间隧道位于上海地铁 2 号线东延线上(见图 5.51),其中断将直接导致 2 号线东延伸段列车停运,但 2 号线主线段和东延伸段的地铁列车是各自独立运行的,因而不会影响 2 号线主线段的列车通行。如图 6.17 所示,采用加权全局网络效率计算公式获得创新中路站—华夏东路站区间失效和 2 号线东延伸段线路失效情况下的相对网络效率分别为 99.91% 和 99.87%。结果显示创新中路站—华夏东路站区间隧道中断对上海地铁网络总体运营效率的影响很小,这是因为上海地铁网络规模庞大,车站数量多达 303 个,线路之间交叉换乘网络连通性好,而 2 号线东延线位于地铁网络边缘,无交叉换乘站,节点度低且站点数量少(共 9 站,仅占全网站点总数的 3%),2 号线东延线停运不会影响地铁网络其他站点之间的正常连接。2 号线全线(包含主线和东延线)停运情况下的相对网络效率下降较为明显,为 96.37%。

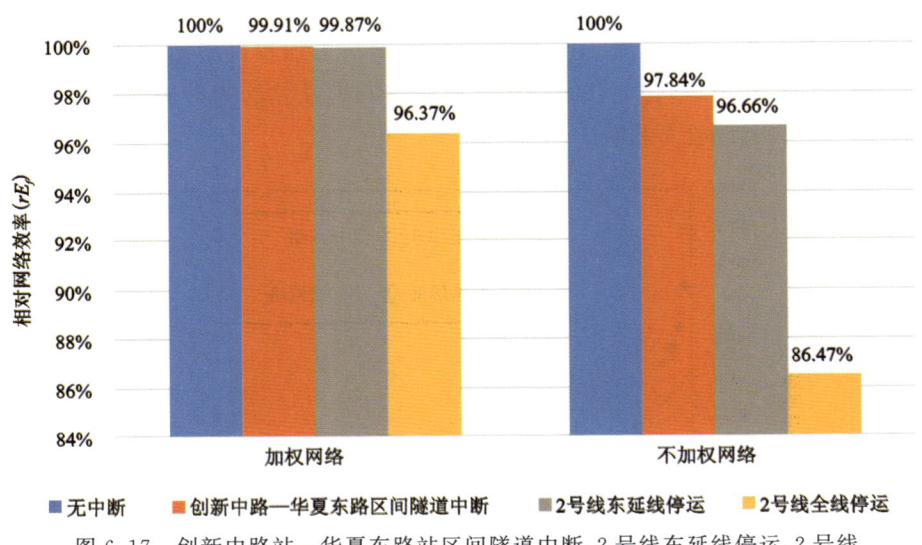

图 6.17 创新中路站—华夏东路站区间隧道中断、2 号线东延线停运、2 号线全线停运情况下的相对网络效率

若不考虑客流量分布和区间隧道长度,着重从网络拓扑结构连通性角度分析地铁网络效率,则采用传统不加权全局网络效率计算公式得到创新中路站—华夏东路站区间隧道中断、2 号线东延线停运、2 号线全线停运情况下的相对网络效率分别为 97.84%、96.66%、86.47%(图 6.17)。贯穿上海东西的地铁 2 号线停运将导致网络效率的下降不及 15%,由此表明站点、区间、线路等单元之间连通性较好,连通冗余度较高,验证了现有上海地铁系统规模已经显现出复杂化和网络化特征。需要补充说明的一点是,在以上所述 3 种故障情况下,采用加权网络模型比不加权网络模型计算得到的相对网络效率较大,网络易损性较小,这是因为本书研究所截取时段内 2 号线上客流量相比其他线路较小(见图 6.14)。

6.5 海平面上升对地铁网络易损性的影响

6.5.1 海平面上升背景

除前文所述的人为突发堆载等邻近工程扰动导致隧道结构安全事故频繁发生之外，在地铁运营中，暴雨洪涝是最常见的自然灾害，且对运营影响较大。在全球气候变化、海平面上升、风暴潮加剧背景下，上海等沿海城市面临风险较高的洪涝灾害，严重威胁基础设施安全，本节开展较长时间尺度上沿海城市地铁系统的淹没风险易损性研究。

由于全球气候变暖、极地冰川融化、上层海水受热膨胀等因素的综合影响，全球海平面不断上升，而且上升速度越来越快。根据政府间气候变化专门委员会（IPCC）第五次评估报告，全球平均海平面在1901年到2010年的百年间上升了19cm；据估计，与2005年相比，在低排放情景和高排放情景（RCP2.6和RCP8.5）下，到2100年，全球海平面可能上升25～95cm，如图6.18所示。自1980年以来，我国沿海海平面平均每年上升3.0mm，远高于全球平均水平。而地面沉降等因素又会加剧相对海平面的上升进程。在《中国地下水资源与环境调查》报告中指出，近30年来长江三角洲地区地面沉降问题突出，有将近1万km^2的面积累计沉降超过200mm（《中国气象报》，2016）。海平面持续上升会加强海水顶托力作用，造成城市的排水系统能力下降，加大了城市内涝风险（蓝颖春，2016）。上海在2015年6月的一天发生了特大暴雨，恰逢天文大潮，河道泄洪能力不足，致使城区出现严重内涝，而海平面上升是该次内涝灾害发生的一个助推因素。此外，海平面上升也会抬高风暴潮的增水水位，增大沿海城市风暴潮自然灾害的破坏强度以及发生频率。海平面上升是缓变型灾害，与其他极端气象灾害的影响叠加在一起，将对城市防洪除涝以及城市地铁等各种基础设施造成严重影响。中国科学院院士秦大河指出，在几十年的尺度上，风险总体上还是可控的，但若经过上百年甚至更长时间累积后，风险可能达到或超过城市可承受的临界值，河口水源地无淡水可取、城市雨水无处可排的现象可能频繁出现。

华盛顿特区和上海市是人口稠密的低洼沿海城市，由于海平面上升和风暴潮的加剧，面临很高的洪水风险。验潮站测得的平均高潮位趋势表明华盛顿特区和上海区域的海平面持续上升。国家气候中心的海平面上升计划预测了若未来全球气候变暖2℃和4℃下，海平面上升导致华盛顿特区和上海被淹没情况，如图6.18所示，其中蓝色区域是被淹没区域。图6.19形象地显示了上海陆家嘴部分地区的三维淹没视图。

在全球海平面上升背景下，对于局部地区基于水位上升来评估一个地区对洪涝灾害的易损性。局部地区的水位上升（water level rise，WLR）是全球海平面上升与地区其他因素相互叠加的综合结果，包括风暴潮和极端降水事件、构造沉降、地下水开采造成的地面沉降、流域水土保持和大型水利工程造成的河口河道侵蚀、土地开垦和深水航道整治造成的水位上升等。上海地区的水位上升主要是由于海平面上升、风暴潮和地面沉降造成的。

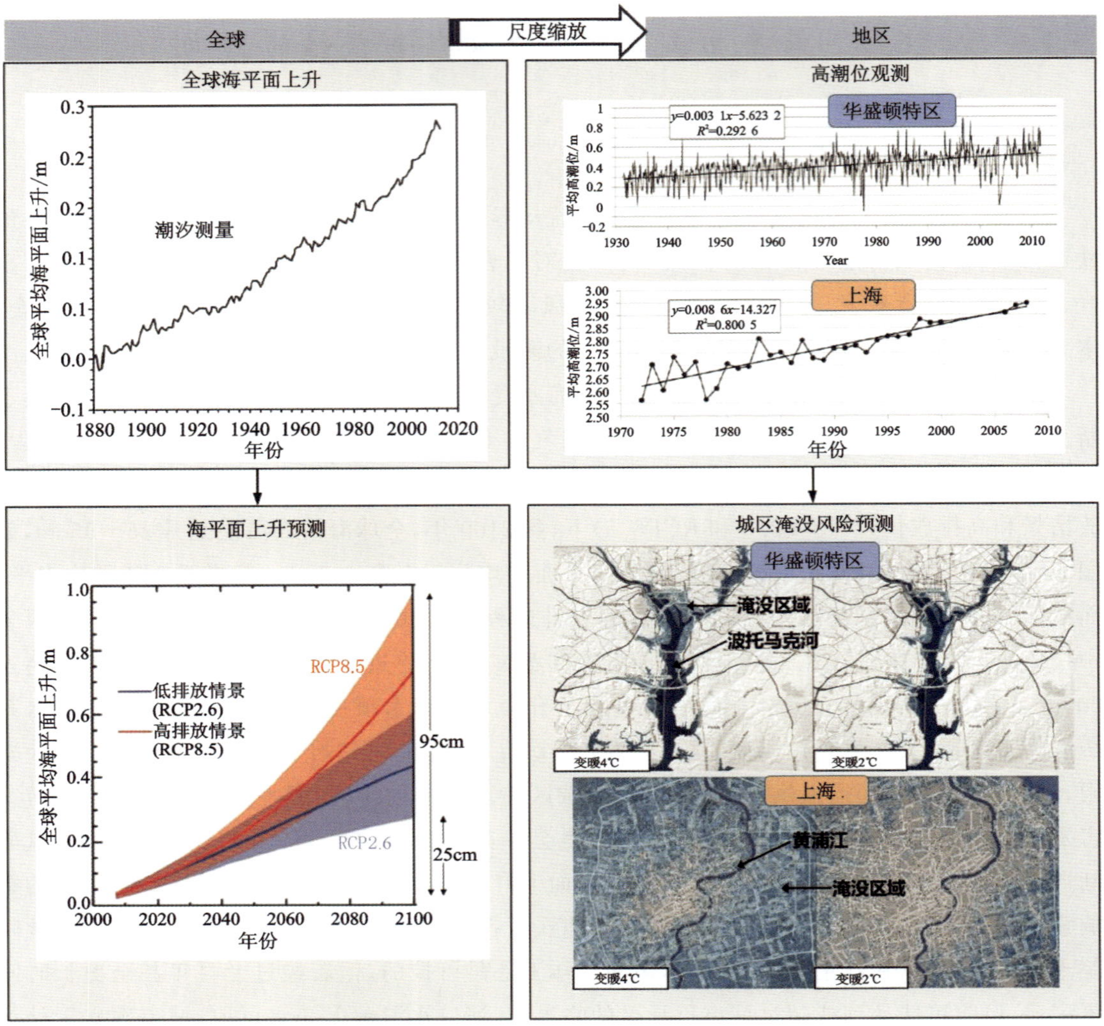

图 6.18 海平面上升的观测和预测——从全球到地区

图 6.19 预测全球变暖 2℃ 和 4℃ 后上海地区三维淹没视图

(来源：https://www.chinadialogue.net/blog/8529-Chinese-cities-most-at-risk-from-rising-sea-levels/en)

- 海平面上升：上海位于长江口和东海边缘，在地理和社会经济上容易受到海平面上升和相关风暴潮风险的影响。国家气候中心在 2015 年 11 月发布的报告"*Mapping Choices*：

Carbon, Climate, and Rising Seas—Our Global Legacy"中指出,海平面上升给上海带来的损失最大。气候中心估计,如果地球变暖4℃,上海地区目前76%的人口将生活在水下。根据2007年《中国海平面通报》,1978—2007年间上海地区平均海平面上升了115mm(约3.8mm/年)。据2015年《中国海平面通报》预测,未来30年上海沿海海平面将上升75～150mm。气候变化和海平面上升对上海构成了重大威胁。

- 风暴潮:上海地区也经常受到极端台风风暴潮造成的洪水灾害的影响(Wang et al.,2012)。由于海洋表面温度上升,风暴的频率和强度将变得更加猛烈,海平面加速上升将导致更大的风暴潮(Tsyban et al.,1990;Nicholls et al.,1999;Karim and Mimura,2008)。因此,当风暴潮与海平面上升引起的涨潮同时发生时,洪水灾害的程度将会加剧。
- 地面沉降:1921—2007年,上海地区的地面沉降量平均值为1.973m,现在仍以每年10mm的速度在下沉(Gong and Yang,2008),下沉速度是海平面上升速度的两倍多。

6.5.2 上海地铁淹没风险分析

上海地区的水位上升将威胁其地下空间安全,并影响地铁系统的可持续性运行。本书研究WLR对上海地铁系统的潜在危害,对于洪涝灾害防控和应急管理具有重要意义。

评估地铁网络洪水易损性的关键是将预测水位与地铁站出入口的高程进行比较。首先,采用数字高程模型(DEM)将上海地区及各地铁站进行数字化建模,如图6.20所示。根据《地铁设计规范》(GB 50157—2013),地下车站出入口应高出地面450mm。因此,车站出入口的高程数据是通过将相应的地面高程增加450mm而获得的。应该注意的是,本研究中的洪水淹没分析是基于最坏的情况,即假设地下排水系统和防洪设施失效。

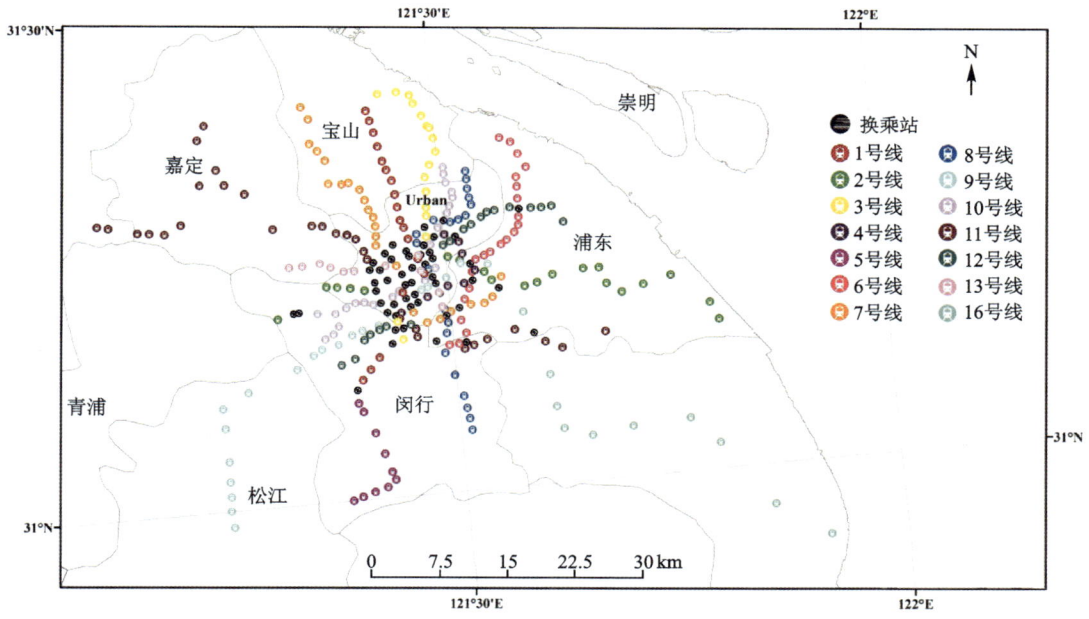

图6.20 上海地区及地铁站的数字地形模拟

假设未来水位上升情景,设置了1m、2m、3m、4m和5m等5个梯度,采用ArcGIS 10.1

软件建立河流—海洋联合数值水动力模型,通过以下3个步骤获得每个WLR下的淹没图。

步骤1:确定低于假设水位标高的区域;

步骤2:在第一步确定的区域中,选择与黄浦江和东海相连的区域并将其确定为真正的淹没区;

步骤3:位于淹没区内的站点被确定为受影响的地铁站点。

图6.21显示了不同水位上升情况下的淹没模拟结果。随着水位上升,淹没区规模和受影响地铁站数量也会增加(图6.22)。当WLR为1～2m时,一个车站有淹没风险,为位于黄浦江边地铁12号线上的国际客运中心站;当WLR达到3m时,黄浦江附近3个地铁站会受

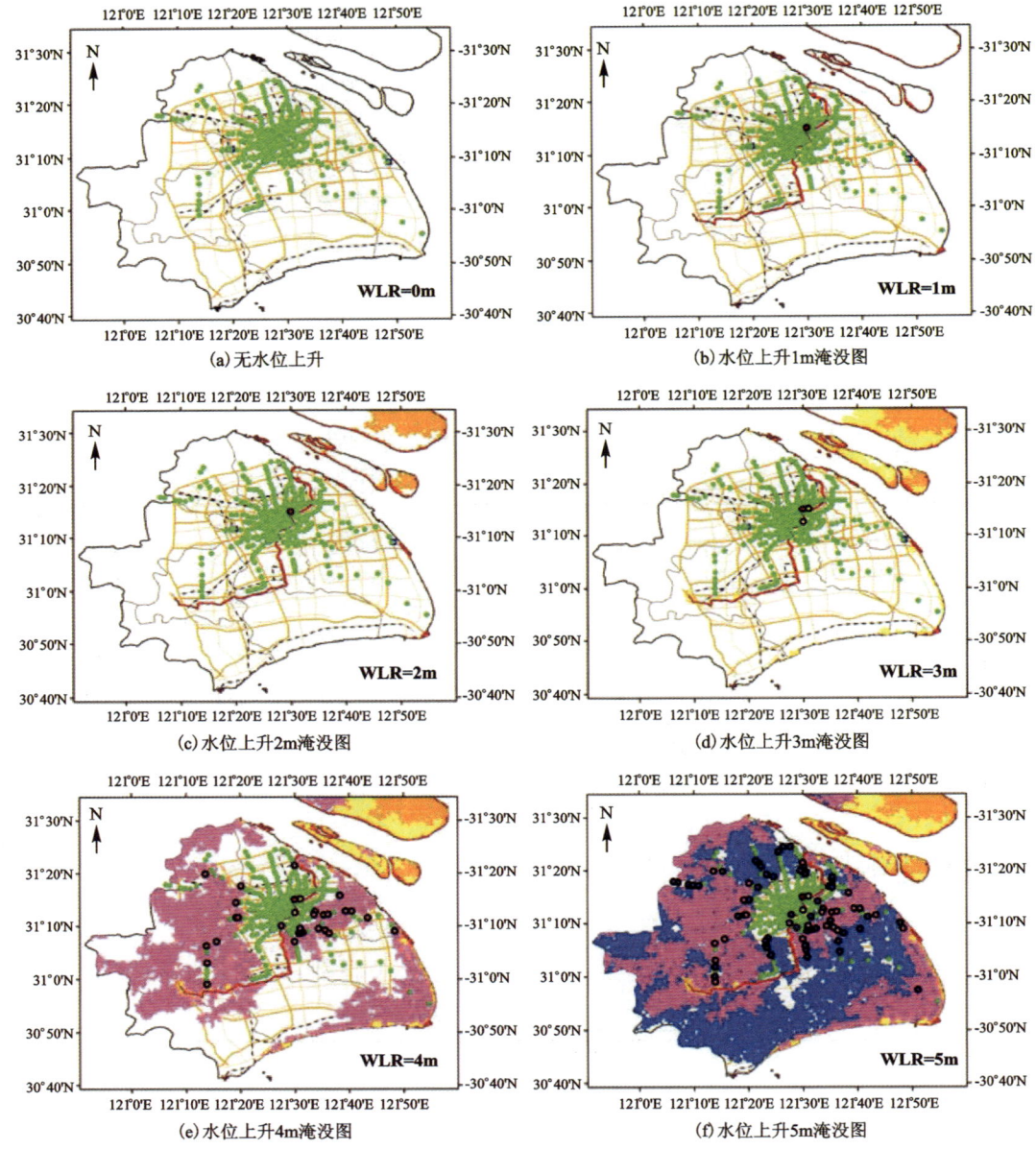

(a) 无水位上升
(b) 水位上升1m淹没图
(c) 水位上升2m淹没图
(d) 水位上升3m淹没图
(e) 水位上升4m淹没图
(f) 水位上升5m淹没图

第 6 章 地铁隧道网络易损性和可恢复性分析

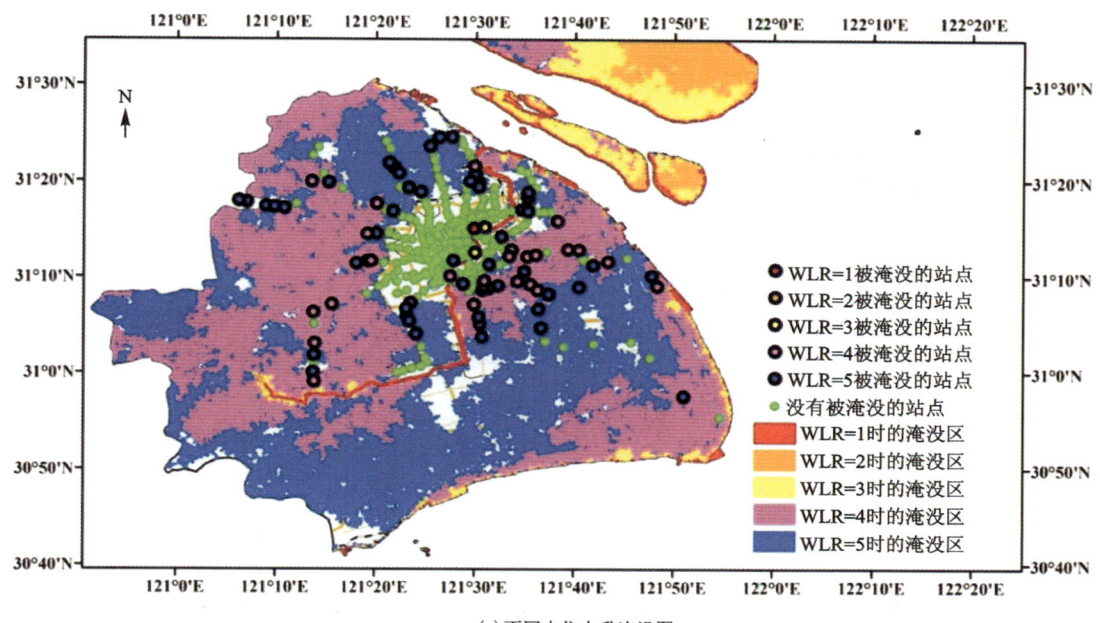

(g)不同水位上升淹没图

图 6.21 不同水位上升情况下上海地区及地铁站淹没图

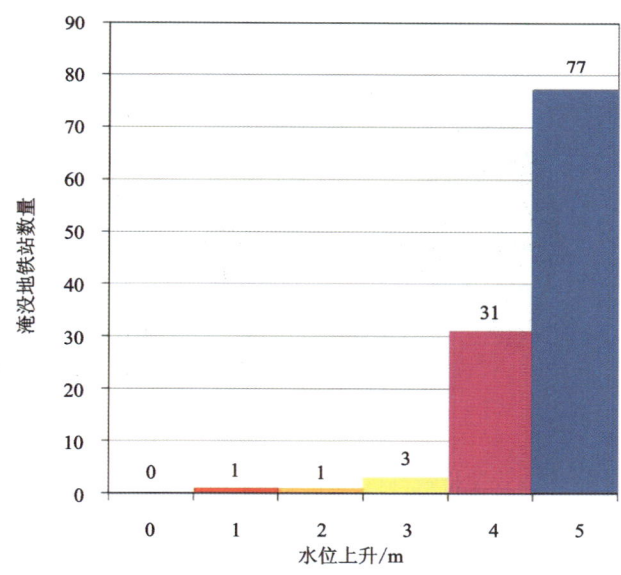

图 6.22 不同 WLR 下的地铁站淹没数量

影响,新增的两个站点为 4 号线上的杨树浦路站和南浦大桥站;而 WLR 达到 4m 时,上海地区近一半的面积将被淹没,淹没地铁站的数量升至 31 个;在 WLR 达到 5m 时淹没地铁站的数量翻倍至 77 个,除海拔较高的中心城区,大部分城区都会受到影响。随着地铁网络更多的外围站被淹没,网络规模将显著减小,导致地铁系统运营效率下降。

图 6.23 显示了 WLR 达到 5m 时的地铁站淹没图。在这个图中,蓝点代表被淹没的站

点,而绿点代表安全的站点。图 6.24 显示了每条地铁线上被洪水淹没的车站数量。现有的 14 条地铁线路都会受到一定程度的影响。地铁 11 号线上有最多的站点暴露在洪水风险中,多达 19 个,其次是 2 号线,被洪水淹没的车站有 12 个。

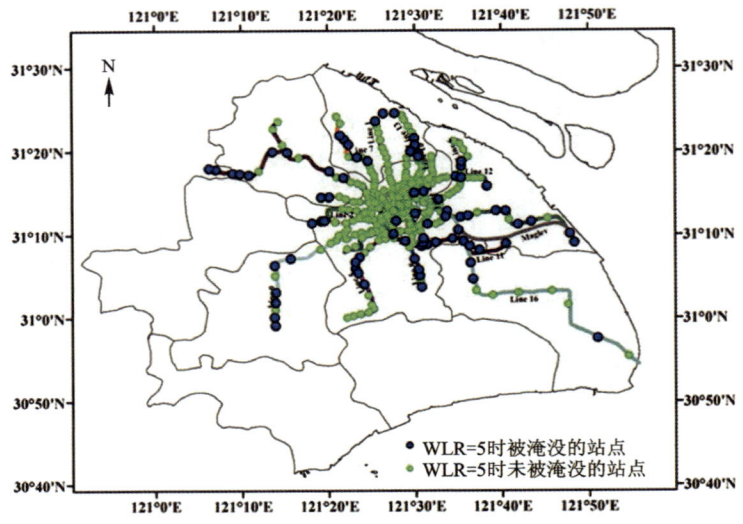

图 6.23　WLR 达到 5m 时的地铁站淹没图

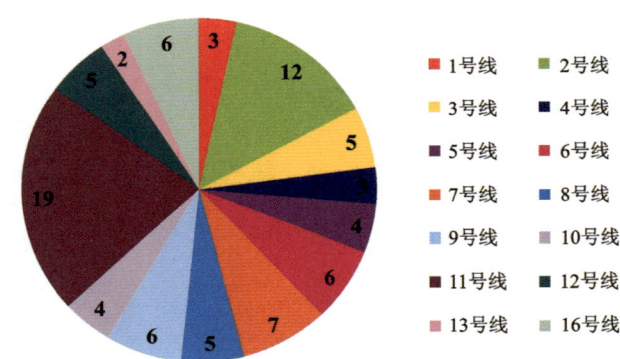

图 6.24　WLR 达到 5m 时每条地铁线上被洪水淹没的车站数量

6.5.3　易损性影响分析

在上海地区淹没风险评估的基础上,本节描述上海地铁系统的破坏情况以及网络效率的受损程度。图 6.25 显示了上海地铁网络的拓扑结构,其中黑点代表地下地铁站,红点代表高架桥上的地铁站。对于地下地铁站,如果预计水位高于其出入口,地铁隧道和车站将被淹没。对于地面以上的车站(如高架桥上),虽然出入口被淹没,但车站和隧道都不会受到影响。在此假设下,结合上一节的淹没评估结果,通过移除中断的节点和相关链路,得到了不同 WLR

水平下地铁网络的拓扑映射,如图 6.26 所示。可知,当 WLR 超过 3m,上海地铁网络的完整性和连通性将受到严重破坏。这种破坏会导致许多外围节点和相关链路的故障,就好像网络的"触角"被切断了一样。

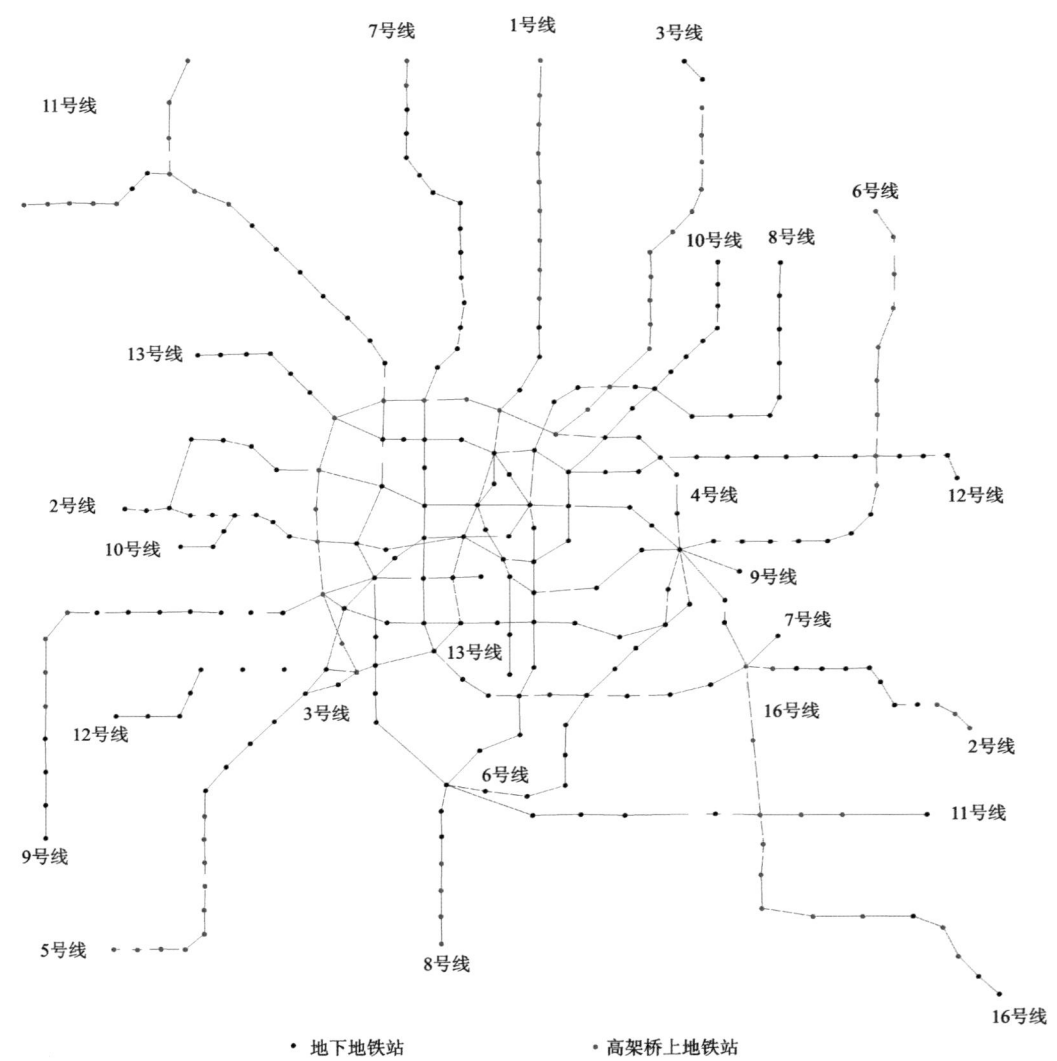

图 6.25　上海地铁站分布—地下地铁站和高架桥上地铁站

不同 WLR 下中断网络的网络全局效率如图 6.27 所示。当水位上升超过 3m 时,网络效率显著下降,水位达到 4m、5m 时下降超过 40%。被淹没的地下站点越多,网络的整体连通效率就越低。海平面上升与地面沉降和风暴潮的叠加效应对上海地铁系统构成了直接威胁。

评估洪水风险造成的地铁网络易损性是增强其可恢复性及可持续性的必要步骤。易损性、可恢复性和可持续性这些概念是相互关联的。Nelson 等(2019)开发了一个评估考虑易损性的复杂系统的可持续恢复性的综合框架。易损性是系统在受到外部冲击时的状态。可恢复性是系统抵御外界干扰并从中快速恢复的能力。认识系统中最脆弱的部分是可恢复性评

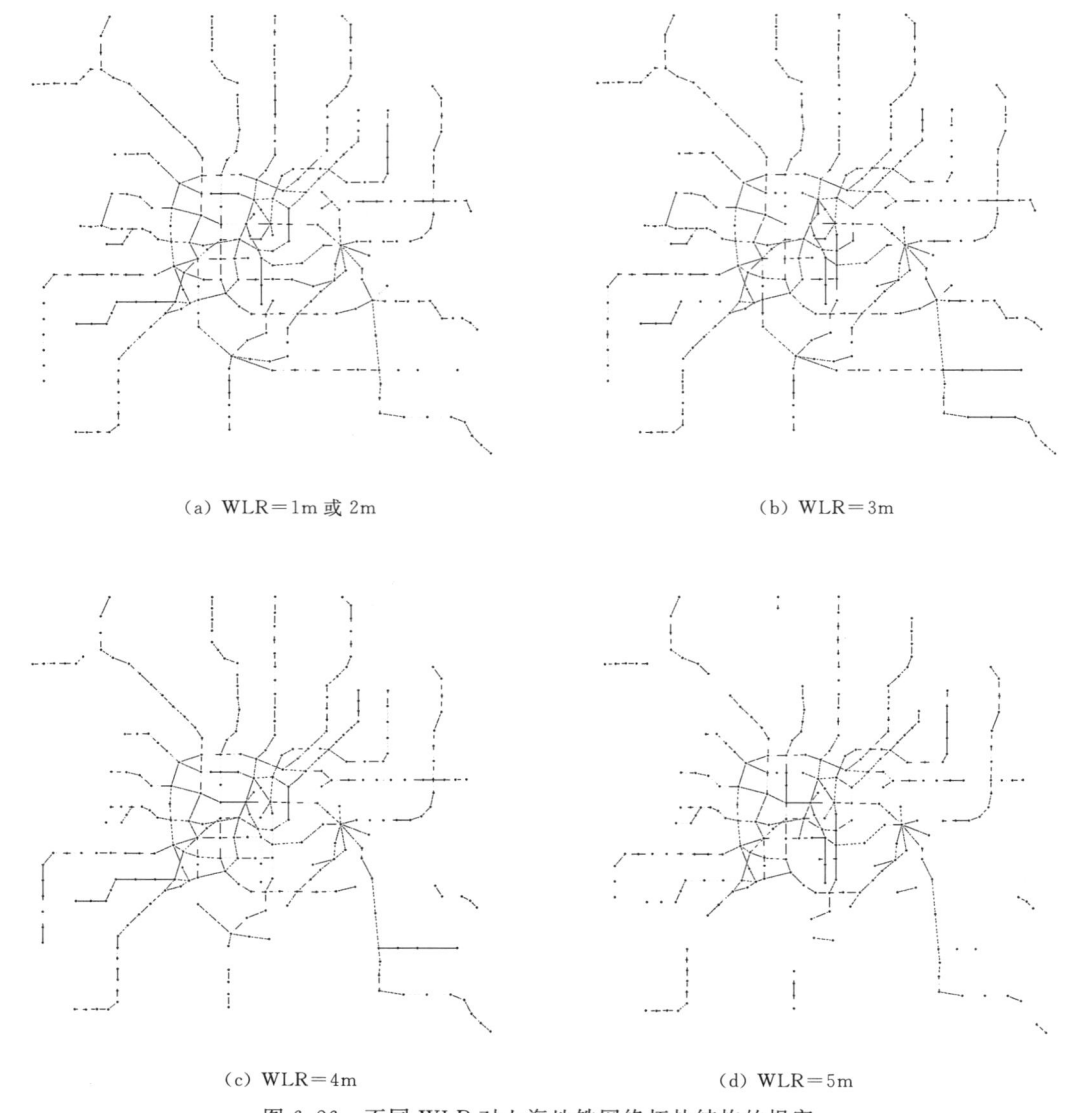

(a) WLR=1m 或 2m (b) WLR=3m

(c) WLR=4m (d) WLR=5m

图 6.26 不同 WLR 对上海地铁网络拓扑结构的损害

估的重要环节。从某种意义上说,维持可恢复性是实现可持续性的一部分。Bocchini 等(2013)指出,可恢复性和可持续性概念有诸多相似之处,它们是具有综合视角的系统的两个互补属性。两者之间的差异与强加同系统的事件的后果有关。可恢复性考虑的是概率小后果严重的极端事件,而可持续性关注的是分布在系统生命周期中的某些后果(Fiksel,2003,2006)。因此,对实现可持续性设计的追求要求系统具有可恢复性,并具备大幅降低系统风险的能力。上海地铁系统洪水风险的易损性评估揭示了最脆弱的组成部分和相关后果,为发展可持续复原力提供了基础。为了更好地适应 WLR 及相关的未来洪水风险,应提出可行的缓解和适应战略,以应对地面沉降、海平面上升和相关风暴潮的可能威胁。当地政府应该控制地下水的过度开采,以减少地面沉降。此外,应努力加强基础设施的设计,加强海防,特别是在最有可能被洪水淹没的地区,改善排水系统,发展和促进预警系统和应急系统。例如,为了增强上海地铁系统的可持续恢复能力,当地规划者应在运营维护和未来发展设计中关注潜在淹没风险较大的车站和区域,在易受洪水影响的地区适当增加地铁车站出入口的设计高度。

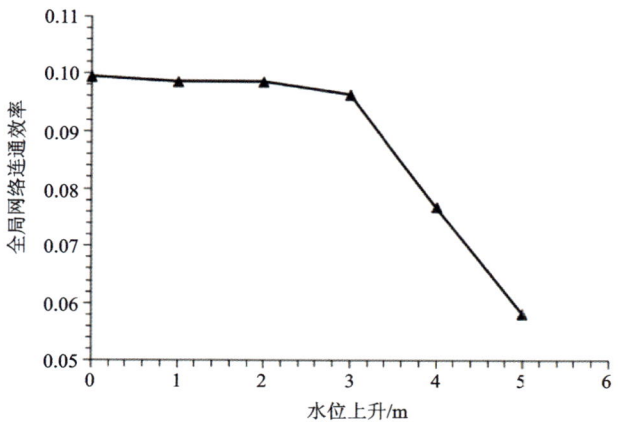

图 6.27 上海地铁网络全局连通效率随水位上升的变化

6.6 地铁网络多个区间隧道失效下的恢复策略分析

增强地铁系统的可恢复性,不仅在于增强易损性分析所筛选出的重要站点、区间隧道、地铁线路的鲁棒性,规避中断事件发生的风险,同时需要考虑应对突发故障如何快速有效地恢复地铁安全运营,最大程度地减小中断期间系统性能损失和运营效益损失。通过易损性分析检查由中断事件引起的地铁网络运营效率下降情况为进一步分析网络性能的快速恢复能力提供了基础。针对某一突发故障事件,地铁网络的可恢复性可由故障导致的系统性能损失和恢复情况来衡量。

为了定量计算系统的可恢复性,Bruneau 等(2003,2007)提出"可恢复性三角形"的概念表达系统性能损失,如图 6.28 中阴影区域所示,定义可恢复性指标 Re 的计算公式为

$$Re = \frac{\int_{t_0}^{t_0+t_h} Q_t \mathrm{d}t}{t_h Q_0} \tag{6.16}$$

式中:Q_t 为时刻 t 时的系统性能;Q_0 为故障发生前的初始性能;t_0、t_1 分别为系统发生故障时刻和恢复到初始性能状态的时刻;t_h 为系统因故障中断的时间段。

由式(6.16)可知,定义可恢复性指标 Re

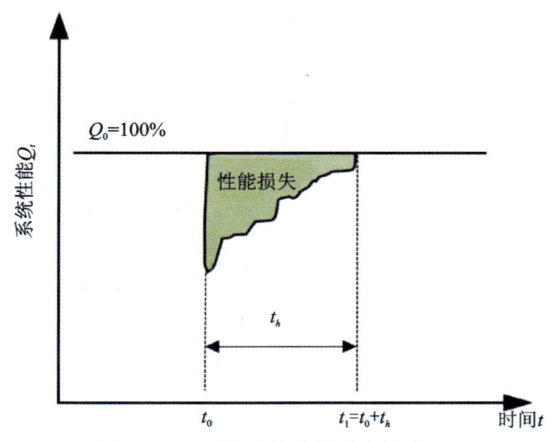

图 6.28 系统可恢复性分析框架

为中断时段内系统性能曲线对时间进行积分所得面积与初始性能的积分面积之比。

Henry 和 Ramiz-Marquez（2012）提出了研究恢复策略之于实现系统性能快速恢复的重要意义。在易损性分析的基础上，应对多节点故障情况，可以采用系统可恢复性分析框架制定最优恢复策略。上文中通过易损性分析获得上海地铁网络中，3、4、9号线的交叉换乘站宜山路站具有最大的连通重要度，因此代表性地选取宜山路站与相邻虹桥路站、徐家汇站、上海体育馆站、漕溪路站、桂林路站的连接发生中断这一案例，研究线路区间恢复最优次序。

如图 6.29 所示，桂林路站↔宜山路站↔徐家汇站为 9 号线区间隧道，虹桥路站↔宜山路站↔漕溪路站为 3 号线区间隧道，虹桥路站↔宜山路站↔上海体育馆站为 4 号线区间隧道，3、4 号线共用虹桥路站↔宜山路站区间隧道。按照线路对地铁站点间的连接进行恢复，共有 6 种恢复次序。例如，先恢复 9 号线上区间连通（桂林路站↔宜山路站↔徐家汇站），其次恢复 4 号线（虹桥路站↔宜山路站↔上海体育馆站），最后恢复 3 号线（宜山路站↔漕溪路站），如图 6.30 所示，以上恢复次序简化表示为 9→4→3。

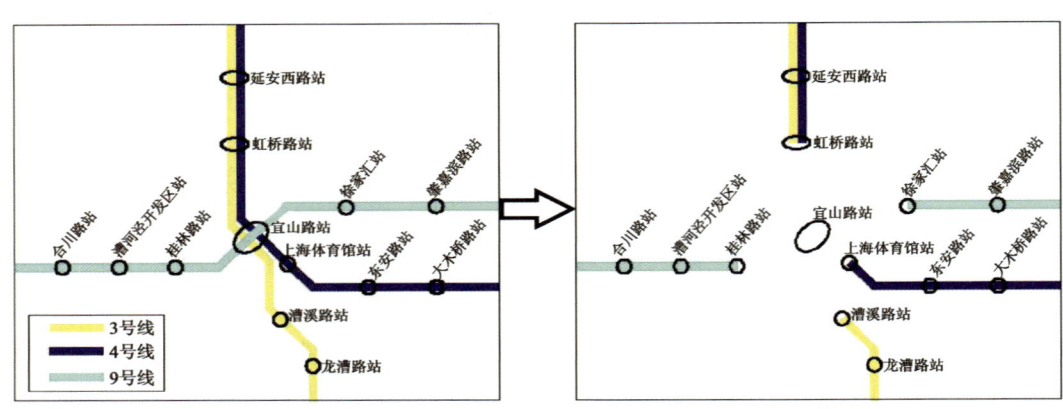

图 6.29　宜山路站与相邻站点连接中断前后示意图

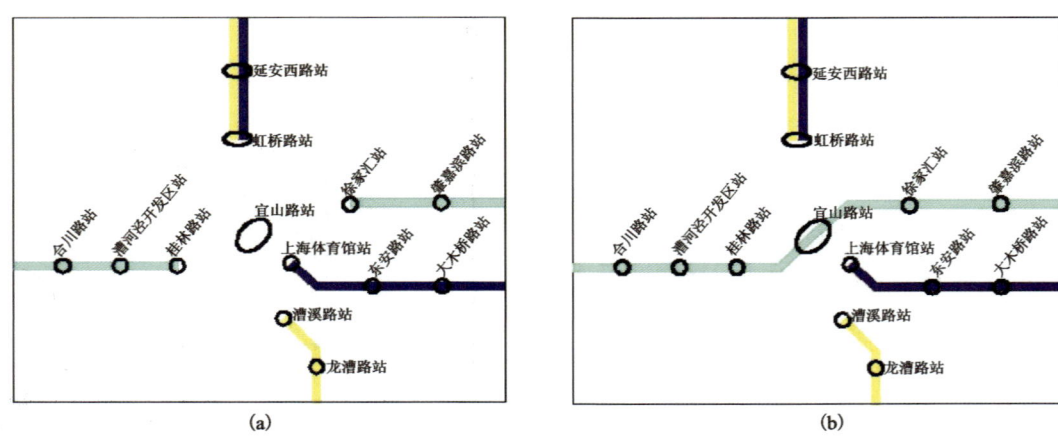

(a)　　　　　　　　　　　　(b)

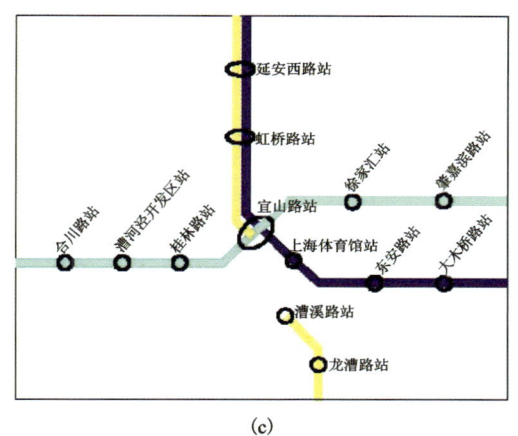 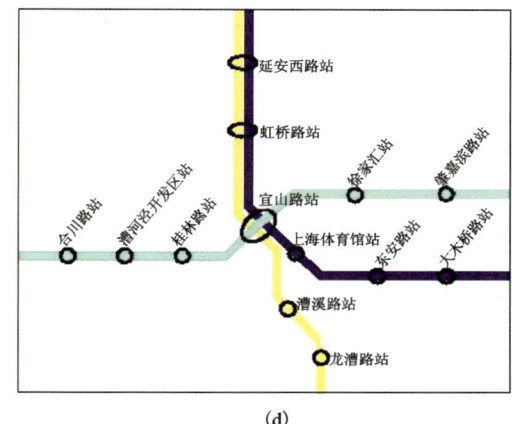

图 6.30 9→4→3 恢复次序在不同阶段的恢复效果示意图

(a)宜山路站所有连接中断;(b)先恢复 9 号线上连接区间;
(c)再恢复 4 号线上连接区间;(d)最后恢复 3 号线上连接区间

为简化计算,假设恢复各区间隧道所需时长相等,均为 Δt。以相对网络效率表征地铁系统性能以及故障发生后的性能变化,建立不同恢复次序下的地铁系统可恢复性分析框架(图 6.31)。初始相对网络效率为 100%,宜山路站与相邻站点连接中断后,相对网络效率降为 89.72%,依据恢复次序按照式(6.10)计算各恢复阶段的相对网络效率,最后恢复到初始相对网络效率。图 6.31 中显示了 9→4→3、3→9→4、3→4→9 3 种恢复次序,其性能恢复曲线分别表示为 $f_1(t)$、$f_2(t)$、$f_3(t)$,根据式(6.16)计算各恢复次序的可恢复性指标 Re 分别为 0.979 2、0.955 1、0.930 8。中断期间相对网络效率损失越小,地铁系统可恢复性越高,相应恢复次序则为最优恢复策略。表 6.6 给出了所有 6 种恢复次序的可恢复性指标计算结果,可知此案例故障下最优恢复策略为 9→4→3。所得最优恢复策略与易损性分析结果相呼应,根据上文易损性分析结果,优先恢复的 9 号线桂林路站↔宜山路站↔徐家汇站区间隧道正是地铁网络中决定全局网络效率的关键部分。因此,应对多重突发故障,应优先恢复易损性较大的同时也是对全网连通贡献较大的重要站点和区间。

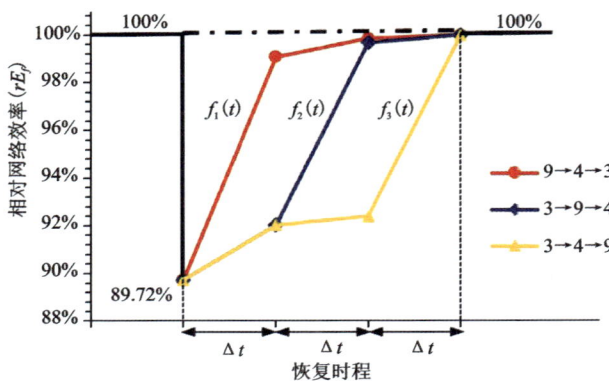

图 6.31 不同恢复次序下的地铁系统可恢复性分析框架

表 6.6 不同恢复次序下的可恢复性指标

序号	恢复次序	可恢复性大小(Re)
1	9→4→3	0.979 2
2	9→3→4	0.978 6
3	4→9→3	0.956 6
4	3→9→4	0.955 1
5	4→3→9	0.931 7
6	3→4→9	0.930 8

6.7 本章小结

本章基于复杂网络理论，建立了城市轨道交通系统易损性分析的双权重网络模型。该模型的实质是通过将客流分布和区间长度作为双权重因子来改进传统全局网络效率函数，提出相对网络效率作为易损性评价指标。以上海地铁为例，使用提出的双权网络模型进行了拓扑分析和易损性评估，得到以下主要结论：

(1) 在节点故障模拟中，识别出换乘站宜山路站为影响全局网络效率最关键的站点。在链路故障模拟中，连接宜山路站与桂林路站的轨道区间是影响全局网络效率最关键的区间。据评估，地铁网络非常容易受到高节点度或较大 NCI 值的站点以及较大 LCI 值的区间发生故障的影响。在线路故障模拟中，地铁网络最容易受到 8 号线、9 号线或 10 号线故障的影响。

(2) 通过与未加权网络模型的比较，强调了双重权重模型可更加全面地评价城市轨道交通系统性能，建立了一个易损性综合评估的一般框架。研究结果可为地铁系统中人员、设施和管理资源的合理配置提供参考，也可为事故发生时的客流组织提供参考。为了提高地铁运营效率以及对突发事件的应对能力，建议在地铁系统的规划、建设和管理中更多地关注易受影响的部分。

(3) 海平面上升背景下上海地铁网络的易损性评估研究结果为适应气候变化的工程决策提供强有力的科学理论支撑，建议对易损性较大的站点、区间隧道或线路采取针对性措施来降低海平面上升可能带来的风险。在城市地铁线路规划和重要基础设施的设计参数制定中，需要充分考虑海平面上升等气候变化增量因素。根据地铁系统使用年限和长时间跨度的海平面上升水平，不同程度地提高其所能承受的最大降雨强度、最大增水水位等参数标准，保证其全生命周期的可持续安全运营。

(4) 在易损性分析的基础上，采用可恢复性分析框架研究了上海地铁宜山路站与相邻站点连接中断后各区间隧道的最优恢复次序，结果表明先后恢复 9 号线、4 号线、3 号线的策略下地铁网络运营性能的损失最小，可恢复性最大。此研究为地铁系统突发多重故障下的恢复策略提供了理论依据，有助于快速地恢复地铁正常运营。

第 7 章 结论与展望

7.1 研究成果及结论

作者采用基于性能的可恢复性分析方法,针对软土盾构隧道频发的突发堆载安全事故造成的隧道结构横向大变形的病害情况,从正常荷载下盾构隧道结构变形性能的概率密度演化、突发堆载下盾构隧道结构横向变形发展及土体注浆恢复效果、突发堆载下盾构隧道纵缝接头变形发展及其可恢复性、地铁隧道网络系统的易损性和可恢复性等 4 个方面开展了"外界扰动下地铁盾构隧道结构与网络的可恢复性研究"的课题。为了刻画隧道结构在突发堆载前、中、后期的变形性能状态,首先,基于现场隧道横向收敛实测数据,采用随机过程理论构造正常荷载环境下盾构隧道结构变形性能的概率密度演化和预测模型;其次,结合工程实例和数值模拟方法,分析隧道上方突发堆载对隧道横向变形发展的影响和通过隧道两侧土体注浆对横向变形的恢复效果,以及土体力学性质对堆载作用下隧道横向变形发展的影响;最后,针对盾构隧道结构受力变形薄弱部位的纵缝接头,通过足尺试验研究不同堆载水平作用下的隧道纵缝接头张开程度,以及在土体注浆作用下接头变形的恢复程度。盾构隧道作为城市地铁系统的命脉,在外界扰动下一旦产生横向大变形等严重的结构安全事故,必将影响整个地铁系统的正常运营。基于此,本书运用复杂网络理论,进一步在网络层面上进行了地铁站点、区间隧道、地铁线路等失效情况下地铁网络的易损性和可恢复性研究。

本书主要结论和研究成果如下。

7.1.1 正常荷载下盾构隧道结构变形性能的概率密度演化

(1)选取盾构隧道水平收敛作为变形性能基本指标,根据试验获取的盾构隧道结构收敛变形极限值,提出了变形性能随水平收敛增大呈现抛物线式下降的量化方程。根据上海地铁 2 号线开通以来的隧道水平收敛监测数据,对上海地区软土盾构隧道的变形性能退化进行了概率评估,建立了变形性能的长期概率密度演化模型,得到了隧道变形性能在复杂环境下的动态演化规律。结果表明:随着运营时间的推移,变形性能均值以抛物线形式降低,标准差以线性形式增加,性能预测的不确定性将随之变大。采用此模型预测隧道运营 10 年后变形性能小于 95% 的概率为 0.7,运营 50 年后隧道变形性能小于 75% 的概率约为 0.036。长期性能预测结果可根据监测反馈数据不断更新,为把握结构最佳维护时机提供指导。

(2)建立了整合移动平均自回归(ARIMA)模型,实现了短期内变形性能更准确地预测。

基于不同时间间隔的监测数据构造时间序列,通过对比相应的模型预测结果,发现间隔两周的时间序列预测既能降低模型构建的复杂度,又能保障预测精度,以此建议运营期地铁盾构隧道结构变形监测的频率设置为每月两次。

7.1.2 突发堆载下盾构隧道横向变形发展及土体注浆恢复效果

(1)堆载作用下隧道产生较大收敛,呈现明显"横鸭蛋"式变形。随着上覆荷载水平的增大,隧道横向收敛变形发展呈现出非线性增长趋势并表现出一定的离散性。离散元数值模拟分析结果表明:隧道上方突发堆载等外荷载的变动引发土体颗粒争夺空间而随机运移从而达到新的平衡稳定状态,导致隧道结构自身变形不断发展且具有一定程度的不确定性。

(2)土体弹性模量是影响隧道横向收敛随荷载发展的总体趋势的主要因素,弹性模量越大隧道收敛变形越小;而内摩擦系数对其变异性(或离散性)影响较显著,内摩擦系数越大变异性越小。基于离散元数值模拟结果,建立了隧道横向收敛随隧道上覆荷载水平发展变化的正态随机过程概率密度演化模型,实现了隧道横向收敛变形的确定性趋势项和不确定性离散项与土体宏观力学性质参数之间关系的定量描述,并应用于预测分析不同土体环境下隧道结构在突发堆载作用下的收敛变形情况。

(3)上海地铁 2 号线东延伸段上行线创新中路站—华夏东路站区间隧道在上方堆土平均高度为 4m、最大堆土高度达到 7m 的堆载作用下,产生了严重的横向大变形,最大收敛量达 22cm。卸载及后续堵漏、修补及芳纶钢圈加固整治对于改善隧道结构收敛变形状况相对并不明显,土体微扰动注浆通过向隧道两侧施加挤压作用力,能够明显改善隧道结构收敛变形状况,工程监测数据表明实施注浆后隧道变形恢复达 15%~35%。

(4)在 MatDEM 离散元数值模拟软件中,采用"注浆单元体积膨胀法"模拟了隧道双侧微扰动注浆对隧道横向变形的恢复效果,以及对隧道周围土体的应力场和位移场的作用效果,结果表明:隧道横向收敛恢复百分比随超载水平增大呈现出非线性减小。在 $1.0m^3$ 单孔注浆量条件下,收敛恢复百分比从 $0.06MPa$ 上覆荷载下的 68% 降至 $0.16MPa$ 上覆荷载下的 6%。结果表明隧道既有横向变形程度越小,采用注浆治理的效果越好,当横向收敛超过 20cm 时,收敛恢复百分比低于 20%。上海地铁 2 号线隧道上方堆土产生的相同上覆荷载下的注浆恢复数值模拟结果与实测数据较为吻合。

7.1.3 突发堆载下盾构隧道纵缝接头变形发展及其恢复效率

(1)在地面超载作用下,盾构隧道衬砌环发生较大的横向变形,隧道拱顶处纵缝接头受正弯矩作用向隧道管片内侧张开,拱腰处纵缝接头受负弯矩作用向隧道管片外侧张开。拱腰接头处的偏心距小于拱顶接头,因而拱腰接头在超载下的变形较拱顶接头更为显著。

(2)随着超载水平增加,隧道衬砌接头的抗弯刚度变小,变形发展加快。加载速率对接头变形发展有显著影响。随着加载速率增大,极限抗弯承载力明显降低。研究外部荷载对隧道结构安全性的影响时,有必要考虑加载速率。

(3)超载引起的纵缝接头变形可以通过卸载和隧道两侧土体注浆得到一定程度的恢复。既有变形程度越小,恢复效率越高。当减少相同的弯矩时,土体注浆比之卸载能实现更有效的恢复。土体注浆恢复隧道衬砌变形的力学效应是通过土体挤压对隧道衬砌结构施加侧向压力,使拱顶接头弯矩减小、轴力增大,而拱腰接头弯矩和轴力均减小,可见拱顶处偏心距减小程度更显著,因此土体注浆作用下拱顶接头的张开变形的恢复效果更好。

(4)在纵缝接头的递增循环加卸载试验中,接缝张开增量峰值随着超载峰值的增大而增大,并呈现复杂的非线性行为,接头变形发展主要是由钢螺栓连接的接头构造决定的。在每个超载-卸载循环中,将所施加的超载完全卸除不能使接头变形完全恢复到正常荷载水平,随着超载水平增加,卸载后接头剩余变形增大,变形恢复率降低。当接头失效时,其变形恢复能力完全丧失。

(5)对比拱顶和拱腰接头的循环超载-卸载试验结果,在超载作用下拱腰接头的变形更为显著,卸载后拱腰接头变形的恢复率更低。两类纵向接头的转动刚度都随着弯矩的增大而减小。由于隧道衬砌环中的所有纵缝接头钢螺栓都靠近管片内侧,拱腰接头抗弯能力较拱顶接头差,转动刚度较小,变形较大,变形恢复效率较低。试验结果表明,拱腰接头的转动刚度和极限抗弯承载力均为拱顶接头的1/3～1/2。

7.1.4 地铁隧道网络系统的易损性和可恢复性

(1)将客流分布和区间长度作为权重因子来改进传统的全局网络效率计算函数,建立了城市地铁系统易损性分析双权重网络模型。以上海地铁为例,依据本书所采用的全网客流量分布数据,易损性分析结果表明:节点度高、客流量大的地铁站对全局网络效率有很大影响,3、4、9号线交叉换乘的宜山路站为影响全局网络效率最关键的站点;连接宜山路站与桂林路站的轨道区间是影响全局网络效率最关键的区间;上海地铁网络在8、9、10号线发生故障时的易损性最大。

(2)分别采用加权和不加权全局网络效率计算模型得到创新中路站—华夏东路站区间隧道中断、2号线东延线停运、2号线全线停运情况下的相对网络效率。计算结果表明,地铁2号线全线停运导致网络效率的下降不及15%,说明现有上海地铁系统连通冗余度较高,站点、区间、线路等单元之间连通性较好,表现出复杂化和网络化特征。

(3)上海地区在海平面上升、风暴潮和地面沉降等因素叠加影响下面临潜在的淹没风险,直接威胁地下空间的安全。对上海地区特别是其地铁网络的淹没风险进行易损性分析,结果表明:当淹没水位上升到1m时,位于黄浦江畔的国际客运中心站率先被淹没;当水位达到3m时,同样位于黄浦江畔的杨树浦路站和南浦大桥站相继淹没;而在4m淹没水位下,上海地区近一半的面积将被淹没,淹没地铁站的数量升至31个,上海地铁网络的完整性和连通性将受到严重破坏;在5m淹没水位下,淹没地铁站的数量翻倍至77个,除海拔较高的中心城区,上海大部分地区都会受到影响。

(4)在易损性分析的基础上,采用可恢复性分析框架研究了上海地铁宜山路站与相邻站点连接中断后各线路区间隧道的最优恢复次序,结果表明:在先后恢复9号线、4号线、3号线的策略下,地铁网络运营性能的损失最小,可恢复性最大。研究方法为地铁系统突发多重故障下的恢复策略决策提供了理论依据,快速地恢复城市地铁的正常运营。

7.2 存在的问题与展望

本书围绕软土盾构隧道结构安全状态可恢复性,从隧道结构的变形性能切入,对其可控性和可恢复性进行了机理和效果分析,取得了一些有价值的研究成果。但目前的研究存在一些问题和不足之处,希望在今后的研究工作中,通过改进研究方法和深化研究内容,进一步完善以下几个方面:

(1)在隧道上方超载和土体注浆的离散元数值模拟中,本书以单层颗粒模拟隧道管片,一定程度上能够还原真实隧道变形状态和模式,但囿于数值模拟软件计算能力和技术功能上的限制,未能精确模拟拼装式盾构隧道管片接头形式,因而模拟计算结果可能存在某种程度的误差。为了综合考虑土体-隧道体系相互作用以及横向收敛变形伴随接头张开的客观情况,需要进一步构造有限元精细化地层-结构模型,模拟上覆荷载和土体注浆不同工况下隧道结构全环的收敛变形发展变化,并开展整环管片的可恢复性足尺试验研究,同时捕捉隧道结构拱顶、拱腰、拱脚处接缝张开状态的相应变化,建立两种工况下横向收敛变形与接头张开的量化对应关系,从而更加准确地刻画隧道结构变形性能在土体注浆作用下的可恢复性。

(2)在研究土体注浆对隧道结构横向变形的恢复机理方面,本书仅考虑了注浆区土体膨胀挤密对隧道结构产生的力学作用:一方面在离散元数值模拟中,采用"注浆单元体积膨胀法"来模拟隧道双侧微扰动注浆对隧道结构侧向挤压作用;另一方面基于注浆对隧道结构的侧向压力作用,采用接头分析模型进一步得到纵缝接头处的应力变化。然而,注浆的加固效果还体现在通过浆液凝结作用加强隧道周围土体的物理力学性能。后续需要进行室内注浆模型试验或现场注浆试验,采用电镜扫描与土工试验等手段和方法对注浆增强土体特性的方面进行研究,从而全面深入地认识土体注浆对变形的加固整治机理。结合工程实际需要和注浆技术的特点及其适用性,从注浆方案、材料、参数和工艺流程等多个方面开展优化设计研究,增强土体注浆对隧道结构横向变形的恢复效益。

(3)在地铁系统随机故障和蓄意攻击的易损性分析中,目前的研究没有考虑不同站点、区间和线路发生故障的概率。后续将对地铁系统站点、区间和线路进行风险分级,并深化网络空间层次结构和客流动态时空分布机制,开展地铁系统运营安全控制技术研究,以期实现城市轨道交通全路网实时协同联动的自适应性管理。

(4)结构或系统的可恢复性内涵丰富,不仅在于性能的可恢复程度,同时需要考量时间和成本的经济可行性。下一步考虑恢复成本与工期延误成本进行成本效益分析,建立以成本最低、性能可恢复指标最高的多目标优化方法,创建优化时机、成本与性能恢复效率的网络化地铁隧道结构安全风险可恢复性控制技术。

(5)地铁盾构隧道为长线型结构,软土地区地铁盾构隧道受到周边复杂环境影响,纵向不均匀沉降问题突出,影响隧道结构安全和列车行车安全。为了满足地铁列车正常运营需求,不仅要求在横向上控制收敛变形,确保足够的隧道断面净空,同时需要在纵向上控制不均匀沉降,保持地铁轨道平顺。未来的研究工作可进一步将盾构隧道结构可恢复性研究视角从横向的单环隧道管片拓展到纵向区间隧道,系统地建立软土隧道结构纵横向一体化变形性能劣化预测与安全控制体系。

主要参考文献

毕湘利,柳献,王秀志,等,2014.内张钢圈加固盾构隧道结构极限承载力的足尺试验研究[J].土木工程学报,47(11):128-137.

毕湘利,柳献,王秀志,等,2014.通缝拼装盾构隧道结构极限承载力的足尺试验研究[J].土木工程学报,47(10):117-127.

蔡鉴明,邓薇,2019.长沙地铁网络复杂特性与级联失效鲁棒性分析[J].铁道科学与工程学报,16(6):1587-1596.

陈三江,1986.盾构隧道衬砌接头受力机理分析[D].上海:同济大学.

董正方,王君杰,姚毅超,等,2014.城市轨道交通地下结构抗震性能指标体系研究[J].地震工程与工程振动,34(增刊):699-705.

方志,龚畅,杨剑,等,2011.碳纤维布加固钢筋混凝土梁徐变后的疲劳性能研究[J].铁道科学与工程学报,8(1):6-13.

封坤,何川,夏松林,2011.大断面盾构隧道结构横向刚度有效率的原型试验研究[J].岩土工程学报,33(11):1750-1758.

封坤,何川,肖明清,2016.高轴压作用下盾构隧道复杂接缝面管片接头抗弯试验[J].土木工程学报,49(8):99-110.

龚士良,杨世伦,2008.地面沉降对上海黄浦江防汛工程的影响分析[J].地理科学,28(4):543-547.

顾颖凡,卢毅,刘兵,等,2016.基于离散元法的水力压裂数值模拟[J].高校地质学报,22(1):194-199.

何川,张建刚,杨征,2008.层状复合地层条件下管片衬砌结构力学特征模型试验研究[J].岩土工程学报,30(10):1537-1543.

黄昌富,2003.盾构隧道通用装配式管片衬砌结构计算分析[J].岩土工程学报,25(3):322-325.

黄宏伟,1993.岩体变形随机预报理论及其在地下工程中的影响[D].上海:同济大学.

黄亮,2015.盾构速调衬砌结构的横向变形加固分析与试验研究[D].广州:华南理工大学.

黄小平,杨新安,雷震宇,等,2009.地铁运营隧道收敛变形分析[J].城市轨道交通(3):55-58.

蒋明镜,2019.现代土力学研究的新视野:宏微观土力学[J].岩土工程学报,41(2):

195-254.

雷明锋, 2013. 侵蚀环境下盾构隧道结构性能全寿命计算方法研究[D]. 长沙:中南大学.

李松, 2013. 某地铁盾构隧道衬砌结构横向变形控制值研究[D]. 广州:华南理工大学.

刘春, 施斌, 顾凯, 等, 2014. 岩土体大型三维离散元模拟系统的研发与应用[J]. 工程地质学报, 22(增刊):51-557.

刘春, 张晓宇, 许强, 等, 2017. 三维离散元模型的能量守恒模拟:以滑坡为例[J]. 地下空间与工程学报, 7(2):1-7.

刘四进, 封坤, 何川, 等, 2015. 大断面盾构隧道管片接头抗弯力学模型研究[J]. 工程力学, 32(12):215-224.

刘涛, 2008. 既有盾构隧道结构性能评价研究[D]. 上海:同济大学.

柳献, 唐敏, 鲁亮, 等, 2013. 内张钢圈加固盾构隧道结构承载能力的试验研究:整环加固法[J]. 岩石力学与工程学报, 32(11):2300-2306.

柳献, 张晨光, 张宸, 等, 2016. FRP加固盾构隧道纵缝接头试验研究[J]. 铁道科学与工程学报, 13(2):316-324.

柳献, 张晨光, 张衍, 等, 2015. 复合腔体加固盾构隧道纵缝接头试验研究[J]. 铁道科学与工程学报, 12(2):376-383.

柳献, 张浩立, 唐敏, 等, 2014. 内张钢圈加固盾构隧道结构承载能力的试验研究:半环加固法[J]. 现代隧道技术, 51(3):131-137.

柳献, 张乐乐, 李刚, 等, 2015. 复合腔体加固盾构隧道结构承载能力的试验研究[J]. 城市轨道交通研究, 18(7):52-57.

刘梓圣, 2017. 软土盾构隧道横向大变形注浆加固机理及长期效果研究[D]. 上海:同济大学.

刘梓圣, 张冬梅, 2014. 软土盾构隧道芳纶布加固机理和效果研究[J]. 现代隧道技术, 51(5):155-160.

卢木, 1999. 基于耐久性评估的钢筋混凝土结构的剩余寿命预测[J]. 建筑科学, 15(2):23-28.

卢木, 何春凯, 王淮信, 等, 2000. 对钢筋混凝土结构耐久性问题研究方法的探讨[J]. 建筑科学, 16(4):59-61.

卢木, 王娴明, 1998. 结构耐久性多层次综合评估[J]. 工业建筑, 28(1):1-5.

陆永芳, 2008. 盾构隧道管片衬砌裂纹病害整治技术[J]. 山西建筑, 34(17):325-326.

吕宁, 2006. 地方财政一般预算收入预测模型研究[D]. 杭州:浙江大学.

吕西林, 陈云, 毛苑君, 2011. 结构抗震设计的新概念:可恢复功能结构[J]. 同济大学学报(自然科学版), 39(7):941-948.

莫一婷, 2007. 盾构隧道衬砌接头的构造与耐久性的研究[D]. 上海:同济大学.

仇文革, 冯冀蒙, 陈雪峰, 等, 2013. 深埋硬岩隧道初期支护劣化过程衬砌力学特性试验研究[J]. 岩石力学与工程学报, 32(1):72-77.

邵华，黄宏伟，张东明，等，2016. 突发堆载引起软土地铁盾构隧道大变形整治研究[J]. 岩土工程学报，38(6)：1036-1043.

孙锋，张顶立，王臣，等，2010. 劈裂注浆抬升既有管道效果分析及工程应用[J]. 岩土力学，31(3)：932-938.

唐敏，2014. 内张钢圈加固盾构隧道衬砌结构失效机理及其极限承载力[D]. 上海：同济大学.

万敏，2015. 复合材料叠合衬砌加固管片接头抗负弯矩试验研究[J]. 土木工程学报，48(S2)：75-80.

王海彦，仇文革，杜立峰，等，2014. 隧道衬砌混凝土抗硫酸盐侵蚀耐久寿命预测模型研究[J]. 现代隧道技术，51(3)：91-97.

王沁，楼心怡，欧攀，2018. 基于ARIMA-PLS的动态组合模型的人均GDP预测分析[J]. 现代商业(25)：51-54.

王如路，2011. 上海轨道交通隧道结构安全性分析[J]. 地下工程与隧道(4)：35-43+61.

王如路，2009. 上海软土地铁隧道变形影响因素及变形特征分析[J]. 地下工程与隧道(1)：1-6+52.

王如路，陈颖，任洁，等，2013. 微扰动注浆技术在运营隧道病害治理及控制中的应用[J]. 地下工程与隧道(增刊1)：52-57.

王如路，张冬梅，2013. 超载作用下软土盾构隧道横向变形机理及控制指标研究[J]. 岩土工程学报，35(6)：1092-1101.

汪小兵，2010. 软土地区轨道交通隧道收敛变形注浆整治工程实践[J]. 城市轨道交通(增刊)：350-353.

王志良，申林方，刘国彬，等，2012. 基于弹性极限理论的盾构隧道收敛变形研究[J]. 铁道学报，34(2)：100-103.

夏海平，2014. 上海地铁盾构隧道纵缝接头的破坏试验及三维数值模型研究[D]. 上海：同济大学.

肖洋，张翔，周秋红，等，2014. 淮河流域河流水环境可恢复性评价[J]. 水资源保护，30(3)：50-55.

胥犇，王华牢，夏才初，2010. 盾构隧道结构病害状态综合评价方法研究[J]. 地下空间与工程学报，6(1)：201-207.

许圣，2015. 钢筋混凝土公路连续梁桥地震风险与抗震可恢复性分析[D]. 哈尔滨：哈尔滨工业大学.

徐顺明，2011. 广州轨道交通盾构隧道施工控制测量的研究[D]. 武汉：武汉大学.

闫静雅，王如路，2018. 上海软土地铁隧道沉降及横向收敛变形的原因分析及典型特征[J]. 自然灾害学报，27(4)：178-187.

闫鹏飞，蔡永昌，2017. 初始损伤条件下地铁管片力学特性试验研究[J]. 隧道建设，37(7)：822-831.

姚旭朋,李青,袁勇,2015. 盾构法隧道结构服役性能鉴定方法[J]. 隧道建设,35(S2):215-219.

姚旭朋,徐立明,2009. 隧道结构服役性能维护研究与实践[J]. 地下空间与工程学报,5(S2):1470-1474.

叶耀东,2007. 软土地区运营地铁盾构隧道结构变形及健康诊断方法研究[D]. 上海:同济大学.

袁大军,刘腾,张海,2015. 火灾高温下盾构管片接头橡胶防水性能劣化规律试验研究[J]. 土木工程学报,48(S1):244-249.

张爱林,张艳霞,刘学春,2013. 震后可恢复功能的预应力钢结构体系研究展望[J]. 北京工业大学学报,39(4):507-515.

张冬梅,樊振宇,黄宏伟,2010. 考虑接头力学特性的盾构隧道衬砌结构计算方法研究[J]. 岩土力学,31(8):2546-2552.

张冬梅,冉龙洲,闫静雅,2017. 注浆作用下渗漏水对隧道和地层沉降影响[J]. 同济大学学报(自然科学版),45(4):497-503.

张东明,2015. 基于性能的层状地层中地下结构设计方法及可恢复性研究[D]. 上海:同济大学.

张帆,2015. 上海、巴黎地铁网络运营安全风险对比研究[D]. 上海:同济大学.

张晓宇,许强,刘春,等,2017. 黏性土失水开裂多场耦合离散元数值模拟[J]. 工程地质学报,25(6):1430-1438.

张新金,刘维宁,路美丽,等,2008. 北京地铁盾构法施工问题及解决方案[J]. 土木工程学报,41(10):93-99.

张旭辉,杨志豪,洪弼宸,等,2014. 盾构隧道结构健康评价的变形指标研究[J]. 地下工程与隧道(4):7-13.

张雪健,2015. 盾构隧道管片-接头不连续变形损伤模型研究[D]. 上海:同济大学.

张艳,2017. 基于ARIMA与GRNN组合模型对人民币汇率的预测[D]. 武汉:湖北工业大学.

郑刚,张晓双,2015. 劈裂注浆过程的二维颗粒流的模拟研究[J]. 厦门大学学报(自然科学版)(6):905-912.

邹家南,2014. 地铁盾构隧道钢板衬加固效果的数值试验研究[D]. 广州:华南理工大学.

朱伟,黄正荣,梁精华,2006. 盾构衬砌管片的壳-弹簧设计模型研究[J]. 岩土工程学报,28(8):940-947.

Albert R, Albert I, Nakarado G L, 2004. Structural vulnerability of the North American power grid[J]. Physical Review E, 69(2), 025103.

Angeloudis P, Fisk D, 2006. Large subway systems as complex networks[J]. Physica A: Statistical Mechanics and its Applications, 367:553-558.

Asakura T, Kojima Y, 2003. Tunnel maintenance in Japan[J]. Tunnelling and

Underground Space Technology, 18(2-3): 161-169.

Attoh-Okine N O, Cooper A T, Mensah S A, 2009. Formulation of resilience index of urban infrastructure using belief functions[J]. Ieee Systems Journal, 3(2): 147-153.

Ayyub B M, 2015. Practical resilience metrics for planning, design, and decision making[J]. ASCE-ASME Journal of Risk and Uncertainty in Engineering Systems, Part A: Civil Engineering, 1(3), 04015008.

Ayyub B M, 2014. Systems resilience for multihazard environments: definition, metrics, and valuation for decision making[J]. Risk Analysis, 34(2): 340-355.

Bakhshi M, Mobasher B, Soranakom C, 2012. Moisture loss characteristics of cement-based materials under early-age drying and shrinkage conditions[J]. Construction and Building Materials, 30: 413-425.

Barabasi A L, Albert R, 1999. Emergence of scaling in random networks[J]. Science, 286: 509-512.

Barker K, Ramirez-Marquez J E, Rocco C M, 2013. Resilience-based network component importance measures[J]. Reliability Engineering and System Safety, 117(1): 89-97.

Baroud H, Ramirez-Marquez J E, Barker K, et al., 2014. Stochastic measures of network resilience: applications to waterway commodity flows[J]. Risk Analysis, 34(7): 1317-1335.

Biondini F, Frangopol D M, 2016. Life-cycle performance of deteriorating structural systems under uncertainty: review[J]. Journal of Structural Engineering, 142(9), F4016001: 1-17.

Bocchini P, Frangopol D M, Ummenhofer T, et al., 2013. Resilience and sustainability of civil infrastructure: toward a unified approach[J]. Journal of Infrastructure Systems, 20(2), 04014004.

Bonanno G A, Galea S, Bucciarelli A, et al., 2006. Psychological resilience after disaster: New York City in the aftermath of the September 11th terrorist attack[J]. Psychological Science, 17(3): 181-186.

Box G E P, Jenkins G M, Reinsel G C, 1994. Time series analysis: forecasting and control[M]. Third Edition. Englewood Cliffs: Prentice Hall.

Box G E P, Jenkins G M, 1976. Time series analysis: forecasting and control[M]. Englewood Cliffs: Prentice Hall.

Bruneau M, Chang S E, Eguchi R T, et al., 2003. A framework to quantitatively assess and enhance the seismic resilience of communities[J]. Earthquake Spectra, 19(4): 733-752.

Bruneau M, Reinhorn A, 2007. Exploring the concept of seismic resilience for acute care facilities[J]. Earthquake Spectra, 23(1): 41-62.

BTS, 2004. Tunnel lining design guide[M]. London: Thomas Telford.

Cagno E, De Ambroggi M, Grande O, et al., 2011. Risk analysis of underground infrastructures in urban areas[J]. Reliability Engineering and System Safety, 96(1): 139-148.

Carvalho R, Buzna L, Bono F, et al., 2009. Robustness of trans-European gas networks[J]. Physical Review E, 80(1): 016106.

Chang C T, Sun C W, Duann S W, et al., 2001. Response of a Taipei Rapid Transit System (TRTS) tunnel to adjacent excavation[J]. Tunnelling and Underground Space Technology, 16(3): 151-158.

Chang S E, Shinozuka M, 2004. Measuring improvements in the disaster resilience of communities[J]. Earthquake Spectra, 20(3): 739-755.

Chen Y K, Durango-Cohen P L, 2015. Development and field application of a multivariate statistical process control framework for health-monitoring of transportation infrastructure[J]. Transportation Research Part B-Methodological, 81: 78-102.

Cormen T H, Leiserson C E, Rivest R L, 1990. Introduction to algorithms, first edition[M]. Cambridge: MIT Press and McGraw-Hill.

Cundall P, Strack O, 1979. A discrete element model for granular assemblies[J]. Geotechnique, 29(1): 47-65.

Ding W Q, Peng Y C, Yan Z G, et al., 2013. Full-scale testing and modeling of the mechanical behavior of shield TBM tunnel joints[J]. Structural Engineering and Mechanics, 45(3): 337-354.

Doherty A, Dora J, Newsome C, 2012. Enhancing resilience in Britain's railway infrastructure[J]. Proceedings of the Institution of Civil Engineers - Civil Engineering, 165(6): 20-26.

Do N A, Dias D, Oreste P, et al., 2013. 2D numerical investigation of segmental tunnel lining behavior[J]. Tunnelling and Underground Space Technology, 37: 115-127.

Feng J, Li X M, Mao B H, et al., 2017. Weighted complex network analysis of the Beijing subway system: train and passenger flows[J]. Physica A: Statistical Mechanics and its Applications, 474: 213-223.

Feng K, He C, Fang Y, et al., 2013. Study on the mechanical behavior of lining structure for underwater shield tunnel of high-speed railway[J]. Advances in Structural Engineering, 16(8): 1381-1400.

Feng Y T, Owen D R J, 2014. Discrete element modelling of large scale particle systems: I exact scaling laws[J]. Computational Particle Mechanics, 1(2): 159-168.

Fiksel J, 2003. Designing resilient, sustainable systems[J]. Environmental Science & Technology, 37(23): 5330-5339.

Fiksel J, 2006. Sustainability and resilience: toward a systems approach[J].

Sustainability: Science, Practice and Policy, 2(2): 14-21.

Folke C, 2006. Resilience: the emergence of a perspective for social-ecological systems analyses[J]. Global Environmental Change, 16(3): 253-267.

Francis R, Bekera B, 2014. A metric and frameworks for resilience analysis of engineered and infrastructure systems[J]. Reliability Engineering & System Safety, 121: 90-103.

Frangopol D M, Soliman M, 2016. Life-cycle of structural systems: recent achievements and future directions[J]. Structure and Infrastructure Engineering, 12(1): 1-20.

Frangopol D M, Strauss A, Kim S, 2008. Bridge reliability assessment based on monitoring[J]. Journal of Bridge Engineering, 13: 258-270.

Gong C J, Ding W Q, Soga K, et al., 2019. Failure mechanism of joint waterproofing in precast segmental tunnel linings[J]. Tunnelling and Underground Space Technology, 84: 334-352.

Guthrie P, Konaris T, 2012. Infrastructure resilience[M]. London: Government Office of Science.

Hamburger R O, Foutch D A, Cornell C A, 2003. Translating research to practice: FEMA/SAC performance-based design procedures [J]. Earthquake Spectra, 19(2): 255-267.

Hardy S, Finch E, 2006. Discrete element modelling of the influence of cover strength on basement-involved fault-propagation folding[J]. Tectonophysics, 415: 225-238.

Hardy S, McClay K, Munoz J, 2009. Deformation and fault activity in space and time in high-resolution numerical models of doubly vergent thrust wedges[J]. Marine and Petroleum Geology, 26(2): 232-248.

Hashimoto T, Stedinger J R, Loucks D P, 1982. Reliability, resiliency, and vulnerability criteria for water resource system performance evaluation[J]. Water Resources Research, 18(1): 14-20.

Henry D, Ramirez-Marquez J E, 2012. Generic metrics and quantitative approaches for system resilience as a function of time[J]. Reliability Engineering System Safety, 99: 114-122.

Herraiz B, Vogel T, 2015. Robustness and energy absorption capacity of laterally unrestrained reinforced concrete slabs [J]. Proceedings of the Structures Congress, Portland, Oregon, 127-138.

Holling C S, 1973. Resilience and stability of ecological systems[J]. Annual Review of Ecology & Systematics, 4(2): 1-23.

Huang H W, Shao H, Zhang D M, et al., 2017. Deformational responses of operated shield tunnel to extreme surcharge: a case study [J]. Structure and Infrastructure

Engineering, 13(3): 345-360.

Huang H W, Zhang D M, 2016. Resilience analysis of shield tunnel lining under extreme surcharge: characterization and field application[J]. Tunnelling and Underground Space Technology, 51: 301-312.

Karim M F, Mimura N, 2008. Impacts of climate change and sea-level rise on cyclonic storm surge floods in Bangladesh[J]. Global Environmental Change-Human and Policy Dimensions, 18(3): 490-500.

Kobayashi K, Kaito K, Kazumi K, 2015. Deterioration forecasting of joint members based on long-term monitoring data[J]. EURO Journal on Transportation and Logistics, 4(1): 5-30.

Latora V, Marchiori M, 2001. Efficient behavior of small-world networks[J]. Physical Review Letters, 87(19), 198701.

Latora V, Marchiori M, 2002. Is the Boston subway a small-world network? [J] Physica A: Statistical Mechanics and its Applications, 314: 109-113.

Lee K M, Ge X W, 2001a. The equivalence of a jointed shield-driven tunnel lining to a continuous ring structure[J]. Canadian Geotechnical Journal, 38(3): 461-483.

Lee K M, Hou X Y, Ge X W, et al., 2001b. An analytical solution for a jointed shield-driven tunnel lining[J]. Numerical and Analytical Methods in Geomechanics, 25(4): 365-390.

Lee K, Jung W S, Park J S, 2008. Statistical analysis of the metropolitan Seoul subway system: network structure and passenger flows[J]. Physica A: Statistical Mechanics and its Applications, 387(24): 6231-6234.

Lei M F, Peng L M, Shi C H, 2014. An experimental study on durability of shield segments under load and chloride environment coupling effect[J]. Tunnelling and Underground Space Technology, 42:15-24.

Leng B, Zhao X X, Xiong Z, 2014. Evaluating the evolution of subway networks: evidence from Beijing subway network[J]. Europhysics Letters, 105(5), 58004.

Liao S M, Liu J H, Wang R L, et al., 2009. Shield tunneling and environment protection in Shanghai soft ground[J]. Tunnelling and Underground Space Technology, 24(4): 454-465.

Liu C, Pollard D D, Gu K, et al., 2015. Mechanism of formation of wiggly compaction bands in porous sandstone: 2. Numerical simulation using discrete element method[J]. Journal of Geophysical Research: Solid Earth, 120(12): 8153-8168.

Liu C, Pollard D D, Shi B, 2013. Analytical solutions and numerical tests of elastic and failure behaviors of close-packed lattice for brittle rocks and crystals[J]. Journal of Geophysical Research Atmospheres, 118(1): 71-82.

Liu L, Luan R S, Yin F, et al., 2015. Predicting the incidence of hand, foot and mouth disease in Sichuan province, China using the ARIMA model[J]. Epidemiology and Infection, 144: 144-151.

Liu S G, Yu H F, Jiang D H, et al., 2012. Service life prediction method of concrete segments of shield tunnel[J]. Concrete, 7: 108-113.

Liu X, Bai Y, Yuan Y, et al., 2016. Experimental investigation of the ultimate bearing capacity of continuously jointed segmental tunnel linings[J]. Structure and Infrastructure Engineering, 12(10): 1364-1379.

Liu X, Zhang C, Zhang C G, et al., 2017. Ultimate load-carrying capacity of the longitudinal joints in segmental tunnel linings[J]. Structural Concrete, 18: 693-709.

Li X J, Yan Z G, Wang Z, et al., 2015. Experimental and analytical study on longitudinal joint opening of concrete segmental lining[J]. Tunnelling and Underground Space Technology, 46: 52-63.

Li Z, Soga K, Wang F, et al., 2014. Behaviour of cast-iron tunnel segmental joint from the 3D FE analyses and development of a new bolt-spring model[J]. Tunnelling and Underground Space Technology, 41: 176-192.

Loganathan N, Poulos H G, 1998. Analytical prediction for tunneling-induced ground movements in clays[J]. Journal of Geotechnical and Geoenvironmental Engineering, 124(9): 846-856.

Mair R J, 2008. Tunnelling and geotechnics: new horizons[J]. Geotechnique, 58(9): 695-736.

Manyena S B, 2006. The concept of resilience revisited[J]. Disasters, 30(4): 434-450.

Mccabe S L, Hall W J, 1989. Assessment of seismic structure damage[J]. Journal of Structural Engineering, 115(9): 2166-2183.

Mcmanus S, Seville E, Vargo J, et al., 2008. Facilitated process for improving organizational resilience[J]. Natural Hazards Review, 9(2): 81-90.

Molins C, Arnau O, 2011. Experimental and analytical study of the structural response of segmental tunnel linings based on an in situ loading test[J]. Tunnelling and Underground Space Technology, 26(6): 764-777.

Nelson D R, Adger W N, Brown K, 2007. Adaptation to environmental change: contributions of a resilience framework[J]. Annual Review of Environment and Resources, 32(1): 395-419.

Nelson K S, Gillespie-Marthaler L, Baroud H, et al., 2020. An integrated and dynamic framework for assessing sustainable resilience in complex adaptive systems[J]. Sustainable and Resilient Infrastructure, 5(5): 311-329.

Nicholls R J, Hoozemans F M J, Marchand M, 1999. Increasing flood risk and wetland losses due to global sea-level rise: regional and global analyses[J]. Global Environmental Change-Human and Policy Dimensions, 9: 69-87.

Ouyang M, Yu M H, Huang X Z, et al., 2008. Emergency response to disaster struck scale-free network with redundant systems[J]. Physica A: Statistical Mechanics and its Applications, 387(18): 4683-4691.

Pant R, Barker K, Ramirez-Marquez J E, et al., 2014. Stochastic measures of resilience and their application to container terminals[J]. Computers and Industrial Engineering, 70(1): 183-194.

Phoon K K, Ching J Y, 2015. Risk and reliability in geotechnical engineering[M]. UK: Taylor & Francis.

Pinto F, Whittle A J, 2014. Ground movements due to shallow tunnels in soft ground. I: analytical solutions[J]. Journal of Geotechnical and Geoenvironmental Engineering, 140(4): 04013040.

Place D, Mora P, 1999. The Lattice solid model to simulate the physics of rocks and earthquakes: incorporation of friction[J]. Journal of Computational Physics, 150(2): 332-372.

Ramos P, Santos N, Rebelo R, 2015. Performance of state space and ARIMA models for consumer retail sales forecasting[J]. Robotics and Computer-Integrated Manufacturing, 34: 151-163.

Richards J A, 1998. Inspection, maintenance and repair of tunnels: international lessons and practice[J]. Tunnelling and Underground Space Technology, 13(4): 369-375.

Rosen K H, 2003. Discrete mathematics and its applications, fifth edition[M]. Hoboken: Addison Wesley.

Roth C, Kang S M, Batty M, et al., 2012. A long-time limit of world subway networks[J]. Journal of the Royal Society Interface, 9(75): 2540-2550.

Sabnis M, Sorokko R, Doshi K, 1990. A rating system for structural evaluation of concrete buildings[J]. Concrete International, 12(12): 63-65.

Schwarz G, 1978. Estimating the dimension of a model[J]. Annals of Statistics, 6(2): 461-464.

Sharma J S, Hefny A M, Zhao J, et al., 2001. Effect of large excavation on deformation of adjacent MRT tunnels[J]. Tunnelling and Underground Space Technology, 16: 93-98.

Shibata R, 1976. Selection of the order of an autoregressive model by Akaike's information criterion[J]. Biometrika, 63(1): 117-126.

Soh H, Lim S, Zhang T Y, et al., 2010. Weighted complex network analysis of travel routes on the Singapore public transportation system[J]. Physica A: Statistical Mechanics and its Applications, 389(24): 5852-5863.

Stewart M G, 2004. Spatial variability of pitting corrosion and its influence on structural fragility and reliability of RC beams in flexure[J]. Structural Safety, 26(4): 453-

470.

Strauss A, Frangopol D M, Kim S, 2008. Use of monitoring extreme data for the performance prediction ofstructures: Bayesian updating[J]. Engineering Structures, 30(12): 3654-3666.

Sun D, Zhao Y H, Lu Q C, 2015. Vulnerability analysis of urban rail transit networks: a case study of Shanghai[J]. Sustainability, 7(6): 6919-6936.

Thornton C, 2000. Numerical simulations of deviatoric shear deformation of granular media[J]. Géotechnique, 50(1): 43-53.

Tierney K, Bruneau M, 2007. Conceptualized and measuring resilience: a key to disaster loss reduction[J]. TR News, 250: 14-17.

Tugade M M, Fredrickson B L, Barrett L F, 2004. Psychological resilience and positive emotional granularity: examining the benefits of positive emotions on coping and health[J]. Journal of Personality, 72(6): 1161-1190.

Tyler S, Moench M, 2012. A framework for urban climate resilience[J]. Climate & Development, 4(4): 311-326.

Von Ferber C, Holovatch T, Holovatch Y, et al., 2009. Public transport networks: empirical analysis and modeling[J]. The European Physical Journal B, 68: 261-275.

Wang J, Gao W, Xu S Y, et al., 2012. Evaluation of the combined risk of sea level rise, land subsidence, and storm surges on the coastal areas of Shanghai, China[J]. Climatic Change, 115: 537-558.

Wang J H, Koizumi A, Tanaka H, 2017. Framework for maintenance management of shield tunnel using structural performance and life cycle cost as indicators[J]. Structure and Infrastructure Engineering, 13(1): 44-54.

Wang J W, Rong L L, 2009. Cascade-based attack vulnerability on the US power grid[J]. Safety Science, 47(10): 1332-1336.

Watts D J, Strogatz S H, 1998. Collective dynamics of 'small-world' networks[J]. Nature, 393(6684): 440-442.

Whitson J, Ramirez-Marquez, J E, 2009. Resiliency as a component importance measure in network reliability[J]. Reliability Engineering and System Safety, 94(10): 1685-1693.

Winkler J, Duenas-Osorio L, Stein R, et al., 2010. Performance assessment of topologically diverse power systems subject to hurricane events[J]. Reliability Engineering and System Safety, 95: 323-336.

Wood M, 1975. The circular tunnel in elastic ground[J]. Géotechnique, 25(1): 115-127.

Wu B, Ou Y L, 2014. Experimental study on tunnel lining joints temporarily strengthened by SMA bolts[J]. Smart Materials and Structures, 23: 125018.

Wu J J, Gao Z Y, Sun H J, 2007. Effects of the cascading failures on scale-free traffic networks[J]. Physica A: Statistical Mechanics and its Applications, 387(2): 505-511.

Xu Q, Mao B H, Bai Y, 2016. Network structure of subway passenger flows[J]. Journal of Statistical Mechanics: Theory and Experiment, 3:033404.

Yan Z G, Zhu H H, Ju J W, et al., 2012. Full-scale fire tests of RC metro shield TBM tunnel linings[J]. Construction and Building Materials, 36: 484-494.

Yin H, Zhang J, Meng L, et al., 2009. Discrete element modeling of the faulting in the sedimentary cover above an active salt diaper[J]. Journal of Structural Geology, 31(9): 989-995.

Yuan Y, Bai Y, Liu J H, 2012. Assessment service state of tunnel structure[J]. Tunnelling and Underground Space Technology, 27: 72-85.

Zhang D M, Du F, Huang H W, et al., 2018a. Resiliency assessment of urban rail transit networks: Shanghai metro as an example[J]. Safety Science, 106: 230-243.

Zhang D M, Huang H W, Hu Q F, et al., 2015. Influence of multi-layered soil formation on shield tunnel lining behavior[J]. Tunnelling and Underground Space Technology, 47: 123-135.

Zhang J, Cao X B, Du W B, et al., 2010. Evolution of Chinese airport network[J]. Physica A: Statistical Mechanics and its Applications, 389(18): 3922-3931.

Zhang J H, Wang S L, Wang X Y, 2018b. Comparison analysis on vulnerability of metro networks based on complex network[J]. Physica A: Statistical Mechanics and its Applications, 496(1): 72-78.

Zhang J H, Xu X M, Hong L, et al., 2011. Networked analysis of the Shanghai subway network, in China[J]. Physica A: Statistical Mechanics and its Applications, 390(23-24): 4562-4570.

Zhang Z G, Huang M S, 2014. Geotechnical influence on existing subway tunnels induced by multiline tunneling in Shanghai soft soil[J]. Computers and Geotechnics, 56: 121-132.